AMOR Y HORROR
NAZI

MÓNICA G. ÁLVAREZ

AMOR Y HORROR
NAZI

HISTORIAS REALES EN LOS CAMPOS DE CONCENTRACIÓN

DIANA

Obra editada en colaboración con Editorial Planeta – España

Diseño de portada: Departamento de Arte y Diseño
Imagen de portada: © Mónica G. Álvarez
Fotografía de la autora: © Pedro González
© imágenes de interior: del archivo de la autora, excepto las de las páginas 20 y 24 © Daily Mail, y las páginas 33 y 40 © BBC.

© 2018, Texto: Mónica González Álvarez

© 2018, Grup Editorial 62, S.L.U. – Barcelona, España

Derechos reservados

© 2018, Editorial Planeta Mexicana, S.A. de C.V.
Bajo el sello editorial DIANA M.R.
Avenida Presidente Masarik núm. 111, Piso 2
Colonia Polanco V Sección
Delegación Miguel Hidalgo
C.P. 11560, Ciudad de México
www.planetadelibros.com.mx

Primera edición impresa en España: enero de 2018
ISBN: 978-84-16694-87-7

Primera edición impresa en México: octubre de 2018
ISBN: 978-607-07-5256-8

No se permite la reproducción total o parcial de este libro ni su incorporación a un sistema informático, ni su transmisión en cualquier forma o por cualquier medio, sea éste electrónico, mecánico, por fotocopia, por grabación u otros métodos, sin el permiso previo y por escrito de los titulares del *copyright*.

La infracción de los derechos mencionados puede ser constitutiva de delito contra la propiedad intelectual (Arts. 229 y siguientes de la Ley Federal de Derechos de Autor y Arts. 424 y siguientes del Código Penal).

Si necesita fotocopiar o escanear algún fragmento de esta obra diríjase al CeMPro (Centro Mexicano de Protección y Fomento de los Derechos de Autor, http://www.cempro.org.mx).

Impreso en los talleres de Litográfica Ingramex, S.A. de C.V.
Centeno núm. 162-1, colonia Granjas Esmeralda, Ciudad de México
Impreso en México – *Printed in Mexico*

Espero, seas quien seas, que escapes de este lugar. Espero que el mundo cambie y que las cosas mejoren. Pero lo que espero por encima de todo es que entiendas lo que quiero decir cuando te digo que, aunque no te conozco y aunque puede que nunca llegue a verte, a reírme contigo, a llorar contigo o a besarte, te quiero.

Con todo mi corazón, te quiero.

Carta de Valerie, *V de Vendetta*

ÍNDICE

Introducción 13

1. Helena Citrónová y Franz Wunsch.
   Amor prohibido en Auschwitz 15
2. David y Perla Szumiraj.
   Al otro lado de la alambrada 41
3. Felice Schragenheim y Elisabeth Wust.
   El amor lésbico que desafió al nazismo 63
4. Paula y Klaus Stern.
   Bendiciones, amor y coraje 89
5. Jerzy Bielecki y Cyla Cybulska.
   Treinta y nueve rosas 125
6. Manya y Meyer Korenblit.
   Hasta que nos encontremos de nuevo 163
7. Howard y Nancy Kleinberg.
   Un amor entre ruinas 197

Epílogo 237
Notas 241
Agradecimientos 253
Bibliografía 257

*A Paula, Howard y Nancy, por abrirme sus corazones.
A David, Perla, Lilly, Felice, Helena, Franz,
Klaus, Jerzy, Cyla, Manya y Meyer,
por su eterno coraje.
Siempre en nuestro recuerdo.*

INTRODUCCIÓN

«No tenemos nada nuestro: nos quitaron las ropas, los zapatos, hasta el pelo; si hablamos, no nos escucharán, y si nos escuchasen, no nos entenderían. Nos quitarán hasta el nombre, y si queremos conservarlo, deberemos encontrar en nosotros la fuerza de obrar de tal manera que, detrás del nombre, algo nuestro, algo de lo que hemos sido, permanezca.»

Así describía Primo Levi, el escritor italiano de origen sefardí y superviviente del campo de concentración de Monowitz, su experiencia en uno de los campamentos satélites de Auschwitz.

Su testimonio, al igual que los catorce que recojo en los siete capítulos siguientes, ofrece una visión personal, íntima, desgarradora y veraz de lo que se vivió durante el Holocausto.

Tuve la oportunidad de entrevistar personalmente a algunos de estos protagonistas, de conocerlos, de escuchar de primera mano su vida y de emocionarme con ellos. Fueron testigos de cómo gigantescos recintos acotados por alambradas, guardias armados y torres de vigilancia, y ocupados por barracones sucios e insalubres, se convertían en el lugar elegido por los nazis para encarcelarlos y privarlos de la libertad. Los hicieron sus prisioneros.

Aquellos campos de concentración fueron el infierno terrenal del nazismo, y quienes traspasaban su puerta estaban condenados a morir en su interior. Solo algunos, como estos catorce hombres y mujeres, corrieron una suerte mejor y lograron sobrevivir a la barbarie. Pero ¿qué fue lo que los empujó a seguir luchando? Por sorprendente o extraño que parezca, hay un sentimiento que siempre prevaleció en ellos por encima de la fortaleza o la valentía. Sobrevivieron a las enfermedades, las vejaciones y al hambre, gracias al motor que en aquel momento movía su corazón: el amor.

Porque, pese a los trabajos forzados, los abusos, las palizas y la inanición, su principal lucha tenía como objetivo conseguir salir de aquellas cárceles para reencontrarse con su amado o amada, y comenzar así una nueva vida. En definitiva, su mayor impulso fue sobrevivir para seguir amando.

Cuando en *Guardianas nazis. El lado femenino del mal* me sumergí en la vida de las mujeres más despiadadas, que contribuyeron al asesinato de millones de judíos, creí que con sus actos, al igual que con los de sus camaradas masculinos, habían arrebatado absolutamente todo a los confinados, que se arrastraban cual esqueletos humanos entre los barracones. La dignidad, el honor, las ganas de vivir, la vida. Sin embargo, cuando comencé a crear cada una de las historias que tejen *Amor y horror nazi*, me percaté de que estaba equivocada. Había otra realidad en la que subyacía un mensaje más positivo. Un mensaje que me trasladaron tres de los supervivientes a los que tuve el honor de conocer: Paula, Howard y Nancy. El amor era posible. Enamorarse era posible. Y aquella fe en el amor les permitió levantarse una vez más, caminar una vez más, respirar una vez más, sentir una vez más.

Por otro lado y como comprobarás, querido lector, en ningún momento le restan valor a ese factor «suerte» al que aluden muchos supervivientes que evitaron franquear la barrera de la muerte. Aun así, tanto para ellos como para el resto de los personajes que aparecen en este ensayo, el amor fue, sin quererlo, un protagonista en sí mismo.

En *Amor y horror nazi* encontraremos las historias de amor más significativas surgidas y vividas durante la Segunda Guerra Mundial. Serán testigos de cómo florecieron algunas de estas relaciones, de cómo desaparecieron otras, de cómo se vivieron reencuentros años después del final de la contienda… En definitiva, vivirán la experiencia de un libro único sobre los supervivientes del Holocausto.

1

HELENA CITRÓNOVÁ Y FRANZ WUNSCH. AMOR PROHIBIDO EN AUSCHWITZ

> Él se fijó en mí, y en ese momento, creo, se enamoró. Eso fue lo que me salvó.
>
> HELENA CITRÓNOVÁ,
> en una entrevista para la BBC, 2005

«El pecado contra la sangre y la raza es el pecado original de este mundo y el ocaso de una humanidad vencida», decía Adolf Hitler en su *Mein Kampf*. Durante el Tercer Reich, las relaciones sexuales entre alemanes y judíos estaban completamente prohibidas. Constituían un «crimen racial»[1] y, por tanto, quien se atreviera a perpetrarlo acabaría siendo ejecutado.[2] Sobre todo, si el «criminal» no pertenecía a lo que el Führer estableció como raza aria.

Tal fue el veto impuesto que, cuando el 15 de septiembre de 1935 se promulgaron las famosas Leyes de Núremberg, entre ellas se encontraba la «Ley de Protección de la Salud Hereditaria del Pueblo Alemán»,[3] que además de revocar la ciudadanía del Reich a los judíos, les negaba la posibilidad de casarse o tener relaciones íntimas con personas de «sangre alemana o afín». De hecho, esa «infamia racial» se convirtió en un delito penal.

La semilla del antisemitismo y del racismo empezó a germinar en los ciudadanos arios, que comenzaron a ver a la población judía como una constante amenaza. Judíos, polacos, eslovacos, gitanos, homosexuales... Fueron apartados de la vida social y pública de las ciudades donde Hitler, imparable, arribaba con su ejército.

Sin embargo, las transgresiones se seguían produciendo, aunque en la clandestinidad. Mientras que de cara al público, las «relaciones mixtas», como se las denominaba, estaban muy mal vistas, en la intimidad la cosa cambiaba. La desobediencia a los preceptos nazis era un continuo entre las filas del propio ejército. Fueron muchos los guardias de las SS que infringieron las normas impuestas por el Estado, sobre todo en los campos de concentración. Porque no solo hubo hambre, enfermedades, palizas, torturas y muerte. También se dieron momentos para la intimidad, y no únicamente entre presos, como se ha explicado en varias ocasiones, sino también entre los carceleros y sus prisioneros. Algunos utilizaron a los confinados como meros objetos con los que satisfacer sus necesidades más básicas: «Los miembros de las SS solían agredir sexualmente a las mujeres judías y luego las asesinaban. Estaban obligados a asesinarlas».[4] En cambio, otros se enamoraron perdidamente, poniendo en peligro su cargo en el KL y su propia vida por salvar la integridad de su ser amado.

Uno de ellos fue Franz Wunsch, *SS-Unterscharführer* (sargento segundo) y supervisor de clasificación en el barracón «Canadá» de Auschwitz-Birkenau, que quedó prendido de la eslovaca judía Helena Citrónová.

El antisemitismo de Eslovaquia

En la primavera de 1942, dos mil mujeres solteras procedentes de Eslovaquia fueron deportadas en dos trenes hacia el campo de concentración de Auschwitz. La excusa: realizar trabajos forzados en las partes más orientales del país.[5] Solo había sido una cuestión de tiempo que las deportaciones comenzaran. La postura del Estado eslovaco había sido completamente antisemita desde 1939, aunque su población fuese en un 85 % de eslovacos y el resto de judíos, gitanos y alemanes. Los gobernantes del país estaban siguiendo a rajatabla el *Judenfrei* (libre de judíos), y trasladaban a la población judía a guetos. La idea era debilitarlos y empobrecerlos, para así proceder luego a su expulsión.

Eslovaquia aprobó leyes raciales similares a las de Núremberg, con las que prohibió los matrimonios mixtos. Y en septiembre de 1941, unos quince mil judíos de Bratislava fueron enviados a campos de trabajo. Al mes siguiente, Hitler se reunió con el presidente Jozef Tiso y el primer ministro Vojtech Tuka para comentar el problema judío en la zona. Acordaron deportar a todos los judíos alemanes a campos de concentración nazis en Polonia. Ya solo faltaban los eslovacos que residían en Alemania.[6]

Solo se puso una condición ineludible para que la deportación de los judíos alemanes se llevase a cabo: el gobierno eslovaco se quedaría con todos los bienes de los prisioneros. No hubo obstáculo alguno. Eslovaquia pasó a administrar las pertenencias de los deportados. Todos sabían cuál era el verdadero destino que les esperaba.[7]

En los siguientes meses se perfilaron los detalles de cada expulsión. Si bien, el destierro masivo de judíos pretendía reubicarlos «en territorios del este», como reemplazo de los trabajadores eslovacos que tenían que marcharse a Alemania, el Estado eslovaco consiguió que el Reich accediera al envío a Auschwitz de todos los judíos «sanos y fuertes», unos veinte mil.

Finalmente, el inicio de esas deportaciones fue en marzo de 1942, fecha en la que Helena Citrónová partió hacia el campo de Auschwitz sin conocer realmente su futuro. Los nazis les habían asegurado que trabajarían en fábricas de armamento alemán, al norte de Eslovaquia, pero la realidad fue otra. Los condujeron a Polonia y la mayoría fueron ejecutados.[8]

La llegada al campo de Auschwitz

Helena, junto a otras compañeras como Helen *Zippi* Tichauer, sufrieron «brutalidad, humillación y degradación» por parte de la Guardia Hlinka, equivalente a las SS en Checoslovaquia, que las custodiaba, incluso mucho antes de llegar a su destino.[9]

Cuando Citrónová arribó al campo de concentración de Auschwitz se encontró con un grupo de guardias de las SS distribuyendo a las prisioneras en cinco largas filas. Habían llegado en un primer transporte procedente de Eslovaquia completamente «exhaustas, desorientadas, hambrientas, sedientas y sucias».[10] Una vez dentro, se encontraron con dos letreros. Uno de bienvenida, *Arbeit Macht Frei* («El trabajo los hará libres»), aunque ninguna de ellas podía imaginarse el horror que se escondía tras aquel «inofensivo» lema; y el segundo, más pequeño, blanco y con solo una palabra: *Konzentrationslager*.

Siempre que llegaba un convoy de prisioneras, el ritual de las SS era el mismo: les confiscaban las pertenencias; las obligaban a desnudarse y a ducharse, a lo que llamaban proceso de desinfección; les afeitaban la cabeza por completo y también el vello púbico; les daban un uniforme de rayas, que se asemejaba más a un pijama por su fina tela; les tatuaban un número de registro en el brazo y después les asignaban un barracón y el puesto de trabajo que tendrían durante su estancia.[11]

Conspiración hebrea

Uno de los testigos de aquel procedimiento fue el *SS-Rottenführer* (cabo primero) Oskar Gröning, que pasó de realizar tareas administrativas como contador en Berlín a trabajar en el campo de Auschwitz clasificando y haciendo recuento de los bienes materiales de los deportados durante el proceso de selección. Tenía veintidós años.

Sin embargo, algunas tareas que tenía que realizar le impactaron, como el registro del dinero de los prisioneros. «La gente [que trabajaba] allí nos hizo saber que no todo se devolvía a los prisioneros: al recinto llegaban judíos que recibían un trato diferente. A ellos se les arrebataba el dinero sin intención alguna de restituírselos.»[12]

«Así es como funcionan las cosas aquí —le decían sus camaradas al ver a Gröning sorprenderse por los ajusticiamientos entre los recién llegados—. Cuando llegan los trenes cargados de judíos, la institución se deshace de los que no pueden trabajar.» Aquella frase impactó sobremanera a este joven cabo primero: «No fui capaz de aceptarlo plenamente hasta que me encontré vigilando los objetos de valor y las maletas durante el proceso de selección». Aquel duro golpe, «difícil de asimilar», como aseveraba a la BBC, concordaba con:

... la propaganda que había recibido desde niño, en la prensa y otros medios de comunicación, así como en general en la sociedad en que vivía, [que] nos informaba que los judíos habían provocado la Primera Guerra Mundial y «apuñalado por la espalda» a Alemania al final de la contienda.

Para Gröning y el resto de los miembros de las SS, ellos [los judíos]:

Eran la causa de todas las desgracias que afligían al país. [...] Existía una gran conspiración hebrea en nuestra contra, y ese era el pensamiento expresado en Auschwitz: debía evitarse lo que sucedió en la Primera Guerra Mundial; debíamos evitar que los judíos nos volvieran a hundir en la miseria. Debía asesinarse, exterminarse si era necesario, a los enemigos del interior de Alemania.

En definitiva: «No estábamos haciendo otra cosa que exterminar al enemigo».[13]

Aquellos primeros meses en Auschwitz discurrieron entre el hambre, los golpes y unas tareas forzadas que tenían como cometido debilitar a los presos. Helena, según explicó en una entrevista con el periodista Laurence Rees de la BBC:

Trabajó en un comando exterior demoliendo edificios y cargando escombros. Dormía sobre paja infestada de pulgas y miraba aterrorizada cómo las demás mujeres que la rodeaban comenzaban a abandonar toda esperanza y a morir.[14]

La muerte pasó ante Helena cuando su mejor amiga, al darse cuenta de «todo lo que la rodeaba», no pudo contener un grito histérico que decía: «No quiero vivir un minuto más». Aquellos alaridos, desgarrados, provocaron que los guardianes del campo acabaran con su vida.

La faena en el comando era tan exigente que tenía a las prisioneras exhaustas y al borde de la muerte. Así que Helena tuvo claro que, si quería sobrevivir allí el mayor tiempo posible, debía conseguir un trabajo «físicamente menos exigente».[15]

Helena Citrónová.

La riqueza del «Canadá»

«No hubo Dios en Auschwitz —llegó a afirmar la superviviente judía Libusa Breder sobre su confinamiento—. Las condiciones fueron tan horribles que Dios decidió no ir allí.»[16] El olor de los cadáveres quemándose en los hornos se mezclaba con el de la vida diaria en los barracones de trabajo, con la falta de higiene y salubridad, con el hambre y la disentería, con los malos tratos y las salvajes palizas. En definitiva, con la muerte.

Sin embargo, sí hubo un lugar en Auschwitz que daba un pequeño respiro a los que trabajaban en él. Lo denominaban «Canadá», porque se pensaba que este era un país de grandes riquezas. Se encontraba a unos cientos de metros de las cámaras de gas y los crematorios de Birkenau.[17] Allí se llevaban las pertenencias de los internos, para después ser ordenadas, clasificadas y enviadas de vuelta a Alemania.

Para los prisioneros que tenían la suerte de formar parte del «Canadá», la vida era diferente, como Kitty Hart explicaba que podía...

> ponerme ropa interior limpia, estrenar ropa nueva y zapatos todos los días. En nuestro bloque, dormíamos en camisones de seda pura e, incluso, con sábanas de contrabando, uno de los lujos más chocantes en Auschwitz. Cuando nuestros vestidos y nuestra ropa interior se ensuciaban, simplemente los arrojábamos a una gran pila.[18]

La limpieza y el exceso que se vivía en el «Canadá» distaba mucho de lo que ocurría a escasos metros, en otros barracones de prisioneros. Mientras que los segundos veían ennegrecerse su piel por la suciedad y la fatal de higiene, Kitty recuperaba su tez blanca y veía cómo sus abscesos sanaban y cicatrizaban. «Allí teníamos comida, agua e incluso podíamos ducharnos»,[19] relataba la también eslovaca Linda Breder.

No era de extrañar que Helena prefiriera trabajar en este lugar. Lo consiguió gracias a una compatriota eslovaca, que le aconsejó utilizar el vestido de rayas y el pañuelo blanco de una interna del comando que acababa de fallecer. Si lo hacía, podría comenzar al día siguiente clasificando la ropa del «Canadá».[20]

Pese a que Helena cumplió a la perfección con su cometido, la *Kapo* descubrió que aquella joven era una mera «infiltrada». La orden era clara: en cuanto regresaran al campo principal sería trasladada inmediatamente al Comando Penal. Es decir, que la condenarían a muerte. Aun así, «no me importó, porque pensé: "Bueno, al menos pasaré un día bajo techo"».

Feliz cumpleaños, Wunsch

La casualidad quiso que el primer y último día de Helena Citrónová en el «Canadá» coincidiese con el cumpleaños de uno de los guardias de las SS que supervisaba los trabajos de clasificación del barracón. El nazi en cuestión era el austríaco *SS-Rottenführer* (cabo primero) Franz Wunsch.

> Durante la hora de la comida —cuenta Helena—, ella [la *Kapo*] nos preguntó si alguna de nosotras sabía cantar o recitar algo bonito, pues ese día era el cumpleaños del hombre de las SS. Una muchacha griega llamada Olga dijo que ella sabía bailar y que podía hacerlo sobre una de las grandes mesas donde doblábamos la ropa. Y como yo tenía una voz muy hermosa, la *Kapo* quiso saber si de verdad podía cantar en alemán. Pero yo dije que no, porque no quería cantar allí. Sin embargo, me obligaron a hacerlo. Así que canté para Wunsch con la cabeza gacha, sin atreverme a mirar su uniforme. Yo lloraba mientras cantaba y de repente, al terminar la canción, lo oí decir: «*Bitte*». En voz baja, me pidió que volviera a cantar. [...] Y las muchachas decían: «Canta, canta, tal vez así te deje quedarte aquí». Y entonces volví a cantar la misma canción, una canción alemana que había aprendido [en la escuela]. Fue así como él se fijó en mí, y en ese momento, creo, se enamoró. Eso fue lo que me salvó.[21]

El oficial se quedó absolutamente prendado de Helena. La eslovaca tenía razón al describirlo de esa manera, porque tras cantarle aquel «cumpleaños feliz» reticente y entre lágrimas,

Wunsch ordenó a la *Kapo* que aquella joven de hermosa voz volviese a la mañana siguiente para trabajar en el «Canadá». Sin pretenderlo, no solo había impedido que se la llevaran al Comando Penal, sino que acababa de salvarle la vida.

Además, Citrónová pasó a ser una de las empleadas fijas en ese centro de clasificación de los efectos personales de los confinados, bajo la atenta y dulce mirada de su supervisor. Esta difería mucho de lo que sentía Helena. Lo «odiaba», llegó a reconocer. Porque la mala fama de Wunsch le precedía.

Según algunos testimonios, el cabo primero era un guardia violento que, incluso, había terminado matando a uno de los presos después de descubrirlo llevando contrabando.

La violencia en el campo era la tónica habitual entre los miembros de las SS. Wunsch no era distinto de otros camaradas que trabajaban en el campo, más tarde de exterminio, de Auschwitz. Antes de que se pusiese en marcha la política de la «solución final», con el gaseado masivo por medio del Zyklon B, los fusilamientos se utilizaron como medida especial de exterminio. Hans Friedrich, 1.ª Brigada de Infantería en aquel período y miembro de las SS, justificaba en una entrevista ante la BBC aquella barbarie: «La orden decía: deben ser fusilados. Y para mí eso era obligatorio».[22] El arrepentimiento de este nazi brilla por su ausencia, y cuando tuvo oportunidad de pedir perdón o retractarse de los asesinatos perpetrados, sus respuestas a la periodista de la BBC dejaron clara su postura sobre las matanzas:

—¿Qué pensaba mientras disparaba a los judíos? —pregunta la entrevistadora.

—Nada —responde Friedrich.

—¿Nada? —insiste la periodista.

—Solo pensaba en apuntar con cuidado para acertar. Pensaba en eso —responde el SS.

—¿No sentía nada por aquellos civiles judíos? —repite ella.

—No. Porque mi odio hacia los judíos es demasiado grande —termina confesando ante la cámara de la cadena británica.[23]

Franz Wunsch.

Ese desgarrador testimonio ponía sobre la mesa una problemática importante: los nazis veían el exterminio como una orden política que debían cumplir; al margen de eso, no importaban los sentimientos que pudiesen producirles los ajusticiados. De hecho, según el estudio de Aleksander Lasik, «Historical-Sociological Profile of the SS», en el que aporta una visión histórica y sociológica de los guardias de Auschwitz desde un punto de vista estadístico: «La dotación de las SS a cargo de los campos de concentración no destacaba en lo tocante a estructura ocupacional o nivel de educación. El personal de los recintos no divergía demasiado de la sociedad a la que pertenecía».[24] Una sociedad alemana, por cierto, embebida en el odio acérrimo de Adolf Hitler hacia lo no ario. Hasta tal punto llegó el poder de dominación de los nazis en los campos de concentración, que Friedrich no se avergonzó al asegurar que los presos: «Estaban tan traumatizados y asustados que podías hacer con ellos lo que quisieras».[25]

Clasificar objetos de valor

Cuando los confinados cruzaban el gran portón de Auschwitz, sus enseres pasaban a ser propiedad del campo y por tanto del régimen nazi. Incluso los dientes de oro que algunos de ellos llevaban, les eran arrancados de cuajo por dentistas al morir. Había casos como el del polaco Benjamin Jacobs, que siempre «lamentó»[26] aquella grotesca labor de la que no se sentía orgulloso, pero que justificaba así: «En ese momento carecía de emociones y solo quería sobrevivir. La vida siempre es algo a lo que deseas aferrarte, incluso cuando esa vida no resulta muy aceptable».[27]

Todas las propiedades de los prisioneros se enviaban al «Canadá» para ser clasificadas. Helena Citrónová fue una de las encargadas de ordenar aquel material robado —los nazis se apropiaban de aquello sin consentimiento de su propietario y esperaban obtener con ello un beneficio económico—, para después elaborar un informe que pasaba al centro de mando; en este caso, a su admirador, Franz Wunsch.

> Además de doblar la ropa —explicaba Linda Breder—, nosotras teníamos que registrarla en busca de objetos de valor. Cada pieza era examinada, incluso la ropa interior, todo. Y encontramos montones de diamantes, oro, monedas, dólares y divisas de toda Europa. Y cuando encontrábamos algo, teníamos que depositarlo en una caja de madera que se hallaba en el centro del barracón y que disponía de una ranura para tal fin.[28]

Esta joven de diecinueve años realizó las mismas tareas que Helena y otras seiscientas muchachas más en el barracón «rico» durante su estancia en el campo. Solo ellas y los guardias de las SS conocían la existencia de todo ese dinero y toda esa ropa que llegaba hasta el «Canadá». El resto no podía imaginarse la proximidad de aquellas fortunas. Así que las prisioneras jugaban también con ese desconocimiento para cometer robos. Hablamos de hurtos a pequeña escala y de objetos de primera necesidad, como ropa interior, zapatos o algún vestido, para regalárselos a otras compañeras que sí los precisaban. Además, contaban con los alimentos que encontraban entre las ropas y las maletas de los prisioneros. Gracias a ellos tenían una alimentación mejor que los otros confinados de Auschwitz.

> Para nosotras era la salvación —explicaba Linda—. Queríamos vivir. Queríamos sobrevivir. ¿Deberíamos haberlos tirado? —se preguntaba ante las cámaras de la BBC—. Nosotras no matamos a nadie. Solo nos comimos su alimento. Para entonces, sus dueños ya estaban muertos. [...] Tener alimento, agua y suficientes horas de sueño: esas eran las cosas que nos preocupaban.[29]

Las palabras de Linda Breder podrían corresponder perfectamente a las de Helena Citrónová y los cientos de mujeres que pasaron por el «Canadá». ¿Qué podían hacer, aparte de sobrevivir? ¿Robar a los muertos se consideraba robar? En el caso del Tercer Reich, acumular riqueza era uno de sus propósitos. Y los miembros de las SS no dudaban en presentarse en ese barracón para robar. Allí podían «tenerlo todo». Aunque eso también acarreó una infinidad de problemas al personal, tal y como reconoció Rudolf Höss:

No tenían un carácter lo bastante fuerte para resistir la tentación de apoderarse de los bienes judíos. Ni siquiera la pena de muerte o de largos años de prisión surtían un efecto lo bastante disuasorio. Para los detenidos, los valores judíos ofrecían posibilidades inesperadas.[30]

La conquista

Los días iban pasando y Wunsch cada vez se iba encaprichando más con Helena. La miraba con amabilidad, con cariño, sin un ápice del sórdido deseo sexual que mostraban otros camaradas, que no se contuvieron de abusar sexualmente de determinadas reclusas. Franz parecía distinto a los demás SS, aunque en aquellos momentos, la joven eslovaca solo veía a un asesino del que le habían contado auténticas atrocidades.

Los privilegios en el «Canadá» fueron numerosos y continuos. Dos músicos de la orquesta de Birkenau, Simon Laks y René Coudy, describieron con qué se encontraron en una de sus visitas al barracón: «Las chicas que trabajan allí tienen de todo —perfume, colonia— y parece como si sus peinados los hubiera hecho el mejor peluquero de París. Excepto libertad, tienen todo lo que una mujer puede soñar».[31]

Uno de los primeros regalos que Wunsch le hizo a Helena fue una caja de galletas. No se la entregó personalmente, para no ser descubierto, sino a través de lo que se conocía como *pipel*, los niños de los recados de los *Kapos* a cambio de comida extra. Después comenzaron a llegarle notas, una especie de cartas donde el SS le confesaba su amor.[32]

> Cuando volvió al barracón donde trabajábamos, pasó a mi lado y me lanzó una nota, y yo tuve que destruirla enseguida, pero alcancé a ver que decía: «Amor. Estoy enamorado de ti». Me sentí miserable. Pensé que prefería estar muerta a estar con alguien de las SS.[33]

Helena aún no había experimentado lo que Eugen Kogon, por su experiencia en el campo de concentración de Buchenwald, denominó *Dankbarkeits-Zwiespalt*, «gratitud ambigua». Según este superviviente e historiador del Holocausto, esta consistía en un proceso de adaptación en el que las víctimas privilegiadas se acercaban a los SS.[34] Como le pasó a Helen *Zippi* Tichauer que, pese a no sentir una especial simpatía hacia sus carceleros, creía que les debía «gratitud y lealtad», mientras ellos le otorgaban protección. De hecho, tras su liberación, la checoslovaca jamás acudió como testigo en los juicios de Auschwitz ni declaró contra ningún oficial de las SS o sus ayudantes.[35]

«¡Dispárame!»

Citrónová no podía mirar a Wunsch como a cualquier otro hombre y menos en ese lugar. Diariamente, los gritos de dolor por los castigos, el olor a muerte, el hambre y la suciedad, minaban el optimismo de cualquiera de los prisioneros confinados en el campo. Helena sabía que tenía que aprovechar su situación para sobrevivir. Sin embargo, saber que Franz la perseguía, románticamente hablando, la incomodaba demasiado.

Una de las situaciones más tensas que protagonizaron ocurrió en la oficina que el SS tenía en el «Canadá». Helena recuerda, en su entrevista de 2005 para la cadena BBC, que él se inventaba cualquier pretexto para lograr que ella acudiese a verlo, por ejemplo, que le hiciese la manicura.

> Estábamos solos y entonces me dijo: «Arréglame las uñas para que pueda verte durante un minuto». Y yo le dije que no: «En absoluto. Oí que mataste a alguien, a un joven, junto a la alambrada». Él siempre sostuvo que eso no era verdad. [...] Y le dije: «No me traigas a este lugar, [...] ni manicuras, nada. Yo no hago manicuras». Entonces me di la vuelta y le dije que me marchaba: «No puedo verte nunca más». Pero él me gritó, y de repente se había convertido en un SS: «Si pasas por esa puerta, no vivirás». Sacó la pistola y me amenazó con ella. Me amaba, pero su honor y su orgullo habían sido heridos: «¿Qué pretendes al marcharte sin mi autorización?». Entonces le dije que me disparara: «¡Dispárame!

Prefiero morir a jugar este doble juego». Y él, por supuesto, no lo hizo, y yo abandoné la habitación.[36]

Pero podría haberlo hecho. Wunsch podría haberle disparado para que no hablara sobre lo que acababa de suceder tras las cuatro paredes de su oficina. Aquella situación podría poner en peligro su carrera en Auschwitz. Otros camaradas no dudaron en ajusticiar a sus amantes judías para evitar ser trasladados de destino o encarcelados. Karl Hölblinger, por ejemplo, recordaba cómo un colega llamado Koch le había pegado un tiro a una presa después de mantener un idilio con ella. O Maximilian Grabner, jefe del Departamento Político, que aseguraba que su subordinado Wilhelm Boger había asesinado a otra mujer polaca por el mismo motivo.[37]

Y no hay que olvidar las violaciones. Físicamente, las mujeres del «Canadá» no se veían desnutridas ni delgadas, ni enfermas, y ni siquiera llevaban la cabeza afeitada. Eso las hacía más apetecibles y el blanco perfecto para que algunos miembros de las SS se olvidaran, por un momento, de su ideología y optaran por el placer carnal, contraviniendo las leyes impuestas por el Reich. Tenían prohibido mezclarse con mujeres no arias. Las relaciones sexuales con judías, polacas, gitanas y demás, se consideraban delito. Pero en los barracones, los guardias desterraban cualquier convicción ideológica para dar rienda suelta a sus depravados deseos sexuales, pasando por encima del «no» rotundo de las prisioneras y con el consiguiente abuso físico y sexual. Las internas no tenían escapatoria ante dicha superioridad, tal y como rememoraba Linda Breder:

> En una ocasión, una muchacha que había llegado al campo procedente de Bratislava estaba duchándose. Era una mujer bonita, no flaca como las demás. Y un oficial de las SS se le acercó mientras estaba allí y abusó de ella; la violó.[38]

El castigo que recibieron tanto él como otros guardias que cometieron violaciones en el «Canadá» fue el mero traslado a otro campo de concentración. Aunque no fue el único barracón de Auschwitz donde se produjeron este tipo de agresiones. En el conocido como «campo familiar», donde se encontraban los deportados desde el campo de Theresienstadt (Checoslovaquia), los SS irrumpieron borrachos en los barracones: «Las muchachas regresaban llorando. Habían sido violadas, y su estado era terrible».[39]

La seguridad del verdugo

Tras encararse con su carcelero y salir indemne, Helena sabía que con Franz había algo distinto. De no ser así, aquel día en su oficina hubiera terminado con un tiro en la cabeza para, después, ser arrojada al horno. Y los oficiales de las SS hubieran apoyado su acción. Así que llegó a sentir cierta «sensación de seguridad». En el fondo sabía que «esta persona no permitirá que me pase nada».[40]

Quizá fuera de locos pensar que su verdugo podía ser su protector, pero cuando se enteró de que su hermana Rózinka y sus dos hijos habían sido conducidos al crematorio, pudo comprobar la compasión de Wunsch.

El exterminio en masa de los judíos estaba en sus inicios; la «solución final» ya era una de las políticas más infames del nazismo, y Auschwitz se tornó «una fábrica de muerte». Aquel campo en suelo polaco se convirtió en el símbolo del crimen. Supervivientes como el judío Dario Gabbai explicaron perfectamente lo que supusieron aquellas cámaras de gas entre los años 1944 y 1945: «Había gente gritando —todo el mundo— porque no sabían qué hacer: rascaban las paredes y lloraban hasta que el gas les hacía efecto. Si cierro los ojos, lo único que veo es a mujeres con sus hijos en brazos, permaneciendo allí de pie».[41]

Cuando Helena supo el terrible destino que les esperaba a su hermana y sus sobrinos, no pudo menos que correr hasta el crematorio. Quería impedir la tragedia. Allí la interceptó Wunsch, que se enteró de sus intenciones. Al oírla gritar a los guardias de las SS que era «una excelente trabajadora en su almacén», no pudo por menos que castigar su actitud y su desobediencia al toque de queda, golpeándola. La tiró al suelo y la emprendió a golpes. No quería levantar sospechas ante sus camaradas. Helena quiso reaccionar de la misma forma, pero sus fuerzas decayeron cuando le oyó decir en voz baja: «Rápido, dime el nombre de tu hermana antes de que sea demasiado tarde». Dijo que la salvaría, aunque no podía hacer nada por sus hijos.[42] «¡Los niños no pueden vivir aquí!», dijo Wunsch antes de entrar al crematorio. Finalmente, logró salvar la vida de Rózinka, pero no la de los dos pequeños, que perecieron en la cámara de gas. Como recuerda Helena, el oficial entró al edificio, encontró a su hermana y convenció a los superiores de que era una de sus trabajadoras. A partir de entonces, las dos hermanas trabajaron juntas en el «Canadá», pero sin que Rózinka entendiese realmente lo que estaba pasando en aquel lugar ni lo que les había ocurrido a sus hijos. La excusa que le dieron para tranquilizarla por no poder ver a sus niños fue que «los habían llevado a un jardín infantil». Un lugar donde jamás pudo visitarlos.

No había día que Rózinka no preguntase a Helena cuándo podría ver de nuevo a sus dos pequeños. Nunca obtenía una respuesta concreta, hasta que una de las prisioneras del barracón le soltó la verdad: «¡Deja de dar lata! Los niños se fueron. ¿Ves el fuego? ¡Es allí donde queman a los niños!». El impacto fue brutal. Su hermana perdió «todo deseo de vivir» y si no hubiera sido por Helena, jamás hubiera sobrevivido a la vida en el campo de concentración.

Pero una nueva traba apareció en su camino. Su tranquilidad no era completa, aun teniendo a su lado a Rózinka. Entre sus compañeras había sentimientos contrapuestos: alegría por la salvación de Rózinka y resquemor por no ser sus familias las salvadas del crematorio. Citrónová se llegó a sentir culpable porque Franz hubiera librado a su hermana de morir.

> ¿Por qué semejante milagro no les había ocurrido a ellas, que, en cambio, habían perdido todo su mundo, a sus hermanos, sus padres, sus hermanas? Incluso las que se alegraban por mí, no se alegraban tanto. No podía compartir lo que sentía con mis amigas.

Les tenía miedo. Todas sentían envidia, me envidiaban. Una de ellas, una mujer muy hermosa, me dijo un día: «Si Wunsch me hubiera visto antes que a ti, se habría enamorado de mí».[43]

Y LLEGÓ EL AMOR

Era inevitable que se diesen casos en los que no solo imperara el deseo de posesión sexual del verdugo sobre su víctima, sino en los que surgiera el verdadero amor.

La proximidad entre Helena y Franz fue en aumento. Los detalles del oficial para con la prisionera la fueron conquistando y ablandándole el corazón, que se le había curtido a base de miseria y barbarie. «Es asombroso lo que el cuerpo y el alma pueden soportar si tienen que hacerlo. Uno puede acostumbrarse a casi cualquier cosa»,[44] decía la superviviente Kitty Hart. Los que no supieron adaptarse a Auschwitz, no sobrevivieron. Pero Helena fue aguantando, gracias, también, a la amorosa supervisión de su oficial.

> «Con el paso del tiempo, llegó un momento en que de verdad lo amé. Arriesgó su vida [por mí] más de una vez.» Esa confesión de Helena distaba mucho de aquella primera afirmación de que «prefería estar muerta a estar con alguien de las SS». Sin embargo, las circunstancias fueron cambiando, para mejorar, y Helena comenzó a tener sentimientos románticos hacia él. Nunca consumados, eso sí. Jamás llegaron a mantener relaciones sexuales, pese a que era lo habitual entre algunos prisioneros judíos. Estos se escondían tras una montaña de ropa para dar rienda suelta a la pasión, mientras alguien vigilaba que ningún SS los atrapara in fraganti. «Yo no pude, porque él [Wunsch] era un SS.»

Recordemos que cualquier contacto entre un ario y una judía estaba prohibido bajo pena de muerte, según las leyes alemanas de Núremberg.[45]

Helena Citrónová (izquierda) con su hermana Rózinka y la hija de esta.

> Un Estado nacional —decía Adolf Hitler— deberá, por lo tanto, evitar que el matrimonio favorezca la permanente ignominia de la raza, para ennoblecer esta raza, para ennoblecer esta institución que está llamada a procrear retratos fieles del Señor y no monstruosidades entre humano y mono.[46]

Efectivamente, para el Tercer Reich todo se reducía a «la idea de la raza». Una idea en la que Citrónová y Wunsch no encajaban, y que les impedía mostrar su romance en público. Así que su relación se limitó a un intercambio de miradas, palabras fugaces y notas cortas que se pasaban cuando se cruzaban en el barracón.

> Se volvía a la derecha y a la izquierda, y cuando veía que no había nadie que pudiera oírnos, me decía: «Te amo». Él me hacía sentir bien en ese infierno. Me animaba. Eran solo palabras, muestras de un amor loco que nunca podría hacerse realidad. Ningún plan habría podido hacerse realidad allí. No era realista. Pero había momentos en los que me olvidaba de que yo era judía y de que él no era judío. De verdad [...] y lo amaba. Pero no podía ser real. Allí pasaban muchas cosas, amor y muerte, sobre todo muerte.[47]

Era imposible que nadie se percatase de las miradas y palabras de amor que se intercambiaban un día sí y otro también. Aquella tensión amorosa era bien conocida por «todo Auschwitz», así que solo era cuestión de tiempo que alguien los delatara ante las autoridades del campo.

Ocurrió un día al finalizar la jornada de trabajo. Una *Kapo* la sacó de la fila y la llevó al Bloque 11, el búnker de castigo.

> Todos los días me sacaban —explicaba Helena—, y me amenazaban diciéndome que si no les contaba qué había pasado con este soldado de las SS, me matarían en ese mismo instante. Yo permanecía de pie e insistía en que nada había ocurrido.[48]

El Bloque 11

Se trataba del lugar más temido de todo Auschwitz. Una especie de prisión dentro de otra prisión.[49] Un espacio en el que los reclusos eran interrogados, castigados, torturados e, incluso, ejecutados sin dilación. En las celdas del Bloque 11 había tal cantidad de gente que los prisioneros no podían casi respirar, y en algunas los encerraban para que murieran de hambre.

La reputación de este barracón era conocida a lo largo y ancho de las instalaciones nazis, y nadie quería acabar sus días entre esas cuatro paredes. Así que, cuando encerraron a Helena allí, esta sabía lo que le esperaba. «El Bloque 11 significaba la muerte»,[50] explicaba el preso político polaco Józef Paczyński. De hecho, fue en esta zona donde Karl Fritzsch, sustituto de Rudolf Höss durante un período en 1941, tuvo una de las ideas más radicales hasta el momento: utilizar Zyklon B.* No solo para matar los piojos de la ropa de los prisioneros, sino también, para asesinarlos a ellos. Con este propósito, selló las puertas y ventanas del barracón, metió dentro a prisioneros de guerra y procedió a soltar el gas.

En un primer momento, pareció que el gas no funcionaba bien, porque algunos prisioneros siguieron con vida. Así que aumentaron la dosis, y así fue como se percataron de la nueva solución a sus problemas. Ya no habría más fusilamientos que pudieran debilitar psicológicamente a los soldados. Incluso el propio Höss, cuando regresó a Auschwitz, reconoció: «Este gaseo me resultó calmante; siempre me habían aterrorizado las ejecuciones con pelotones de fusilamiento. Ahora, me sentí aliviado al pensar que nos ahorraríamos todos estos baños de sangre».[51]

De allí, los cadáveres eran trasladados al crematorio por otros presos en los conocidos como *Rollwagons* («carretillas»). Era un secreto a voces que el humo de la chimenea provenía de

---

* El Zyklon B era un insecticida sumamente tóxico que también se usaba para matar ratas e insectos. Era un pesticida. Sus gránulos se convertían en un gas mortal al entrar en contacto con el aire. Se demostró que era el método de gaseo más rápido y se seleccionó como medio para realizar masacres en Auschwitz. Extraído de la página del Museo Estadounidense Conmemorativo del Holocausto (en adelante aparecerá en sus siglas inglesas USHMM).

los cientos de víctimas gaseadas. Algunos supervivientes habían llegado a volverse indiferentes ante esta situación. «Hoy es tu turno, pero mañana será el mío»,[52] aseguraba Paczyński.

La naturaleza de la relación

En los cincos días que Helena estuvo arrestada en el Bloque 11, jamás confesó el tipo de relación que mantenía con el oficial Wunsch. Ni él tampoco, cuando también fue recluido e interrogado al respecto por sus superiores. Sin embargo, algunos historiadores aluden a una serie de «apegos emocionales» como el motivo principal del enamoramiento de la presa hacia su captor. Un documental sobre «amores anormales durante épocas anormales» especifica que la eslovaca: «Admite que había comenzado a albergar sentimientos por él hacia el final de la guerra. Por su parte, afirma que eso era amor verdadero y, él por la suya, que estaba dispuesto a "arriesgar su vida por ella"». Por lo que las relaciones que mantuvieron —nunca sexuales—, según el propio testimonio de Helena a la BBC, fueron «debido a las circunstancias del tiempo y del lugar».[53]

Los interrogatorios terminaron y la pareja fue liberada, pero no en las mismas circunstancias. Mientras que a Helena la castigaron a trabajar en solitario en una de las secciones del «Canadá», sin contacto alguno con el resto de sus compañeras, Franz continuó con su rutina, aunque poniéndose de nuevo en peligro al seguir protegiendo tanto a su amada como a la hermana de esta.

El comportamiento de Wunsch no fue aislado en Auschwitz, sino que se trataba de un patrón más de «corrupción», según Heinrich Himmler. Algunos oficiales robaban (oro, perlas, anillos y dinero)[54] y otros mantenían relaciones sexuales prohibidas. «La conducta del personal de las SS estaba muy lejos del modelo de comportamiento que uno esperaría observar en los soldados. Dan la impresión de ser parásitos desmoralizados y brutales», llegó a afirmar el teniente y juez de instrucción de la policía criminal de Reich, Georg Konrad Morgen, cuando comenzó a investigar a sus camaradas en Auschwitz.[55]

Un último gesto

La platónica historia de amor de Helena y Franz transcurría ajena a lo que acontecía fuera del campo de concentración. A finales de 1944, las tropas aliadas estaban preparadas para invadir Alemania, y las autoridades nazis, ante su derrota casi inminente, ordenaron que los prisioneros confinados fueran trasladados. Sin embargo, aquellas evacuaciones masivas, «marchas de la muerte», para evitar que los presos fueran interceptados por el ejército aliado, supusieron el fin de muchos de ellos.

Las largas distancias que tenían que recorrer bajo un frío glacial con solo sus delgados uniformes a rayas, sumadas a las vejaciones perpetradas por los oficiales de las SS, hacían imposible la supervivencia. Un gran número de prisioneros fue pereciendo por el camino bajo unas condiciones extremas de agotamiento e inanición. Pocos días antes de que las fuerzas soviéticas liberasen Auschwitz, las autoridades ordenaron la huida.[56]

Helena, Rózinka y el resto de las mujeres del «Canadá», así como las miles de personas que vivían en el campo, fueron sacadas de los barracones para emprender una marcha. El pijama que llevaban apenas los cubría del viento invernal que los azotaba y los zuecos de madera tampoco los protegían de la dureza del camino. Así que en un último gesto de amor hacia Citrónová, Franz le dio «dos pares de zapatos calientes: botas forradas en piel. Todos los demás, pobres, tenían zuecos rellenos con periódicos. Él ponía realmente en peligro su vida [al dárnoslas]».[57] Además, le escribió en un papel la dirección de su madre, que vivía en Viena, para que pudiera ayudarlas al final de la guerra. Sin embargo, Helena acabó tirando el papel.

En aquel instante, recordó las palabras que su padre le había dicho antes de entrar en Auschwitz: «No olvides quién eres» y «Soy un judío y tengo que seguir siendo judío».

Pese al amor que sentía por Wunsch, la eslovaca miró hacia delante y luchó por sobrevivir junto a su hermana en aquella marcha infernal. «Los que vivían, vivían. Los que morían, morían.»

Lograron sobrevivir, pese a las violaciones que los soldados del Ejército Rojo perpetraron en su incursión por Alemania;

algunas hasta la muerte. «Eran animales —exclamaba Citrónová—. Pensábamos que si no nos habían matado los alemanes, nos matarían los rusos.»[58] En una ocasión, la propia Helena se salvó de que un joven ruso la atacase sexualmente: «Pateé, mordí y grité, y todo el tiempo él me preguntaba si era alemana. Al final le dije: "No, soy judía, de Auschwitz" y le mostré el número en mi brazo. Y en ese momento, él retrocedió».

Cuando la Segunda Guerra Mundial terminó, Wunsch emprendió una búsqueda desesperada de Helena. Fueron prácticamente dos años recorriendo cualquier lugar en el que la eslovaca pudiese estar, preguntando, informándose. Sin noticias.

El juicio

El oficial de las SS regresó a Viena, donde lo esperaba su madre, y allí comenzó una nueva vida, se casó y formó una familia. Tuvieron que pasar cerca de veinticinco años para que, en 1972, las autoridades austríacas procedieran a su detención y posterior juicio debido a su vinculación con el nazismo. Su pasado había salido a la luz y la justicia reclamaba que pagara por las brutales acciones cometidas durante la contienda.

El juicio se celebró en Viena y supuso el tercer proceso sobre Auschwitz. En el primero, celebrado en Cracovia en 1947, se condenó a cuarenta y una personas, entre ellas María Mandel; el segundo se celebró en Fráncfort entre diciembre de 1963 y agosto de 1965.[59]

La vista tuvo dos protagonistas principales, Walter Dejaco, de sesenta y tres años, diseñador y constructor de las cámaras de gas y los hornos de incineración en Auschwitz-Birkenau, y su ayudante, Fritz Karl Ertl, de sesenta y cuatro años. Ambos, acusados por un delito de complicidad en el asesinato premeditado y «violento» de tres millones de judíos europeos entre 1941 y 1945.[60] Pese a los más de sesenta testigos que aportaron su declaración, y los conocimientos y los argumentos presentados para condenar a los acusados por su responsabilidad en el Holocausto, los ocho miembros del jurado finalmente absolvieron a los dos arquitectos.[61] Fueron declarados no culpables.

En el juicio, al que hacen referencia varios documentales,[62] Wunsch fue descrito como «un enemigo de los judíos» que en ocasiones se encontraba en la famosa «rampa». Es decir, que participó en el proceso de selección donde se determinaba qué presos vivían y cuáles morían. Además, algunos supervivientes aseguraron que era un hombre violento que no dudaba en golpear brutalmente tanto a hombres como a mujeres. Incluso, al menos en una ocasión, estuvo al cargo de las cámaras de gas donde el Zyklon B mataba letalmente a los confinados.

En su defensa, Franz contó un episodio que vivió con una niña enferma de tifus. Si decidía llevarla a la enfermería, moriría; así que Wunsch, que «había sido educado de manera distinta»,[63] la ayudó y la ocultó en un lugar que utilizaba a modo de escondite. También habló de Helena, e instó a que la encontraran para que diese su versión de cómo le había salvado la vida y la de su hermana Rózinka. «Conocer a Helena cambió mi comportamiento. Me convirtió en otra persona»,[64] afirmó durante el juicio.

Una de las personas que trataron de encontrar a Helena fue la mujer de Franz. Su hija, Dagma Wunsch, explicó que su madre había escrito una carta dirigida a la superviviente para pedirle que testificara a favor de él ante la Corte. La misiva, enviada el 21 de enero de 1972, decía:

> *Dear Mrs. Tahory. I hope my despair won't shock you. I am turning to you in person. I learned from my husband Franz Wunsch, that you and he were very close during time in Auschwitz. That is why I believe that despite the horrible pain and anguish that you experienced in Auschwitz you would find it in your heart to understand my husband's fate and condition and be willing to help him.**[65]

---

* «Querida Mrs Tahory. Espero que mi desesperación no le sorprenda. Me dirijo a usted en persona. Supe por mi marido Franz Wunsch, que usted y él estaban muy unidos durante el tiempo en Auschwitz. Eso es por lo que creo que a pesar del horrible dolor y angustia que experimentó (usted) en Auschwitz, encontraría en su corazón la forma de comprender el destino y la condición de mi marido, y estar dispuesta a ayudarle.»

Era verano cuando la eslovaca se presentó en Viena. Se sentía alterada y tenía emociones contrapuestas. Su vida había cambiado mucho, estaba casada y era madre. Pero no había olvidado lo ocurrido en Auschwitz. «No olvidé ni un minuto, recuerdo todo. [...] Yo era algo distinta, y todo el mundo conocía esta historia. Era una mancha en mi reputación; él era un hombre de las SS.»[66]

Ante la Corte, continuó su testimonio en defensa de Wunsch, explicando «todas las cosas buenas que él hizo por nosotras y que llevo siempre conmigo».[67] Citrónová aseguró que: «Mi vida se salvó gracias a él. Yo no elegí esto. Simplemente, ocurrió. Era una relación que solo podía suceder en un lugar así, en otro planeta. Cuando era joven, estaba angustiada y no aceptaba mi pasado. Ahora, los recuerdos regresan a mí como un bumerán».[68]

Pese a que el juez encontró una «abrumadora evidencia de culpabilidad» en cuanto a su participación en los asesinatos en masa, Wunsch fue finalmente absuelto de todos los cargos.

Aun así, Franz y Helena jamás se volvieron a ver.

Helena Citrónová. Documental *Auschwitz, los nazis y la solución final*, BBC, 2005.

2

DAVID Y PERLA SZUMIRAJ.
AL OTRO LADO DE LA ALAMBRADA

> Era una muchacha muy joven, la más linda del mundo.
> De ojos enormes que resaltaban en esa cabeza rapada.
>
> DAVID SZUMIRAJ, al ver por primera vez a Perla
> en el campo de Auschwitz

Poco se imaginaba aquel adolescente de catorce años, cuya única preocupación era no meter suficientes goles en su portería del club de fútbol al que pertenecía, que la ciudad que le había visto nacer se convertiría en una jaula de la que no podría salir ni entrar a voluntad; que la guerra acababa de llamar a su puerta y que ya no competiría como solía hacerlo. Ni siquiera podría volver a salir del país, ni viajar hasta Hungría, como otros tantos muchachos amantes del balompié, para conseguir el tan deseado trofeo que les permitiría alcanzar la gloria en su localidad, Lodz.

El 6 de septiembre de 1939 todo cambió en el presente y el futuro de David Szumiraj. Los nazis acababan de invadir Lodz, considerada la segunda capital de Polonia. En ella se encontraba una de las comunidades judías más grandes en Europa,[1] que fue víctima de toda clase de desórdenes, revueltas, saqueos y secuestro de bienes.

Pero lo peor estaba aún por llegar. Los cerca de doscientos treinta mil judíos que residían en Lodz comenzaron a sentir el peso del nazismo sobre sus espaldas. Adolf Hitler fue avanzando en la conquista de Polonia y, finalmente, esta tranquila población, dedicada principalmente a la industria textil, acabó formando parte del Tercer Reich. A partir del 7 de noviembre de 1939 pasó a llamarse Litzmannstadt, «ciudad de Litzmann», el nombre de un general alemán que había muerto al intentar conquistar Lodz en la Primera Guerra Mundial.[2]

Los siguientes meses fueron de mal en peor. Si primero fueron los saqueos de las propiedades judías, después comenzaron las redadas. Unas redadas en las que los nazis no escatimaron en la violencia. Palizas aleatorias, matanzas en las calles y los ya conocidos trabajos forzados,[3] que permitían a los camaradas alemanes tener como esclavos a este sector de la población. Por supuesto, no hay que olvidar la confiscación de todos los objetos de valor de los judíos, en su mayoría joyas, que fueron pasando de mano en mano entre los altos mandatarios del gobierno del Partido Nacionalista Obrero Alemán (NSDAP) durante la Segunda Guerra Mundial.

Para un niño como David, nacido el 8 de diciembre de 1924, cuya vida se había centrado en jugar al fútbol, estudiar en la escuela y ver cómo sus padres y abuelos fabricaban toda clase de muebles en su modesto negocio de carpintería, la llegada de las SS supuso una importante alteración en la vida diaria.

Un tiempo para olvidar

Jamás habla de su infancia después de la llegada de los nazis a Lodz. Es como si Perla Edelman hiciese un paréntesis en sus vivencias, en sus sentimientos, en sus recuerdos. Quizá, como me cuenta su hijo Enrique en una conversación desde el otro lado del océano Atlántico: «Nunca ha querido hablar de lo que vivieron».[4] Cuando se le preguntaba por aquella etapa de guerra y pérdida, solo había dolor.

Nació el 24 de noviembre de 1926 y se quedó huérfana cuando tan solo era una niña. Sus padres fueron asesinados por los nazis, y con doce años, pasó de vivir en una granja próxima a Lodz, rodeada de naturaleza, animales y paz —pese a la pobreza económica por la que atravesaban—, a convivir con el odio de la que, en aquel momento, pasó a denominarse la «raza aria».

Perla y David, que aún no se conocían, fueron marcados igual que el resto de los judíos, como si fuesen animales. Allá donde fueran tenían que portar un brazalete en el brazo derecho para que las SS los distinguieran del resto de los polacos. Esa nueva medida se hizo efectiva a partir del 16 de noviembre de 1939, y fue la precursora de la del 12 de diciembre, que obligaba a sustituir el brazalete por la estrella de David amarilla. «Era una especie de sello. Un sello que me distinguía del resto de la población. Cualquiera podía acercarse a mí, hablarme y hacerme lo que quisiera»,[5] explica la superviviente Jutta Szmirgeld, que con doce años vivió la tragedia del gueto de Lodz. El fin de portar aquellos emblemas a cualquier edad era distinguirlos del resto de la población, lo que los convertía en el blanco de humillaciones y toda clase de violencia.

La manera que el Tercer Reich encontró para controlar a la población judía fueron los guetos. Se trataba de una especie de submundos dentro de la propia urbe que, aunque al principio fueron abiertos, lo que permitía que los civiles polacos no judíos y judíos siguieran manteniendo el contacto, con el tiempo y dada la alta población semita, se cerraron, y a los judíos se les prohibió salir. De hecho, en apenas cuatro kilómetros cuadrados, Friedrich Übelhör, el gobernador del Distrito Kalisz-Lodz, pretendía albergar a los cerca de doscientos treinta mil judíos marcados con el brazalete. Algunos de ellos ya residían en aquella zona, ubicada al norte de Lodz, pero miles de ellos, no.

«El establecimiento del gueto es solo una medida transitoria. Me reservo la decisión de cuándo y cómo la ciudad de Lodz será limpiada de judíos. El objetivo final debe ser que se queme por completo esta ebullición pestilente.»[6] Las palabras de Übelhör, refiriéndose a las cerca de cien mil personas que tenían que trasladarse al gueto, dejan constancia del odio acérrimo que profesaban a los judíos y el deseo de una aniquilación masiva de este sector de la población. Lo que no mucho tiempo después se puso en marcha mediante la llamada «solución final».

La vida en el gueto

> Cuando cursaba el segundo año de educación media y tenía unos quince años de edad, todo cambió. Llegó la guerra. Los nazis tardaron ocho días en entrar en Lodz y de inmediato la anexaron [a Alemania]. A los dos meses crearon el gueto. [...] Dieron cuarenta y ocho horas para dejar la vivienda. Nuestra casa estaba en el otro lado del sector que eligieron para el gueto.[7]

David tuvo que dejar la escuela, los partidos de fútbol y de ayudar a su padre en sus ratos libres lustrando muebles (uno por semana, con lo que ganaba cinco pesos*). «El domingo era el rey porque tenía para comprar chocolates y para ir al cine. Esa era mi vida. El estudio, jugar al fútbol y ayudar a mi padre», recordaba como si fuese ayer, a los setenta y cuatro años, en una entrevista para el periódico *El Día* de La Plata (Argentina), en 1999. La familia Szumiraj tuvo que abandonar su vida, sus pertenencias, sus propiedades y «nos encerraron en el gueto».

Aquella fue la manera en la que el gobierno del Führer resolvió lo que calificaron como «el problema judío». Los nazis tenían una misión: que Lodz se convirtiese en una ciudad *Judenfrei*. Durante los siguientes meses, se acotó la zona prevista para el gueto y se alertó a los no judíos de que no se acercaran por allí, porque se habían propagado enfermedades infecciosas.[8]

Ese anuncio, emitido el 17 de enero de 1940, fue el preludio de un aislamiento masivo de la población judía. Primero, se les hacinó en cuartos donde el promedio de ocupación era de tres ocupantes y medio;[9] después, se colocaron cercos de madera y se construyó una valla de alambre de púas en el perímetro del gueto, para evitar cualquier contacto con el resto de los residentes polacos. La policía alemana era la encargada de vigilar que nadie traspasara los límites impuestos por el gobernador Übelhör. Portaban armas, lo que llevó a la muerte a más de setecientas personas,[10] víctimas de represalias. También se organizó una policía

---

* El protagonista en su entrevista dice textualmente «pesos», aunque en Polonia la moneda de curso legal de la época era el esloti y sus fracciones, el grosky.

judía, que colaboraba estrechamente con los nazis, para administrar el gueto y asegurar su buen funcionamiento.

El 1 de mayo de 1940, el gueto de Lodz se cerró oficialmente. Solo habían transcurrido ocho meses desde la invasión alemana a la segunda capital polaca. Desde el principio, su único objetivo había sido tener controlados a los judíos. Por lo que, ¿qué mejor forma que aislarlos en una pequeña zona sobre la que los nazis tenían el dominio absoluto?

Las familias de David y Perla, como tantas otras en aquel momento, tuvieron que pagar por la comida, por la seguridad, por la eliminación de las aguas residuales y por cualquier gasto derivado del encarcelamiento.[11] Se hizo necesaria una figura que se encargase de organizar la vida diaria del gueto de Lodz.

Mordechai Chaim Rumkowski, un empresario judío, fue elegido por los nazis para ser el presidente del *Judenrat* (Consejo Judío) del gueto de Lodz. Entonces afloró su verdadera naturaleza híbrida de impiedad y de codicia.[12] Con él, se estableció un gobierno inflexible que obligaba a ejecutar las órdenes y disposiciones del Führer. Por ejemplo, el exterminio de los residentes, una medida que le valió muchos detractores entre la población judía, que lo señalaban como traidor y colaboracionista.

A eso hay que añadir las agresiones sexuales a jovencitas que cometió durante su mandato. Se valía de su posición para dar rienda suelta a su mente pervertida y arrinconar a adolescentes como Lucille Eichengreen, de dieciséis años.

> Entraba en la oficina y yo oía en el pasillo su paso desigual, como si cojeara. Yo estaba sola en la oficina, él acercaba su silla y hablábamos. Yo le escuchaba mientras él me tocaba... me cogía la mano, se la acercaba al pene y me decía: «¡Ponlo en marcha!». [...] Yo me sentía furiosa, me sentía agredida, aunque no conocía el verdadero sentido del abuso sexual ni comprendía por qué quería hacerme aquello. Estaba horrorizada.[13]

El sexo se convirtió en una de las mercancías más cotizadas del gueto. «Se comerciaba con él como con cualquier otra cosa», aseguraba Lucille.

Esclavos en Lodz

Con tantos miles de personas encerradas en apenas varios kilómetros cuadrados, sin tierras de cultivo para obtener alimentos, sin dinero ni joyas que les permitiesen comerciar y teniendo que pagar sus propios gastos de mantenimiento, se hizo indispensable una medida que posibilitara a los judíos alimentarse diariamente sin que a los nazis les supusiese un gran desembolso.

La manera que Chaim Rumkowski encontró para solucionar este problema fue crear un plan de trabajo en el que su propio pueblo serviría de mano de obra a los nazis para la producción de los bienes que necesitaran.[14] De este modo, cada persona recibiría comida en función del trabajo realizado. La medida obtuvo el beneplácito de las autoridades nazis el 30 de abril de 1940, aunque nunca se dispuso ni la cantidad de alimento por persona ni la frecuencia con la que lo recibiría.

A partir de esa fecha, se construyeron diversas fábricas donde se elaboraban desde textiles a municiones. Cualquier persona en edad de trabajar, a partir de los catorce años, tenía que pasar por dichas factorías. Incluso la mano de obra más joven, los niños, se empleaba para coser los emblemas en los uniformes de los soldados alemanes.[15] Las jornadas laborales eran interminables, «trabajábamos todo el día».[16] Y aunque el consejo que presidía Rumkowski, había prometido que todos los judíos recibirían alimentos en función de las tareas prestadas, esto jamás se cumplió. «Daban a cada familia alguna que otra verdura y medio kilo de pan, que después bajaron a un cuarto.»[17]

La vivencia de David Szumiraj era la misma que la del resto de sus compatriotas judíos, que veían cómo, día tras día, la administración de Lodz, comandada por el polémico empresario, les iba coartando las fuerzas a través del estómago. Sin embargo, su presidente, el que tenía que velar por sus intereses, no hacía lo suficiente, por muchas críticas que recibiese.

Los nazis repartían el alimento a granel en el gueto de Lodz y una vez allí, los funcionarios de Rumkowski debían encargarse de su distribución. Pero la calidad y cantidad de los alimentos que se entregaba a la población judía hacinada en aquellas cuatro hectáreas de terreno no era ni la cuarta parte de lo esperado. Aunque se había establecido que los que realizaran las tareas más pesadas en las fábricas recibirían una mayor ración de pan, por ejemplo, la realidad era bien distinta. Un tazón de sopa, que normalmente solo contenía agua con un par de granos de cebada, era la comida habitual. Además de una hogaza de pan para cinco días, una pequeña cantidad de verduras habitualmente en conserva y una especie de agua marrón que se suponía que era café. Sin embargo, los trabajadores de las oficinas, donde el esfuerzo físico era menor, se llevaban los mejores alimentos.[18] Fue lógico que gran parte de los polacos judíos de Lodz comenzase a quejarse del hambre que padecían. Al fin y al cabo, «cada día nos daban menos comida»[19] y la gente empezaba a morirse de hambre. Mes tras mes, los residentes del gueto iban adelgazando y se resentían por la falta de alimento; eso también dio paso a enfermedades como la tuberculosis, el tifus o la disentería. En cambio, los miembros del Consejo Judío, con su presidente a la cabeza, y los oficiales de este, engordaban y gozaban de buena salud. Resultaba evidente que Rumkowski y sus secuaces tenían el poder sobre la vida del resto de los ciudadanos del gueto.[20]

Las deportaciones

Los días se hacían largos e insoportables de cansancio, y los adolescentes, como David y Perla, aún desconocían el destino que les tenían preparado los nazis.

Estera Frenkiel fue una de las jóvenes «afortunadas»,[21] al trabajar como aprendiz de secretaria en la oficina de Rumkowski. Aunque su «fortuna» no duró mucho tiempo.

Hans Biebow era el responsable alemán del gueto de Lodz, y se había ganado la fama de obsceno entre las chicas que trabajaban para el Consejo. En una ocasión, había intentado sobrepasarse con una joven de dieciséis años, a la que rasgó el vestido para manosearla. Cuando esta intentó huir del despacho, le había disparado, hiriéndole en una oreja.[22]

Biebow escribió a Rumkowski: «Solicito que compruebe inmediatamente si hay en el gueto alguna trituradora de huesos. Que funcione eléctrica o manualmente. El interesado es el *Sonderkommando* [unidad especial] de Kulmhof [Chelmno]».[23] A Estera, cuya tarea, entre otras, era la de abrir la correspondencia del presidente, aquellas pocas líneas la dejaron en *shock*. «¿Para qué, por qué, con qué fin?», se preguntaba la joven judía. Así se enteró Estera de «la verdadera suerte» que aguardaba a los judíos que se llevaban de allí, porque la respuesta era evidente: «Los [judíos] deportados ya no estaban vivos y ellos [los nazis] no querían que el mundo supiera lo que había pasado».

Las deportaciones comenzaron en el gueto de Lodz en septiembre de 1942. Los niños, los enfermos y los ancianos debían ser inmediatamente trasladados; todos los que no eran mano de obra útil. Pero ninguno sabía su destino real. Tal fue el revuelo entre la población del gueto, que Rumkowski tuvo que dar explicaciones sobre lo que estaba sucediendo.

> El gueto recibió un golpe terrible. Nos exigen lo que nos es más querido, los niños y los ancianos… Nunca imaginé que me obligarían a hacer este sacrificio en el altar, con mis propias manos. Ya en la edad provecta me veo obligado a alargar los brazos y suplicar: ¡Hermanos, entregádmelos! ¡Padres y madres, dadme a vuestros hijos![24]

Pero las deportaciones fueron afectando a la población de cualquier edad.

> Los nazis salían a patrullar, y un día, a eso de las seis de la tarde, cuando volvía de trabajar con un amigo un poco mayor que yo, nos cargaron en un camión y nos llevaron al tren para Auschwitz.[25]

Así fue como David y Perla tuvieron que dejar el gueto de Lodz, separarse de sus familiares —algunos ya habían fallecido debido al hambre, como los abuelos y el hermano mayor de David— y sufrir el calvario de uno de los peores campos de concentración nazis. Él a punto de cumplir los dieciocho años y ella sin contar aún con dieciséis.

«Éramos unos dos mil y viajamos hacinados —rememoraba David en 1999—. Había unos cuatrocientos obreros y después enfermos y otra gente.» Durante tres días, él y cuatro amigos de Lodz, permanecieron encerrados en uno de los vagones rumbo a Auschwitz. «Sin comer, sin beber, haciendo allí mismo las necesidades fisiológicas.»[26]

«El traslado fue un desastre porque en los vagones de tren se mataban por un trozo de pan», me comenta Enrique, el hijo de la pareja.

En aquel vagón, viajaban personas sanas junto con toda clase de enfermos, y a David le tocó compartir el espacio con ellos. Sin embargo, al bajar y «ver que a estos los separaban del resto, mi amigo me agarró del brazo y me dijo: "Vamos con los trabajadores". Y entramos al campo de concentración. Fue la primera selección por la que pasé en Auschwitz».[27]

El infierno de Auschwitz

«¿Dónde estaba Dios en Auschwitz?»,[28] se preguntaba la superviviente Helen *Zippi* Tichauer ante la consternación que comenzó a extenderse en el *Konzentrationslager*. Primero, por las selecciones que personajes como el doctor Josef Mengele, acompañado normalmente por guardianas nazis tan terribles como Irma Grese, la *Bestia Bella*, realizaban a la entrada del campo.[29] Y segundo, por el destino de la mayor parte de los viajeros, que tras llegar en vagones de ganado hasta la mismísima puerta de Auschwitz, eran llevados a las cámaras de gas mediante engaño. No recibirían duchas de agua caliente como prometían los nazis. Les habían llevado al matadero como corderos.

«Los prisioneros tenían que formarse de a cinco. Era mi deber que lo hicieran así. Entonces, venía el doctor Mengele y hacía la selección.»[30]

A medida que David y el resto de los residentes en el gueto de Lodz iban bajando de los vagones, los nazis los separaban en dos grupos. Al grito de «derecha-izquierda» pertinente, es decir, vivir o morir, los recién llegados iban tomando posiciones en fila de a uno para entrar en el campo de concentración.

David explica que los despojaron de todo lo que llevaban encima, además de dejarlos completamente desnudos. «Nos inspeccionaban para determinar quién estaba en condiciones de hacer trabajos forzados y quién debía ser destinado a la cámara de gas.»[31]

Después, les raparon la cabeza, los bañaron con agua fría en las llamadas desinfecciones y los marcaron. «Nos grabaron los números en el antebrazo. A mí me pusieron el 145.086 en el antebrazo izquierdo, número que no quise borrar y que todavía llevo.»[32] En el caso de Perla, jamás lo mostraba en público, solo se le veía a veces un 29, correspondiente al final de la cifra estampada. Pese a que David jamás eliminó aquella marca de su piel, para personas de su familia, como Enrique, los tatuajes siempre irán ligados a la crueldad. «Cuando veo a alguien tatuado sufro. Para mí el tatuaje es un símbolo de tortura. Entonces, no entiendo que los chicos se tatúen todo.»

A Perla, su doloroso recuerdo le impidió explicar en público cómo fueron aquellos primeros instantes al entrar en Auschwitz, donde, completamente sola, tuvo la «suerte» de ser destinada a uno de los barracones de trabajo. Nunca habló sobre su estancia en el campo nazi, ni acerca de lo que vio, sintió o vivió. Ni siquiera lo comentó jamás con David. De hecho, cuando, con los años, diversos periódicos se pusieron en contacto con ellos para conocer su bonita historia de amor, Perla ni siquiera se atrevió a compartir habitación con los periodistas que acudieron a su hogar. Nunca quiso oír nada más sobre Auschwitz, era como si lo hubiera borrado de su memoria. Lo único que se llevó de allí fue la amistad de una mujer mayor que ella, Nadia, que la cuidó el tiempo que permaneció en el barracón y que con los años se convirtió en la madrina de Enrique. Pese al paréntesis emocional que decidió hacer para evitarse más sufrimiento, su hijo pequeño solo tiene palabras de cariño hacia ella. «Mi mamá es "saborosa" amor por todos lados», dice con una gran sonrisa y acento argentino.

La vida en el campo de concentración

Tras la desinfección en aquellas gigantescas duchas a la entrada del campo de concentración de Auschwitz, los prisioneros aparecían desnudos o tan solo tapados con una mísera tela. «A los dos días —recordaba David—, nos dieron el uniforme a rayas verticales azules y blancas, y nos llevaron a otro sitio, donde estuvimos cuarenta días.» Aquí nuestro protagonista se refería a «la famosa cuarentena para comprobar si estábamos enfermos».[33] Después de este período, los nazis los pasaron a los barracones y comenzaron a trabajar.

Su nuevo «hogar» era una especie de refugio hecho de ladrillo y madera, construido como si se tratara de una cuadra para caballos. En circunstancias normales, aquellos establos albergarían a unos cincuenta y dos caballos, pero Auschwitz destinó ese espacio a colocar a trescientos prisioneros. Sin embargo, dichas instalaciones finalmente pasaron a albergar cerca de mil personas.[34] Al rememorar aquellos instantes, David señala que eran unos veinte mil prisioneros y que entre seiscientos y setecientos de ellos dormían en el mismo habitáculo. Completamente «hacinados». En cada una de esas «caballerizas», como él lo denominaba, había «tres niveles de camas y unos seis o siete por camastro».[35]

Para vivir, cada individuo disponía de 0,28 m^2 y de 0,73 m^3 de aire. Estos asfixiantes habitáculos no son siquiera comparables con las cárceles que había en Polonia antes de estallar la Segunda Guerra Mundial, en las que el recluso tenía 13 m^3 de oxígeno en un espacio común y 18 m^3 en uno individual.

Ese hacinamiento masivo generaba una gran angustia entre los presos, y les provocaba asfixia, crisis nerviosas y agotamiento. Sufrían de insomnio, resultaba imposible descansar adecuadamente.[36] Además, las paredes que habían construido para esos barracones contaban con mampostería de tan solo doce centímetros, techos sin tejas, suelos sin azulejos llenos de tierra y una única puerta de entrada. En esta situación y debido sobre todo al terreno pantanoso donde se ubicaron, podemos imaginarnos cómo, en pleno invierno, el frío debía de entrar por cada grieta de la pared o del techo, haciendo insoportable la vida en su interior. Ni siquiera las dos estufas que colocaron en cada uno de los barracones eran capaces de calentar aquellos establos. No había aislamiento ni tiempo para ponerlo.[37] «En todo el tiempo que estuve allí, no hubo jamás un momento de felicidad. A los judíos nos gusta contar chistes, pero allí nunca oí un chiste. Porque la poca energía que teníamos la poníamos en vivir, no en soñar.»[38]

Pero poco les importaban a los nazis los sueños de los judíos. Al fin y al cabo, para Adolf Hitler suponían «la escoria de la humanidad».[39] «¿Cómo se podía soñar mirando durante todo el día el humo que salía de los hornos crematorios, sabiendo que allí habían muerto mi hermanita y mis padres? En todo momento. Siempre ese humo.»[40]

El día para David comenzaba realmente por la noche.

> No teníamos relojes pero calculo que serían las cuatro de la mañana. Nos daban una taza de agua que nos llegaba fría y que ellos llamaban café. El que había tenido voluntad para guardarse un pedazo del pan que nos daban por la noche, lo comía entonces y era algo importante para sobrevivir. Porque había que tirar con eso hasta el mediodía, cuando nos daban otro plato de agua con algún pedazo de papa o unos pocos granos de arroz. Pero fundamentalmente era agua y había que pescar en el plato algo sólido. Por eso era importante tener voluntad para guardarse aunque fuera un pedazo del pan que nos daban por la noche.[41]

Una de las anécdotas que David explicó a su hijo Enrique tenía que ver, precisamente, con la comida. Al ser uno de los encargados de cuidar el huerto de papas que poseía el ejército alemán en el campo, tenía más facilidad que otros reclusos para guardarse alguna de más, e incluso, poder cocinarlas.

Para mi padre la mejor comida que existía eran las papas. Lograba robar una o dos mientras las estaban guardando y con un trozo de alambre las colgaba en la chimenea donde estaban los soldados alemanes, para que se cocinasen al vapor. Eso era un manjar.

Las cárceles del hambre

Sin embargo, no siempre hubo una papa que llevarse a la boca, ni siquiera un trozo de pan duro. Las comidas que ofrecían a los confinados no cubrían ni de lejos los requisitos nutricionales más básicos. De forma frecuente, les cocinaban sopa con carne podrida o descompuesta de animales como caballos y empleaban sobras para aderezar el guiso. Cualquier trozo de carne era aceptable. Durante los pases de revista diarios, a cargo de guardianas como María Mandel, la *Bestia de Auschwitz*, se podía observar a verdaderos esqueletos humanos, consumidos y agónicos, de apenas treinta y cinco o cuarenta kilos, guardar la compostura para no ser enviados directamente a la cámara de gas o a las celdas de castigo y tortura. La extrema delgadez, tanto de las mujeres como de los hombres, rozaba los límites de la muerte.[42]

A su vez, esta escasez de alimentos se tradujo en un mal rendimiento de los prisioneros en los trabajos forzados que les imponían los nazis. Tal era el grado de inanición y extenuación a los que les sometían que muchos no podían resistirlo. «He visto caer a muchas personas mientras trabajaban durante la mañana. Caían como moscas —relataba David, afligido, mirando atrás en el tiempo—. Así tirábamos todo el día, y recién a la noche nos daban un pan a cada uno untado con algo que no recuerdo si era margarina o algo así. Nada más.»[43]

Aunque lo peor estaba por llegar. Ya no era pasar varios días con el estómago vacío, sino que el momento del descanso se convertía en algo infernal. Porque además de compartir los camastros con otros cinco o seis compañeros, cuando los nazis creían que el barracón estaba demasiado lleno procedían a las selecciones. «Necesitaban lugar para traer otra gente como sustituto para el trabajo. Los más débiles iban entonces a la muerte. A veces nos llevaban a todos a unos galpones grandes y allí nos revisaban los médicos. A los que pasaban a la izquierda, los mataban.»[44]

Casi una veintena de veces, David se salvó de las temidas selecciones nazis. «En una ocasión, cuenta, el hombre a cargo de la selección me mandó a la fila izquierda, la de los destinados a morir. El hombre tenía una estatura como de dos metros, pero yo salté y le agarré la solapa. Le grité en la cara: "Soy joven. Estoy fuerte. Déjame vivir. Puedo trabajar".»[45] El escándalo le sirvió para librarse de la muerte. «En ese momento los SS se desvivían por dispararme, pero el hombre dijo: "Déjenlo. Que vaya a la derecha".» «Pasé diecinueve selecciones», contaba orgulloso al periodista argentino Lalo Painceira.

Amor a primera vista

La primera vez que David vio a Perla en Auschwitz fue a través de la alambrada que separaba los barracones destinados a los hombres de los destinados a las mujeres y los niños. Esta no fue la única segregación que hubo. Los gitanos, los homosexuales y los negros eran relegados a determinados búnkeres, aunque la separación entre géneros fue la más notable. Era una forma de evitar el contacto sexual y de que no hubiera embarazos no deseados por los nazis. De haberlos, las embarazadas solían sufrir la brutalidad y el sadismo de ciertos guardianes y guardianas nazis que supervisaban los barracones. Como Hildegard Lächert, *la Tigresa*, que no dudó en incitar a uno de los perros que siempre la acompañaba a que atacase a una presa judía. Su único delito: haber sido violada y quedar encinta de un oficial de las SS del que la *Aufseherin* (guardiana) se había enamorado. El animal terminó destrozando a la prisionera.[46]

«Estábamos a unos treinta metros de distancia. Yo no sabía quién era ella, ni ella quién era yo. Pero nos miramos, ¡vaya a saber por qué!»[47] En aquel instante algo cambió en la vida de David y Perla. Si hasta ese momento, el terror, la desnutrición y el dolor eran su pan de cada día, conocerse supuso un punto y aparte. Aquella mirada entre inocente y romántica les sirvió para forjar una bonita ilusión. «Y me gustó y le gusté. Será el gen, como decimos nosotros.» Aunque no fueron los únicos. El grupo de jóvenes que acompañaban a David, cuatro amigos de Lodz, también se fijaron en otras prisioneras que, como Perla, se encontraban al otro lado de la alambrada.

Todos los días, ambos desconocidos se acercaban prudentemente al límite del campo para mirarse. «Ella ante los piletones donde lavaban la verdura y yo descargando los camiones de papas, todo para los alemanes.» Él no había cumplido los veintiún años y ella acababa de alcanzar la mayoría de edad en Auschwitz.

«Era una muchacha muy joven, la más linda del mundo. De ojos enormes que resaltaban en esa cabeza rapada. Muy flaca y pálida, como todos los que sobrevivíamos en el campo, y vestía el uniforme rayado que parecía grande.»[48] Así fue la descripción que David hizo de Perla tras verla en el campo.

Sin embargo, solo podían mirarse cuando no había nadie alrededor y tenían terminantemente prohibido hablar. Su rutina casi diaria incluía, aparte de los trabajos forzados a los que eran sometidos, escaparse hasta la alambrada y contemplarse a distancia. No supieron el nombre del otro ni tuvieron contacto físico alguno hasta que el ejército soviético llegó a las puertas del campo para liberarlos. Era finales de enero de 1945, y los alemanes, ante la llegada inminente del enemigo, decidieron trasladar a los presos más sanos en las llamadas «marchas de la muerte». David fue uno de los elegidos. Sin embargo, antes de embarcar en uno de los trenes de ganado que le llevaría a otro campo de concentración más seguro, decidió correr a ver a su amada. «Ese día corrimos hasta estar juntos. Nos presentamos, supe que se llamaba Perla y nos dimos un beso y la mano.»

«¡Un beso... imaginario! Porque no había contacto físico», asegura un incrédulo Enrique cuando le explico la historia que su padre contó desde entonces a distintos medios de comunicación y que él no recuerda con tanta precisión como su protagonista.

Aquel inocente gesto, que para muchas otras personas solo simbolizaría un posible romance, tuvo para ellos un sentido mucho más profundo: «Para nosotros, los judíos, sellar un compromiso con un apretón de manos significaba que es para toda la vida. Y nos dijimos que si salíamos con vida, nos íbamos a casar». Después de aquel mágico instante ya no importaba nada más. Ni el hambre, ni la disentería, ni la pérdida de sus seres queridos; ni la muerte siquiera estaba por encima de lo que ellos estaban sintiendo: amor. «A través de nuestras miradas, tanto ella como yo estábamos seguros de que habíamos encontrado a la persona amada. Sentíamos que éramos el uno para el otro.»[49]

Liberación y despedida

Pero aquel amor inexplicable no fue sino el preludio de una separación obligada por las citadas «marchas de la muerte». A la llegada de los soviéticos, Auschwitz albergaba a 2.819 supervivientes, la mayoría moribundos; 348.820 trajes de hombre y 836.255 abrigos y vestidos de mujer; y un hedor irrespirable a muerte pese a que hacía diez días que los hornos crematorios ya no funcionaban.[50]

La evacuación de unos cincuenta mil reclusos a otros campos de exterminio bajo control alemán provocó la muerte de muchos de ellos. En aquel mes de enero viajaron en «vagones de trenes abarrotados que no tenían techo», mientras afuera no hacía más que nevar. No tenían nada que llevarse a la boca, así que: «Comíamos nieve. Después de una semana la gente comenzó a morir».[51]

El traslado sufrió un importante contratiempo cuando bombarderos británicos atacaron el tren en el que se encontraban los prisioneros de Auschwitz (incluido David). El fuego aliado había paralizado el viaje y los presos que aún se mantenían en pie, corrieron para ponerse a resguardo. David tan solo pesaba 38 kilos, apenas lograba sostenerse por sí mismo, pero consiguió salvarse. Con otros compañeros, se escondieron en el bosque y se alimentaron de hierbas. De hecho, con los años, seguía siendo incapaz de llevarse a la boca algo tan sencillo como una lechuga. Solo intentarlo lo llevaba de vuelta a aquel fatídico momento.

David (derecha) junto al oficial americano para el que trabajaba (1945).

Unas dos horas más tarde, llegaron al lugar tropas americanas con tanques. La liberación ya era un hecho. La guerra daba sus últimos coletazos. Sin embargo, muchos confinados fallecieron en las siguientes horas debido a grandes empachos. Los estadounidenses, de buena fe, facilitaron toda clase de alimentos a los esqueletos andantes, sin darse cuenta de que eso acabaría con ellos.

«Esa noche hubo gente que murió de tanto que comió. Se empacharon y murieron», explica Enrique.

Sin noticias de Perla

David sobrevivió y se convirtió en un hombre libre. Pero no tenía noticias de Perla. No había logrado dar con ella. Mientras tanto, decidió enrolarse en el ejército norteamericano y durante prácticamente un año estuvo trabajando como ayudante de un teniente y como traductor en Berlín.[52] Hasta que un buen día, un amigo suyo que se encontraba en un campamento de Hamburgo, se topó con un grupo de mujeres que llevaban en el brazo el número tatuado de las prisioneras de Auschwitz. Una de ellas era Perla. El amigo no tuvo la menor duda. La había reconocido.

Las primeras palabras que Perla le dijo fueron: «¿David está vivo? ¿Todavía me ama? ¿Se quiere casar conmigo?».[53]

Días después le llegó a David la buena noticia y comenzó a planificar el reencuentro. Pero Perla acudió a la base del ejército donde él trabajaba, esperó escondida detrás de un árbol y, cuando lo vio, sacó la cabeza y le sonrió. «Al vernos lloramos, reímos, nos abrazamos», recordaba David.

«La miró y le dijo que era "la mujer" —añade su hijo pequeño—. Aunque, por otro lado, mi mamá me contó que cuando se hablaban decía "soy horrible, soy fea" y que no podía creer que alguien la quisiese.»

Apenas cincuenta kilómetros los habían separado en todo ese tiempo y parecía un mundo. Por fin estaban juntos; se prometieron no separarse jamás y, por supuesto, casarse, aunque, en realidad, no se conocían. «No sabíamos nada el uno del otro, si éramos buenos o malos, qué hacíamos ni qué pensábamos [...] Pero no me equivoqué.»[54]

Cruzando el charco

Durante el siguiente año, la pareja continuó con su relación amorosa. Conociéndose, más bien. Apenas habían intercambiado unas decenas de palabras y ya se amaban con locura, y el 19 de febrero de 1946 contrajeron nupcias en Polonia.[55] Poco después Perla quedó embarazada de su primera hija, Regina. David había continuado trabajando bajo el mando del teniente norteamericano y decidieron pedir traslado de destino. Como gran parte de la familia de David, principalmente tres hermanas de su madre, vivían en Argentina, el matrimonio decidió cruzar a América. Pero no lo tenían nada fácil. Así que primero llegaron a París, donde el 9 de enero de 1947 nacía la primogénita.

El siguiente destino era Buenos Aires, pero el gobierno argentino había prohibido expresamente el acceso a las personas que habían sido expulsados de su país de origen, lo que se aplicaba directamente a los inmigrantes judíos. Para evitar esta medida, muchos judíos mintieron diciendo que eran católicos, y otros tantos pagaron importantes sumas de dinero a modo de soborno. Pero la familia de David, al no tener los veinte mil pesos que requerían para obtener los visados, decidió poner rumbo a Paraguay.[56]

Tomaron un barco a Brasil porque no los dejaban entrar en Argentina directamente. De ahí los llevaron por tierra a Paraguay y cruzaron el río. Allí se encontraron con una organización de trata de personas, que los introdujo en el país guaraní en mitad de la noche rumbo a Buenos Aires. De hecho, David explicaba cómo tuvo que ponerle un esparadrapo a su bebé recién nacida para evitar que su llanto los delatara durante el traslado en medio de la noche.

Boda religiosa de David y Perla, 19 de febrero de 1946.

«Finalmente, se suben a un tren sin saber una palabra de castellano. Mi mamá se sienta en el vagón de militares y ahí se encuentran con los familiares de mi padre.»

Al llegar al hogar familiar, los recibieron con una buena cena. Era el 12 de marzo de 1947 y hacía seis años que habían visto a David por última vez. En aquel entonces, solo tenía dieciséis años, pero ya se había convertido en todo un hombre, enamorado y con su esposa del brazo.

Juntos y libres

Su nueva vida acababa de comenzar, y pese a que no sabían ni una palabra de español, David y Perla se acoplaron perfectamente a la vida argentina. Tanto fue así que en 1954 obtuvieron la ciudadanía. Ya tenían dos hijos (Enrique nació en junio de 1950); David obtuvo un trabajo estable como ilustrador de muebles, aunque «como era muy malo para la salud, empezó a trabajar en una fábrica de confección de chamarras de pilotos [típica cazadora de aviador]», y una familia que poco a poco iba creciendo.

Durante los casi cincuenta y ocho años que David y Perla estuvieron felizmente casados, en su casa nunca faltaron las visitas de sus cuatro nietos y sus siete biznietos (la octava no la llegaron a conocer), y la puerta abierta a cualquier persona que quisiera conocer su bonita historia de amor.

Mientras que a Perla los recuerdos la sumían en una profunda tristeza y jamás se la oyó relatar su particular tragedia, David siempre quiso contar su vivencia, por muy dura que hubiera sido. Aunque nunca comprendió películas como *La vida es bella*. Cuando alguien la mencionaba, él solo acertaba a replicar: «Es una fantasía total. No existían chicos en los campos de concentración. Murieron 1.500.000 chicos menores de doce años. La película no es real. Yo perdí a toda a mi familia. ¿Cómo puedo aceptar una fábula? Auschwitz no fue una fábula. Fue real. Existió. Y fue terrible».[57]

Y pese a lo cruento de aquellos sesenta y cuatro meses con el yugo al cuello, entre el tiempo vivido en el gueto y los casi tres

David (centro) y Perla junto a los amigos
que los ayudaron a reencontrarse (marzo de 1946, Alemania).

años en el campo de concentración, «los dos todavía mantenemos en nuestro brazo el número que nos estamparon en Auschwitz. Porque hay que mantener vivo el recuerdo de los millones de muertos».

David y Perla Szumiraj murieron el 20 de enero y el 17 de marzo de 2014 respectivamente. Tan solo con tres meses de diferencia. Él por el deterioro propio de la edad, a los ochenta y nueve años; y ella, de un cáncer de mama a los ochenta y siete.

«Ellos nunca perdonaron a los nazis —relata su hija Regina—, pero con gran entereza y puro amor nos enseñaron a ser felices, a disfrutar la vida, a reír, a ayudar a todos y a luchar por un mundo mejor. Eran dos personas que irradiaban amor y disfrutaron junto a toda su familia hasta el final.»

En su lápida se puede leer: «Unidos en el dolor, en el amor y en la eternidad».

Perla y David Szumiraj celebrando los 50 años de casados en Punta del Este (2003).

3

FELICE SCHRAGENHEIM Y ELISABETH WUST. EL AMOR LÉSBICO QUE DESAFIÓ AL NAZISMO

> Tenía bastante experiencia con los hombres, pero con Felice alcancé una comprensión sobre el sexo mucho más profunda de lo que nunca había hecho antes.
> Hubo una atracción inmediata y flirteamos escandalosamente.
> Comencé a sentirme viva como nunca antes lo había hecho.
>
> Lilly Wust

Las mujeres de la Alemania nazi eran consideradas inferiores a los hombres, pasivas en materia sexual (prevalecía el placer masculino por encima del femenino) y con el papel principal de servir al Tercer Reich como esposas y madres.[1] Algunas tomaron ese camino de la obediencia desde el hogar familiar, supeditadas a sus maridos y aportando al régimen del Führer nuevos vástagos de pura raza aria. Otras, en cambio, lo hicieron trabajando como guardianas, codo a codo con sus camaradas, en los campos de concentración, fustigando, vejando, maltratando, despedazando, asesinando... impunemente a millones de prisioneros. Habían caído presas del poder hipnótico de su dios, Adolf Hitler. Se convirtieron en la mano ejecutora e implacable de la justicia alemana.[2]

Pero un número reducido de mujeres se enfrentó al machismo imperante antes, durante y después de la Segunda Guerra Mundial, dando rienda suelta a su sexualidad. Sin cortapisas ni límites. Sin vergüenza por no pertenecer al bando de lo preestablecido o lo «normal». La homosexualidad existía, igual que existe en la actualidad. Pero hace ochenta años, las persecuciones eran un continuo en Europa, y también en Alemania, donde el sexo entre hombres estaba reconocido tradicionalmente como delito, aunque no así el lesbianismo. La gran diferencia entre gays y lesbianas durante el período nazi es que, mientras que a los hombres los consideraban una auténtica amenaza social o política, a las mujeres se las relegaba a su subordinación en el Estado alemán y la sociedad.[3] La ley Párrafo 175, promulgada en 1871, prohibía los actos sexuales entre hombres, pero el tema de la homosexualidad femenina no se abordaba, por lo que técnicamente era legal. De hecho, hay pocos casos registrados en el que una mujer haya sido arrestada y conducida hasta el campo de Ravensbrück por ser lesbiana. Eso sí, una vez dentro corría el riesgo de pasar por el búnker de castigo, donde se «encontraba con más de su clase».[4]

Para Lilly, encontrar a Felice fue encontrar «el amor más tierno que puedas imaginar».[5] Una historia de amor entre dos mujeres en plena Segunda Guerra Mundial, que a punto estuvo de caer en el olvido de no ser por la periodista Erica Fisher. En 1994, la británica reflejó en su aplaudida novela *Aimée & Jaguar: A Love Story, Berlin 1943*, las largas conversaciones que mantuvo con la nazi Lilly Wust, donde esta explicaba la relación sentimental que mantuvo con una judía alemana.[6] En 1996, la historia también se plasmó en el documental *Love Story: Berlin 1943*, y en 1999, en la gran pantalla, gracias a la película con el mismo título que el libro de Fisher.

La perseguida Felice

Felice Rachel Schragenheim se había pasado media vida huyendo antes de conocer a Lilly. Pese a nacer en Berlín, el 9 de marzo de 1922, en una familia alemana, judía, acomodada y liberal, su infancia se truncó cuando su madre, Erna Karewski, se mató en una accidente de coche durante unas vacaciones en Dalmacia (Croacia). Corría el año 1930 y Felice contaba con apenas ocho años.

Retrato de Felice Schragenheim, Berlín 1935-1943.
Museo Judío de Berlín, regalo de Elisabeth Wust.

Pasó de tener una familia feliz, con un nivel económico bueno para la época (sus padres eran médicos y tenían una clínica dental en común), a quedarse huérfana junto a su hermana Irene de diez. El mundo se le vino encima. Y más aún cuando su padre, el doctor Albert Schragenheim, se casó en segundas nupcias con su recepcionista, Käte Hammerschlag. Afortunadamente, Felice encontró en su madrastra una nueva aliada, un gran apoyo, y más aún tras la muerte repentina del patriarca de un ataque al corazón en marzo de 1935. Ambas hermanas continuaron viviendo con Käte.[7]

El doctor Schragenheim recibió a título póstumo la «Cruz de honor para los veteranos» y dejó en herencia a sus hijas una casa que había comprado en el monte Carmelo, próxima a Tel Aviv, cuando él rondaba la treintena. Felice quería huir de Alemania. Se avecinaba la guerra y quería poner tierra de por medio. En 1939 intentó escapar junto a su madrastra Käte. Primero a Palestina, pero, por motivos desconocidos, no lo consiguieron. Después a Australia. Había conseguido finalmente un visado con validez de un año en su pasaporte. Reservaron los boletos para viajar de Londres a Melbourne el 20 de diciembre de 1939, pero tampoco lograron arribar a la capital británica. Igualmente se desconoce por qué perdieron aquella oportunidad.

Ya con la guerra encima, Felice y su abuela Hulda Harewski removieron cielo y tierra para obtener un visado para Estados Unidos. En Chicago las esperaba su tío Walter, que firmó una declaración jurada diciendo que él se haría cargo de ellas. Lo lograron en 1941, pero el visado del gobierno caducó y ambas mujeres se quedaron en tierra. Intentó ampliarlo en el mes de julio, pero el consulado americano lo rechazó.[8]

Lejos de amilanarse y con apenas diecinueve años, Felice decide falsear su apellido y cambiárselo por Schrader. Así, comienza a trabajar como periodista en un diario nazi. Era su forma de aportar su granito de arena a la resistencia, pasándoles información privilegiada pese al peligro que ello le suponía. Otros judíos se salvaron gracias a ella. Pero en cualquier momento podía ser descubierta por la Gestapo y llevada a un campo de concentración.[9] De hecho, su abuela Hulda y su hermano Julius Phillip fueron deportados al campo de Theresienstadt y allí perecieron entre 1942 y 1943.

La respetada Lilly

Elisabeth Kappler, a la que familiarmente se referían como Lilly, tuvo una vida completamente diferente de la de Felice. Había nacido también en Berlín, pero casi nueve años antes que su amada, el 14 de noviembre de 1913. Su padre, Günther Kappler, trabajaba en el departamento de comercio exterior del Deutsche Bank y hasta 1933 fue miembro de *Kommunistische Partei Deutschlands* (KPD), el Partido Comunista de Alemania, fundado por socialistas y socialdemócratas a finales de la Primera Guerra Mundial y que ambicionaba «una dictadura del proletariado».[10] Conocidos también como «espartaquistas» y pese a que obtuvo cerca de un quince por ciento de los votos durante la República de Weimar, tras la subida de Adolf Hitler al poder, este partido terminó prohibido y funcionando en la clandestinidad.

Aquellos años, los de la infancia y la adolescencia de Lilly, siempre han sido una incógnita. Pese a los cientos de páginas escritas sobre su vida, las decenas de minutos en documentales y películas, lo cierto es que esta berlinesa nunca se interesó por hablar de su pasado; lo único que quería que el mundo supiera era la importancia de su amor: «Felice, lo eres todo para mí».[11]

El 29 de marzo de 1934, Lilly se casó con Günther Wust, un oficial nazi al que había conocido tiempo atrás en el banco donde trabajaba su padre. Del matrimonio nacieron cuatro hijos varones: Bernd, Eberhard, Reinhard y Albrecht. Solo tenía veintiún años y su único futuro era ser ama de casa y cuidar de sus retoños. Sin embargo, en octubre de 1942 su vida cambió radicalmente. Poco antes, el *Reichsmarschall* (mariscal del Imperio) Hermann Göring había pronunciado un discurso durante el festival de la cosecha, refiriéndose a la «gran guerra racial» en la que Alemania se encontraba inmersa. «En definitiva, se trata del predominio alemán y ario o de que gobiernen el mundo los judíos; por eso es por lo que luchamos en el campo de batalla»,[12] aseguraba Göring, como una proclama de lo que ocurriría días más tarde: la aniquilación de cuarenta y dos mil judíos en Majdanek, Trawniki y Poniatowa por parte de las SS.

La jaula

Mientras tanto, Lilly vivía ajena a lo que sucedía más allá de las cuatro paredes de su hogar, ubicado en el barrio de Schmargendorf, al suroeste de Berlín. Su marido no dudaba en flirtear con otras mujeres, e incluso, en acostarse con ellas; mientras que Elisabeth debía esperar pacientemente su llegada al hogar familiar. Se había casado demasiado joven, y su papel de adorable esposa y madre comenzaba a cansarle. «No quería ser solo obediente y maternal», explicaba en sus conversaciones con la autora Erica Fisher. Se dio cuenta de eso con veintiséis años y tres hijos a su cargo. Ahí comenzaron las primeras desavenencias en el matrimonio. Las primeras peleas con Günther, por querer tener libertad; libertad para salir y tomarse una cerveza con las amigas, para ir al teatro, para vivir… sin él. Ese deseo de escaparse de la jaula casi coincidió con el inicio de la Segunda Guerra Mundial.

Las cosas en la pareja fueron de mal en peor, y Lilly también rebasó el límite. Quedó embarazada de su cuarto hijo, Albrecht. Lo que debería haber sido una buena noticia para ambos, en realidad no lo fue. El niño no era de Günther, sino de un amigo de la pareja, Erwin Buchwieser, secretario en el ayuntamiento de Wilmersdorf. La joven nunca pensó en abortar; simplemente «acepté mi destino». Nueve meses después del nacimiento del pequeño, durante una monumental pelea con su marido, Lilly se enfadó tanto que le soltó: «Por cierto, no es tu hijo». Pese al golpe emocional, Lilly y Günther continuaron viviendo juntos.

La primera «manzana»

Corría el año 1942 y el invierno ya se había instaurado en la ciudad de Berlín. Ese día, Lilly decidió salir a tomar un café con Inge Wolf, una joven «diferente» a la que tenía contratada en casa como niñera de sus hijos, y quien no paraba de hablarle de sus «amigas». La discreción de Lilly la llevó a no hacer preguntas sobre la intimidad de Inge ni, por supuesto, sobre su lesbianismo.

Retrato de Felice Schragenheim, Berlín 1935-1943.
Museo Judío de Berlín.

Eran las tres de la tarde del 27 de noviembre y ambas se encontraban esperando a una tal Elenai en el Café Berlín, junto a la sala de cine Ufa-Palast y próximo a la estación de tren Bahnhof Zoo. Sin embargo, la que apareció era una «elegante morena enfundada en un traje rojo-oxidado de tela inglesa»,[13] con largas piernas y un poco más alta que Inge. Era Felice.

El intercambio de sonrisas fue mutuo, y la recién llegada no dudó en desplegar todo su encanto y en hablar con naturalidad sobre sus planes con Inge, su amante. Lilly no prestó la más mínima atención a ese detalle. De hecho, lo que más captó su interés fueron sus «delicadas manos» y su perfume. Acababa de sentirse «atraída hacia un círculo mágico; sus sentidos se encontraban tan agudizados que parecía que acababa de despertarse de un profundo sueño». Elisabeth sintió como si saliera de un largo letargo en el que había permanecido sumida los veintinueve años de su vida. La pelirroja a la que su marido y su amante consideraban bellísima y con gran confianza en sí misma, pareció diluirse ante el torbellino encantador de Felice. Aquella primera hora le pasó demasiado rápido, embelesada por la situación y con una bonita anécdota en la despedida. Mientras Elisabeth esperaba que la pareja tomara el tranvía, Felice abrió su maletín y, sonriendo, le regaló una manzana a Lilly, con la excusa de que así dejaría de temblar de frío.

A partir de entonces, Felice acudía diariamente a recoger a Inge a casa de los Wust. Siempre la esperaba abajo, hiciese frío o lloviese. Hasta que llegó el día en que Elisabeth la invitó a que subiera, lo que fue creando, poco a poco, un mayor acercamiento. «La señora de la casa», denominaba la invitada a la anfitriona.

La frecuencia de sus visitas fue aumentando y también las ocasiones en las que Felice se quedaba a cenar. Las reuniones con amigos, alrededor de una mesa con buena comida, pese a la escasez de alimentos que sufría la población alemana, y siempre con música agradable, hicieron que, en pocas semanas, Felice se convirtiera en una más en el círculo de amistades del matrimonio Wust. Especialmente en el de la señora, con quien compartía el gusto por canciones francesas como *La Mer*, del compositor francés Charles Trenet.

Günther volvía a ver a su mujer ilusionada, de mejor humor, feliz. Parecía que la diversión reinaba de nuevo en el hogar familiar y que la distancia entre ambos se había acortado. Esa mejoría en el carácter de Lilly se debía a la presencia de Felice. De eso ya se habían dado cuenta Inge y el resto del grupo de amigas. Sin embargo, poco duró la alegría. El 18 de febrero de 1943, el ministro de Propaganda Joseph Goebbels animó al pueblo alemán a la «guerra total», porque esa sería la «salvación de Alemania y de la civilización». No contento con esto, prometió a Hitler que para su cumpleaños —el 20 de abril—, Berlín estaría «libre de judíos».

La caza fue encarnizada. La Gestapo irrumpió en las casas de los judíos para apresarlos y deportarlos a campos de concentración como Auschwitz, según las directrices que la Oficina Principal de Seguridad del Reich había emitido tan solo dos días después del discurso de Goebbels. Muchos judíos, presos del miedo y ante los rumores de asesinatos en masa, se escondieron en la clandestinidad.

El beso

Durante una de las últimas invitaciones a la casa de los Wust por fin se besaron. Cada vez que Felice se presentaba ante Lilly, le dedicaba bonitas palabras, incluso piropos más que evidentes, le llevaba flores... Así que solo era cuestión de tiempo que cayese en la tentación de pasar a la acción.

La cena se había desarrollado con normalidad. Günther charlaba en el salón con Inge, mientras que Lilly había recogido los platos y se disponía a lavarlos. Felice se ofreció a ayudarla. Sin embargo, cuando la anfitriona regresó un momento a la sala, se topó con una escena surrealista: su marido estaba besando a la novia de su amiga. Atónita, regresó a la cocina para continuar con la tarea cuando Felice trató de besarla. Lilly le respondió con violencia, empujándola y golpeándola con los puños. Durante el resto de la velada, apenas intercambiaron palabra, y en los días siguientes tampoco mencionaron el incidente. Pero, aunque su amistad parecía proseguir, Elisabeth comenzó a alejarse de Felice sin que esta pudiera hacer nada al respecto.

Tampoco ayudaba la situación bélica en la que se encontraba el país. El Estado nazi estaba librando una auténtica batalla para deshacerse de la población judía. Cientos y cientos de personas fueron apresadas en sus lugares de trabajo y conducidas hacia los camiones que las llevarían a los campos de concentración. Quienes osaban enfrentarse a los oficiales de las SS y de la Gestapo recibían toda su furia en forma de golpes hasta cubrirlos de sangre. Incluso los ancianos y las mujeres embarazadas eran transportados como si fueran animales. Nadie escuchaba sus plegarias, nadie les daba de comer ni de beber. No podían ir al baño. Los que sobrevivían a este calvario inicial no podían ni imaginarse lo que les esperaba a su llegada a los *Konzentrationslager* (KZ).

«Du» [tú]

El mayor distanciamiento físico se dio a partir del 1 de marzo, cuando comenzaron los bombarderos sobre la ciudad. El ejército británico bombardeó Berlín, y dejó a su paso más de setecientos muertos y unas sesenta y cinco mil personas sin hogar. Los edificios ardían; el aire se mezclaba con el azufre, tiñéndolo de color amarillo, y la población corría presa del pánico por unas calles destrozadas por la metralla. Berlín se había convertido en una ruina, pero la familia Wust se mantuvo a salvo gracias a los búnkeres.

Los periódicos alemanes hablaban de una posible represalia de los países aliados ante la deportación de los judíos que los nazis estaban llevando a cabo. «Finalmente, estamos limpiando Berlín de judíos», escribió Goebbels en su diario el 2 de marzo. El desconocimiento de los berlineses gentiles acerca de esta cuestión era casi absoluto. Pero Felice decidió poner tierra de por medio y visitar a unos amigos en las montañas de Altvater (Jeseník). Le prometió a Lilly que le escribiría durante el tiempo que estuviese allí. Sin embargo, no le dio la dirección para que le respondiera. Le envió tres postales. La última pidiéndole que le reservara una noche: «Regreso totalmente transformada, tanto moral como socialmente».[14]

Cuando Felice volvió a Berlín, se encontró con que Lilly había sido ingresada en el hospital St. Norbert por una grave infección de mandíbula que requería una operación. «Oh, Felice, estoy tan enferma», le susurró Lilly cuando Felice acudió rauda y veloz con un ramo de rosas rojas y la abrazó. Aquel acercamiento, después del fallido «primer» beso, fue tranquilo y sin resistencia alguna por parte de la enferma. Estaba tan débil que necesitaba aquella muestra de cariño.

Durante el tiempo que Lilly permaneció internada, Felice no dejó de visitarla ni un solo día, siempre portando un ramo de rosas rojas y la mejor de sus sonrisas.

Todo ese despliegue de atenciones y demostración de afecto logró su objetivo: que Elisabeth finalmente le confesara sus sentimientos. Lo hizo por medio de una pequeña nota a modo de lista de la compra, donde entre la crema corporal, los pañuelos o la aguja e hilo, le incluyó una confesión: «Tu amor para mí sola».

Dos días más tarde, Felice le regalaba un poema, escrito a lápiz, titulado «Du» [Tú]:

> Hay tanto que quiero darte
> Con una sola cosa en mente:
> ¡Tú!
> Quiero encontrar estrellas
> Ahí arriba para nosotras
> ¿Y sabes por qué?
> Eres tú a quien amo.[15]

Al leer aquellas bonitas palabras, Lilly cogió el mismo trozo de papel y en un lado le escribió:

> Felice, cuando pienso en tu nombre te veo delante de mí. Me estás mirando... Felice, no deberías mirarme así... me hace querer gritar. Pero no tengas miedo, gritaré muy bajito ¡y en ese lugar donde puedo!
>
> Felice, ¿cuándo estaremos solas, completamente solas? ¡Solo soy tan valiente en el papel como tú en las cabinas telefónicas averiadas! Y tengo mucho miedo por ti. Todo el vello de los brazos está de punta... Ya no lo sé. Felice, por favor, sé buena conmigo.[16]

Los siguientes días tras estas confesiones a través del papel, Lilly los pasó entre momentos febriles y de lucidez, con temor a expresar sus verdaderos sentimientos y «soñando con una felicidad verdaderamente inexplicable» junto a Felice. Pese a la confusión de unas emociones nuevas que la perturbaban, Lilly deseaba vivir con Felice. «Vivir contigo», le escribía. Porque «mi corazón late por ti», le aseguraba. Ambas mujeres querían estar juntas, caer en los brazos la una de la otra y finalmente encontrarse en ese mundo donde solo había cabida para dos.

Pero por el momento, no hubo más contacto físico que el que las palabras pueden conseguir cuando se descuelgan más allá del papel. La prudencia era necesaria en cada visita. Hasta

Retrato de Felice Schragenheim, Berlín 1935-1943.
Museo Judío de Berlín.

que el 29 de marzo, día del noveno aniversario de su matrimonio, Felice arribó a la habitación instantes después de que se marchara Günther. La joven se acercó a Lilly hasta que su cabello le rozó la mejilla. Poco a poco se fue aproximando, consiguiendo que el rubor y el deseo se instalaran en el cuerpo de su amada, y entonces, ocurrió el milagro del verdadero primer beso.

Para Lilly el tiempo se detuvo, como también lo hizo su corazón completamente entregado. Sus ojos se llenaron de lágrimas al mirar a Felice y comprendió que nunca antes había sentido algo similar por nadie. Acababa de cruzar una línea y ya no había vuelta atrás. Lilly y Felice, Aimée y Jaguar, como les gustaba llamarse cariñosamente en sus cartas, habían comenzado su particular historia de amor.

Postales de color salmón

La confusión inicial dio paso a un intercambio de besos furtivos, de visitas nocturnas al hospital, de confesiones amorosas de puño y letra, de postales color salmón salpicadas de sueños de un futuro juntas. Jaguar utilizaba hojas en forma de poemas para enamorar a una Aimée cada vez más segura de abandonar a su marido y emprender una vida distinta de la anterior. Por no mencionar que esta no dudaba en volcar todas sus sensaciones en un diario. Postal a postal, Lilly rellenaba los huecos en blanco con alusiones a esa «tormenta» que ardía en su interior, a la posibilidad de casarse con Felice, a las decenas de «te quiero» que plasmaba como si tuviese quince años, a la locura que parecía haberse instalado en Lilly y que le hacía rogar: «Sé buena conmigo, por favor».

El hospital le dio el alta el 2 de abril y ya en casa, sin Günther ni Inge que las molestaran, comenzó lo que Lilly denominó su «noche de bodas». Era la primera vez que mantenía relaciones sexuales con una mujer y la situación era una mezcla de temor e impaciencia. Sin embargo, pese a su reticencia inicial, Lilly se entregó completamente a Felice, descubriendo rincones impensados de la pasión. Lugares a los que un hombre jamás la había transportado. De repente, se olvidó de Günther, de su matrimonio mediocre, y comprendió que, hasta ese momento, los hombres la habían utilizado para su propio placer. «El sexo me resultaba agradable por primera vez en mi vida», aseveraba. Felice era su «complemento», su «primer ser» y «tras este sentido de pertenecernos la una a la otra, juntas incondicionalmente. Era completo: el amor y la sexualidad; sencillamente no había separación».

Desde que Lilly salió del hospital, Felice prácticamente durmió todas las noches en su casa, salvo en contadas ocasiones, cuando Günther aparecía después de acostarse con alguna de sus múltiples amantes. Y cuando Felice no podía quedarse, le dejaba poemas de amor: «En la hoja de la noche envío / Todo el amor que he concebido». Se refugiaban en viajes ocasionales fuera de la ciudad para escapar de miradas indiscretas.

Estuvieron en Eichwalde, cerca de Grünau, un conocido bastión nazi en el extremo oriental de Berlín; también escaparon a un idílico entorno en Caputh, próximo a Potsdam; o al río Havel, donde se tomaron las famosas fotografías de la pareja abrazadas y besándose ante la cámara que actualmente se encuentran depositadas en el Museo Judío de Berlín.

La confesión

La felicidad de las recién enamoradas se vio enturbiada por una guerra en auge, de la que ellas escapaban cada vez que podían. Los bombardeos iban aumentando y las sirenas avisando de un posible ataque aéreo destruían de golpe cualquier intento de normalidad. «Todo es culpa de los judíos», gritó Lilly en una ocasión delante de Inge y Felice. La niñera, enfadada, la emprendió con su señora y Felice tuvo que interceder: «¡Déjala en paz, Inge! ¡No sabe lo que está diciendo!». Y la joven tenía razón; su amada no sabía quién era en realidad. No se lo había contado, pero había llegado el momento de hacerlo, aunque corriese el riesgo de perderla.

Con Felice ya en casa, Elisabeth le pidió el divorcio a su marido, dado que él también tenía una relación paralela. Günther se negó rotundamente para guardar las apariencias, pero accedió a no compartir ni mesa ni cama con ella. Hacía ya mucho tiempo que no tenían intimidad, pero desde que inició su relación con Felice, Lilly no estaba dispuesta a volver a entregarse a ningún hombre.

Entretanto, Felice iba y venía de la casa continuamente y sin decir adónde iba ni con quién. Desaparecía un par días y después la llamaba explicando un «viaje de negocios» dada su profesión de periodista. Mientras, Lilly, desesperada, no entendía el porqué de su ausencia. «¡Es tan terrible decirte adiós!», decía apesadumbrada. Y cuando Felice regresaba como si nada, era como un jarro de agua fría. ¿Dónde había estado?

Ante la presión, la queja y la discusión que se le avecinaba con Lilly, Felice se tragó el miedo y le pidió: «Prométeme que todavía me amarás». Wust no entendía a qué se debía aquella angustia, ni tanto secretismo. «Soy judía», soltó Felice ante el asombro de Lilly, quien en unos segundos comprendió aquellos momentos de ausencia y simplemente, la abrazó. Entre lágrimas, Felice le confesó su verdadero apellido, Schragenheim, y que estaba realizando trabajos para la resistencia.[17] «Me resultó terrible», confesó Elisabeth en aquellas conversaciones con Erica Fisher.

Nunca se había percatado de su procedencia, ni por su apariencia ni por sus rasgos físicos, que mostraban su pertenencia a una raza distinta de la aria. Tampoco se había percatado de que todo su círculo de amistades también eran judíos, incluida Inge, la niñera. Era una completa «locura», porque «nunca se me hubiera ocurrido». Felice lo era todo para Lilly: «Lo eres todo para mí. En el mundo entero nunca habrá nadie como tú». Además, entre ellos, los judíos, Elisabeth había conseguido ser ella misma, liberarse y ser feliz.

Pero había otro problema aún más importante que el marido con quien llevaba casada prácticamente diez años: sus padres. Günther y Margarite Kappler no vivían ajenos a las nuevas circunstancias de la vida de su adorada hija. Por un lado, que su amiga más íntima era judía, y por otro, que esa amistad se había convertido en el amor de su vida. Ciertamente que Felice fuese judía los aterraba, sobre todo a la madre. Aunque lo que más les preocupaba era que fueran perseguidas al mostrar su relación en público. Pese a las dudas iniciales, los padres de Lilly aceptaron a la recién llegada como alguien más de la familia. Al fin y al cabo, ella era el motivo por el que veían a su hija completamente feliz en los últimos tiempos.

De cara al público, Lilly y Felice tenían que andar con cuidado. Desde la llegada de Hitler al poder, los nazis habían cerrado los locales de gays de Berlín y realizaban una auténtica cacería de brujas contra los homosexuales. Heinrich Himmler tenía claro por qué debían ser sacados de las calles: «Los que practican la homosexualidad privan a Alemania de los hijos que le deben». Así que muchos de ellos fueron obligados, de algún modo, a seguir los preceptos de la «norma alemana».

Sin embargo, la homosexualidad femenina se consideraba como «un trastorno temporal y curable».[18] Al fin y al cabo, igualmente podían quedarse embarazadas, por tanto no se perdía la posibilidad de la reproducción y perfeccionamiento de la raza aria.

Curiosamente, Lilly entraba dentro de esos parámetros del ideario nazi. Era la esposa de un héroe, respetada, que vivía bajo los principios de la supremacía aria y a la que habían incluso condecorado por contribuir, «en su condición de madres, a la salud y regeneración de la "raza"».[19]

Votos matrimoniales

El 26 de junio de 1943, las dos mujeres deciden casarse. No en una boda convencional, porque era imposible, sino mediante la redacción de una contrato de matrimonio. Sentían que ambas almas se pertenecían, pese a que no podían llevar anillos, ni mostrar su afecto oficialmente.

Elisabeth Wust y Felice Schragenheim en un viaje al río Havel, Berlín 21 de agosto de 1944. Museo Judío de Berlín, regalo de Elisabeth Wust.

Lilly aún seguía casada. Günther se negaba a divorciarse para seguir guardando las apariencias. Unas apariencias que ya se habían perdido después de que él tuviera varias amantes, terminara saliendo con una de ellas y que Elisabeth acabara enamorándose de una mujer judía.

La primera batalla que libraron fue la de los hijos. Günther decidió llevarse a los dos mayores, Bernd y Eberhard, mientras que Lilly se quedaba con Reinhard y Albrecht. La concordia no duró mucho, porque tras iniciar finalmente el proceso de separación, llegó la disputa por el dinero y la casa. Sin embargo, poco importaba todo eso ya. Lilly quería que su amor por Felice fuera «legal» a su modo. Aquel «contrato matrimonial» se escribió en tinta verde, la misma con la que Jaguar se explayaba en sus poemas. La primera en redactarlo fue Lilly.

> Te amaré sin medida,
> Te seré fiel incondicionalmente,
> Atenta al orden y la limpieza,
> trabajaré duro por ti, por los niños y por mí,
> seré frugal, cuando sea necesario,
> generosa en todas las cosas,
> ¡confiaré en ti!
> Lo que es mío será tuyo;
> siempre estaré ahí para ti.

Tres días más tarde, el 29 de junio, Felice contestó al «¿y tú» que su Aimée le había dejado en el reverso de la postal. Su respuesta comenzó con:

> En nombre de todos los dioses responsables, santos y talismanes, me comprometo a obedecer los siguientes diez puntos y espero que todos los dioses responsables, santos y talismanes sean misericordiosos y me ayuden a mantener mi palabra.

Después, elaboró un decálogo como si fueran los diez mandamientos pero con ocurrentes y graciosas cláusulas, en las que prometía:

1. Siempre te amaré.
2. Nunca te dejaré.
3. Haré todo para hacerte feliz.
4. Yo cuidaré de ti y de los niños, en la medida en que las circunstancias lo permitan.
5. No me opondré a que me cuides.
6. No miraré más a las chicas guapas, salvo para constatar que tú eres más guapa que ellas.
7. No volveré tarde a casa muy a menudo.
8. Trataré de rechinar los dientes muy bajito por la noche.
9. Siempre te amaré.
10. Siempre te amaré.

Con un «hasta nuevo aviso», Felice concluyó así sus diez promesas a Lilly en su peculiar compromiso amoroso. También hizo testamento legando todo lo que tenía a su amada.

La detención

El riesgo que las dos mujeres corrían era continuo. En cualquier momento, Felice podía ser arrestada por la Gestapo y enviada a un campo de concentración nazi. Tanto ella como alguna de las amigas judías que tenía la pareja y que en ocasiones también se refugiaban y pernoctaban en la casa.

Su intensa historia de amor se truncó el 21 de agosto de 1944, cuando tras pasar un bonito día de verano en el río Havel,[20] disfrutando del sol y de un largo paseo en bicicleta, se encontraron con la Gestapo en el salón de la casa. Las estaban esperando, y Lola, la niñera que cuidaba a los pequeños, no había podido avisarlas de la encerrona.

Dos agentes de las SS proferían toda clase de alaridos para apabullar a Felice. «Tú eres la judía Schragenheim», le decían mientras comparaban su imagen con una fotografía que le había hecho tiempo antes. Ni ella ni Lilly cruzaron palabra alguna. Así que mientras uno de los nazis interrogaba a Elisabeth sonsacándole información sobre su pasado: su infancia, cuando se mudó,

Beso entre Elisabeth Wust y Felice Schragenheim en su viaje al río Havel. Museo Judío de Berlín, regalo de Elisabeth Wust.

quiénes eran sus amistades y sus direcciones, Felice permaneció callada en el salón custodiada por el otro oficial de las SS. En un descuido, la joven logró escaparse y refugiarse en la casa de su vecina, Frau Beimling. Esta la escondió detrás del sofá, pero los agentes no tardaron en encontrarla. Y cuando lo hicieron, le propinaron una patada, la arrastraron por la escalera y la llevaron de nuevo a la casa que compartía con Lilly.

Tras dos horas de interrogatorio, los fornidos agentes no lograron arrancar ninguna confesión a Felice; tampoco a Elisabeth, que fingió ignorar las circunstancias de su amada. Cuando llegó el camión que llevaría a la judía a un campo de concentración, Felice hizo el mejor de los gestos para despedirse. Se quitó de la mano el anillo con una piedra verde que siempre llevaba, se lo entregó a Lilly y después, la besó en la frente. No quería que los agentes siguieran mofándose de ellas con sus irónicos comentarios.

A la mañana siguiente, se encontró un poema que Felice había dejado en una taza de café y que decía en su estrofa final:

> Así que ahora debes inclinarte hacia mí
> Y suavemente cerrar tus ojos
> Quiero decirte silenciosamente
> Amor de mis amores.

Desde el mismo día de la detención, Elisabeth comenzó un diario donde reflejó la profunda tristeza que le causaba el encarcelamiento de Felice. «Ellos me quitaron a mi amada —decía—. Devuélvemela sana y salva»,[21] imploraba a Dios.

Rumbo a Theresienstadt

Traerla de vuelta. Ese era el único objetivo que Lilly tenía en mente. Era por y para lo que vivía desde que la Gestapo había irrumpido en su casa llevándose a Felice. Con la ayuda de Inge, logró reunirse con el doctor Emil Berndorff, *SS-Sturmbannführer* (comandante de la unidad de asalto) y superintendente de detectives de la Sección IV de la Oficina de Investigación y Lucha contra el Enemigo, que a su vez era el encargado de los casos de custodia preventiva de los presos.

Al parecer, Felice había utilizado el nombre de su hija, Ilse, para pasar desapercibida. Estaba molesto e indignado, y pese a las súplicas de Lilly por saber dónde tenían retenida a Felice, Berndorff se negó a darle esa información. «Solo es una jovencita», imploró Lilly. «Sí, bueno, uno nunca es demasiado cuidadoso», aclaró él. Esa misma noche, una llamada de teléfono anónima (aunque la voz masculina delató a su interlocutor: fue Ludwig Neustadt, un policía judío) le dio toda la información sobre el paradero de Felice. Se encontraba en el Hospital Judío de la calle Schulstrasse, que utilizaban como campamento temporal para judíos. Lilly no dudó en correr a visitarla. Y cuando lo hizo, su Jaguar portaba una estrella amarilla en el pecho y apenas una sonrisa.

Las visitas al campamento se sucedieron diariamente y en ellas Aimée llevaba la mejor comida que podía encontrar en período de guerra, las prendas favoritas de Felice y sobre todo su amor. Incluso sus hijos la acompañaron en alguna ocasión para alegrar a la prisionera. Pero tan solo una semana más tarde, el 1 de septiembre, los guardias de Schulstrasse le prohibieron la entrada. De allí trasladaron a Felice al campo de concentración de Theresienstadt, información que de nuevo le facilitó Ludwig Neustadt. Él fue quien entregó a Elisabeth una carta de Felice, previa a su deportación.

La última vez que se vieron fue el 7 de septiembre durante apenas treinta minutos y en un pequeño cuarto donde cualquiera podía oírlas. Se intercambiaron varios pequeños regalos. Lilly le dio un mechón de su cabello rojizo y Felice lo puso cuidadosamente en su peine. Esta le devolvió unos guantes acompañados de una nota, y se dedicaron palabras cariñosas. Pero al marcharse, Elisabeth comenzó a gritar: «¿Es verdad que amas a Christine [una antigua amante]?». Los miedos y los celos cegaban a Lilly. Felice le quitó aquella absurda idea de la cabeza: «Querida, debes creerme. Es importante para mí que lo hagas: solo te quiero a ti».

A la mañana siguiente, Felice fue enviada a Theresienstadt a trescientos cincuenta kilómetros de Berlín, un recinto que «no fue

Elisabeth Wust, Felice Schragenheim y Käthe Herrmann (amiga de Lilly) en un prado, Berlín 1943-1944. Museo Judío de Berlín.

ni un gueto como tal ni estrictamente un campo de concentración. Funcionó como "asentamiento", campo de reunión y campo de concentración».[22] Aunque su función más importante fue la propagandística. Los nazis describían a Theresienstadt como una «ciudad balneario» donde los judíos alemanes ancianos podían «jubilarse» con seguridad. Sin embargo, las deportaciones a Theresienstadt eran parte de la estrategia del engaño nazi. El gueto era en realidad un centro de reunión para la deportación a otros guetos y centros de exterminio en la Europa oriental bajo ocupación nazi.[23] Incluso accedieron a que en junio de 1944 la Cruz Roja Internacional visitara las instalaciones para comprobar la veracidad de sus palabras. Pero todo fue un auténtico engaño. El gobierno del Führer embellecía el campamento mientras las deportaciones de judíos continuaban. Para ello, «crearon jardines, pintaron las casas y renovaron los cuarteles».[24] Hasta organizaron eventos sociales y culturales para los mandatarios invitados.

Cuando aquel teatro terminó, los nazis continuaron con más deportaciones desde Theresienstadt y con su función principal: trabajos forzados.

Durante el tiempo que Felice permaneció en este campo de concentración, la pareja pudo intercambiar correspondencia. De hecho, Lilly logró enviarle algo de ropa, aunque la administración del centro siempre le puso toda clase de trabas para evitar confirmar que realmente Jaguar se encontraba confinada en este lugar.

Fue la desesperación lo que hizo que Lilly acudiera hasta Theresienstadt para saber si Felice continuaba viva. Aquello, como ella misma reconoció tiempo después, supuso el principio del fin para su novia. No solo no le dejaron verla pese a los gritos y súplicas que profería a la entrada del campo, sino que además ahí comenzó un calvario para Felice que se prolongó hasta el final de sus días.

La trasladaban de campo en campo de concentración para así despistar y evitar que fuese localizada.

Las «marchas de la muerte»

A finales de 1944 y durante el mes de enero de 1945, los nazis llevaron a cabo las temidas «marchas de la muerte», unos largos desplazamientos que forzaban a los prisioneros a caminar durante largas horas, sin ropa de abrigo en pleno invierno y sin nada que llevarse a la boca. Muchos morían de agotamiento extremo durante estos traslados de un campo de concentración a otro. De hecho, se cree que Felice murió en uno de ellos, días después de su última comunicación con Lilly.

«Es increíble de lo que una es capaz sin overol ni calzoncillos largos. Te quiero mucho. A ti, a tus padres y a los chicos, todo mi amor, Jaguar.» Esta carta, que Felice envió a Lilly dándole las gracias por la ropa de abrigo que le había hecho llegar para sobrellevar el frío intenso, fue la última. Está sellada el 26 de diciembre de 1944, pocos días antes del Año Nuevo.

Según pudo saber después Lilly, Felice podría haber fallecido en uno de esos traslados a pie, de Gross-Rosen a Bergen-Bergen, y no solo por la extenuación de las caminatas sino también por culpa de la tuberculosis. La buscó de forma incansable. Preguntó y se escribió con todos sus amigos, conocidos, familiares, y cualquiera que pudiera recibir noticia alguna de su Jaguar. La esperó. Hasta que el 14 de febrero de 1948, en pleno día de San Valentín, fue declarada legalmente muerta por el tribunal municipal de Berlín-Charlottenburg. Se estableció el 31 de diciembre de 1944 como la fecha de su fallecimiento.

Lilly se quedó sola. Sus amigas se esfumaron, e incluso, perdió la posibilidad de anular su divorcio con Günter. Finalmente, había llegado a un acuerdo, para así cobrar la pensión de viudez ya que él había muerto en el frente. Tampoco pudo emigrar a Australia.

Sus días se convirtieron en una lucha por recuperar el legado de Felice, una disputa que mantenía con la hermana de su pareja, Irene. Con el tiempo, Lilly consiguió recuperar gran parte de sus pertenencias, entre ellas cartas y poemas. Al fin y al cabo, el testamento estaba a su nombre y así lo había hecho constar la joven Schragenheim.

La vida sin Felice

Se puede ser víctima de los hechos más trágicos y desgarradores imaginables, pero la vida... continúa. Continuaba para Lilly y sus cuatro hijos. Así que ante la mala perspectiva que se le presentaba —sin trabajo a la vista, ni dinero, ni sustento—, el 3 de abril de 1950 decidió casarse con un tendero, Willi Beimling. Pero su matrimonio fue aún más mediocre que el anterior. Elisabeth, sumida en la depresión, intentó suicidarse en dos ocasiones. El drama terminó cuando se divorciaron en 1953. «Al final me deshice del hombre más infame que conocí en mi vida»,[22] escribió en su diario.

Los días fueron pasando, sus hijos creciendo y el recuerdo de Felice seguía atormentándola. Su trabajo como limpiadora en una fábrica le dejaba exhausta pero no le llenaba el vacío que le había dejado la partida de Jaguar. Hasta que el 21 de septiembre de 1981, la condecoraron con la Cruz Federal al mérito por esconder a cuatro mujeres judías durante la guerra, una de ellas, su adorada Felice. Su primogénito Bernd fue uno de los impulsores de este reconocimiento al difundir la historia vivida por su madre.

A partir de ahí, los periódicos se hicieron eco de la noticia y en dos semanas Lilly se hizo famosa en toda Alemania. Para lo bueno y también lo malo. Grupos de neonazis comenzaron a perseguirla, a acosarla y a amenazarla. Toda esta persecución fue lo que llevó a la protagonista de esta historia a entrevistarse con la austríaca Erica Fisher y crear la novela biográfica *Aimée & Jaguar: A Love Story, Berlin 1943*. «De repente sentí que se lo debía a Felice, que la gente pudiera saber quién fue. Desde que se marchó, he sentido su aliento y una cálida presencia junto a mí en dos ocasiones. Sueño con que nos encontraremos de nuevo. Vivo con esa esperanza», explicó en una ocasión a un reportero.

Tras el libro, que fue toda una revolución en los círculos literarios del colectivo homosexual, apareció la película con el mismo título en 1999. El éxito llegó en el Festival de Berlín, donde consiguió el Oso de Plata a la mejor actriz.

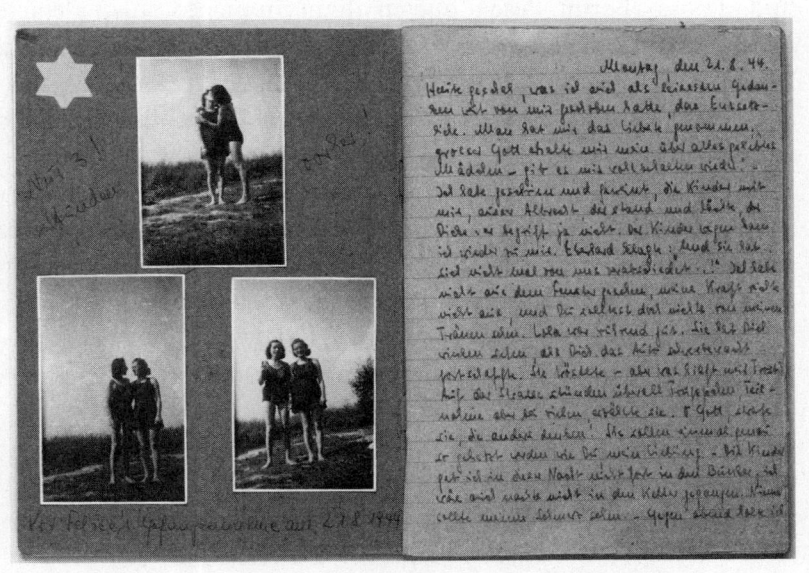

Diario de Elisabeth Wust, Berlín 21 de agosto de 1944 – 28 de febrero de 1945. Museo Judío de Berlín, regalo de Elisabeth Wust.

Aquel año Elisabeth Wust también fue galardonada con la distinción «Justos entre las Naciones» por Israel, una condecoración que volvía a recalcar el papel salvador de la alemana durante el nazismo. Aquella mujer de pelo rojizo que descubrió el amor verdadero en uno de los peores momentos de la historia, se convirtió en toda una heroína.

Tanto su legado como el de su prometida se encuentran en el Museo Judío de Berlín. La colección titulada «Elisabeth Wust y Felice Schragenheim» engloba documentos oficiales como visados de emigración, pasaportes, pasajes de barco, certificados de vacunación y familiares; algunas de las pocas fotografías que existen de la pareja; decenas de cartas y poemas que se intercambiaron; cientos de escritos autobiográficos y correspondencia con amigos; objetos tridimensionales como unas plumas estilográficas y un cuadernillo de cuero rojo con los calendarios de las dos mujeres entre 1942 y 1946; además del diario de Lilly y el famoso «Manual de Lágrimas», donde se pueden leer todas las notas que se enviaron mutuamente.

Elisabeth Wust disfrutó de sus últimos años de vida en su ciudad natal, Berlín. Pese a que en algún momento quiso alejarse y poner tierra de por medio, lo cierto es que siempre estuvo cerca de Felice.

Murió en 2006 a la edad de noventa y dos años. Gracias a ella, la historia de «Aimée y Jaguar» sigue viva.

> Estaba perdida en ti, perdida en el tumulto del sentimiento, tu boca en la mía, para siempre.
> Saboreé esos besos salvajes y me quedé con uno tuyo.
> [...]
> Fuimos una sola, fue la culminación de nuestro amor.
> Asesinada en el sentido literal de la palabra.
> Cómo nos amábamos la una a la otra.
> Dios mío, ya estoy diciendo «amábamos».
>
> (Diario de Lilly, 9 de diciembre de 1945)

4

PAULA Y KLAUS STERN.
BENDICIONES, AMOR Y CORAJE

> Estuvimos separados durante veintiocho meses.
> Paula no sabía si yo había sobrevivido.
> Yo no sabía si ella estaba viva.
>
> Klaus Stern

Cuando el nazismo irrumpió en Alemania enarbolando la bandera del nacionalsocialismo obrero en la década de los años veinte, nadie podía imaginarse que protagonizaría uno de los peores genocidios de la historia: el Holocausto. Más de seis millones de personas, principalmente judíos, fueron asesinados. Su único delito: no pertenecer a la perfecta raza aria que tanto predicaba Adolf Hitler con voz histriónica y ante una gran masa.

Así que cuando la Segunda Guerra Mundial concluyó tras casi seis años de contienda, el ejército aliado no podía dar crédito de lo que se encontraron a su paso. Campos de concentración donde el hambre, las enfermedades, los castigos, los maltratos y la muerte se paseaban a sus anchas. Gigantescos recintos donde se quemaron y gasearon ciudadanos inocentes. Lugares que se transformaron en auténticas máquinas de exterminio. Pero ¿quién podía creer en aquello sin verlo con sus propios ojos?

Los testimonios de supervivientes fueron saliendo a la luz gracias a tribunales del bando ganador que decidieron juzgar y condenar a los implicados en aquella terrible masacre. En juicios tan relevantes como los de Dachau (1945), Bergen-Belsen (1945), Núremberg (1945), Auschwitz (1945 y 1963), Ravensbrück (1946) o Majdanek (1944, 1946 y 1975) se vieron y escucharon a exprisioneros que habían vivido, sufrido y casi perecido a manos de sus verdugos, los nazis. Muchos, aún con el miedo en el cuerpo, señalaron a quienes los vejaron impunemente, a quienes se divirtieron fustigando a esqueletos andantes por el mero hecho de tener el poder en sus manos. No fueron vistas judiciales fáciles. La mayoría, incluso los medios de comunicación, llegó a poner en tela de juicio las versiones de ciertos testigos, al determinar, injustamente, que lo habían hecho por venganza. No obstante, gran parte de los acusados fueron condenados a muerte. Aunque muchos otros terminaron sus días en libertad, sin reconocer que sus actos habían sido crímenes de guerra. Jamás se arrepintieron, algo que gran parte de la humanidad sigue sin entender. ¿Por qué? Porque creían en ello, pensaban que estaban luchando por un bien común: librar al mundo de lo que suponía una carga, una lacra, una imperfección. Nadie los obligó bajo amenaza de muerte, lo hicieron porque estaban de acuerdo con los preceptos del Führer y el Tercer Reich. Por eso también nos encontramos, casi al término de la contienda, con ese sector «negacionista» que refutaba —y sigue haciéndolo en la actualidad— los crímenes del nazismo. Para esta doctrina, «el genocidio practicado por la Alemania nazi contra los judíos y los gitanos no existió, sino que es producto del mito, de la fabulación, del fraude».[1] Para los también denominados «revisionistas», el Holocausto jamás existió.

De ahí que el testimonio de Klaus Stern se haga casi indispensable. Nadie quería escuchar su tragedia, nadie quería conocer lo que verdaderamente ocurrió en Alemania entre 1939 y 1945. Todo el mundo le instaba a que olvidara su paso por diversos campos de concentración y rehiciera su vida. Así de sencillo. Pero no pudo. No había hueco para el olvido, ni siquiera, en su momento, para el perdón.

Fue a los ochenta y seis años cuando se decidió a publicar su biografía, *My Legacy: Blessings, Love and Courage*,[2] donde relataba en primera persona cómo era ser judío en un momento de represión y persecución; lo que supuso enamorarse y casarse durante el nazismo, para después, ser arrancado de los brazos de su amada Paula y ser tratado como un animal tras una alambrada.

Su mejor legado para las generaciones posteriores ha sido su palabra, su experiencia, su coraje al no querer olvidar y recordar al mundo que el Holocausto existió tal y como sus protagonistas lo han contado.

Estirpe de patriotas

Nacido el 7 de mayo de 1921 en Breslavia (Alemania), actualmente Wroclaw (Polonia), Klaus pertenecía a una familia de patriotas. Su padre, Alfred Stern, había luchado en la Primera Guerra Mundial junto a sus tres hermanos, y fueron condecorados con la Cruz de Hierro, una de las mayores distinciones militares por actos de gran valentía. «Luché por el emperador, el káiser. He luchado por la Patria, por Alemania», decía orgulloso el patriarca.

Sin embargo, cuando Hitler subió al poder, se olvidó de los méritos de muchos de estos soldados. «No me va a hacer nada, después de todo fui un buen alemán», pensaba. Pero la realidad fue otra. Aquel linaje procedente de Bochum (Alemania), que siempre se había dedicado al comercio, fue uno de los miles de perseguidos por el gobierno nacionalsocialista.

Klaus y su madre.

Cuando su madre, Hedwig Tallo Nossen, de Friburgo y procedente de una familia de académicos —había médicos, farmacéuticos, arquitectos, dentistas—, se casó con Alfred, la pareja decidió instalarse en Berlín, donde criaron a Klaus y a su hermana pequeña, Renate.

De aquellos primeros años de la infancia, Klaus recuerda un gran apartamento de la calle Tile Wardenberg, a pocos metros del río Spree, propiedad del señor Garduhn; a un padre que viajaba continuamente por trabajo, vendiendo trajes impermeables, y a una madre que, cuando estaba de buen humor, cantaba estrofas de óperas y operetas.

En cuanto a Paula Schaul, había nacido el 22 de agosto de 1922 en la pequeña villa de Arnstadt (Alemania), la misma donde el compositor Johann Sebastian Bach comenzó su carrera musical y compuso la famosa *Tocata y fuga en re menor*, en torno a 1707-1709.

Era la pequeña de tres hermanos: Theodore (Theo, como solían llamarle), que se marchó a Australia en 1937, y Doris, que fue deportada y asesinada durante la deportación de judíos a Polonia en 1943. Sus padres, Max y Julia Josef, pese a haber nacido en ciudades distintas y muy alejadas entre sí (Lautenberg [Austria] y Dortmund [Alemania]), decidieron pasar parte de su vida en Arnstadt. Allí, el progenitor trabajaba en una fábrica de sombreros y gorras,[3] mientras que Paula soñaba con convertirse en enfermera pediátrica.[4]

> Hasta que me marché de Arnstadt, en 1940, recuerdo que mi infancia fue muy solitaria, sin niños de mi edad. Fue en Neuendorf cerca de Berlín, cuando estuve por primera vez con gente joven. Esa fue la mejor época de mi adolescencia.

Antisemitismo creciente

La década de 1930 fue un punto y aparte en la Alemania nazi. Una corriente antisemita comenzó a crecer preocupantemente en el país hasta el punto de echar de sus asociaciones a sus miembros judíos. El padre de Klaus lo vivió en carne propia y el propio Klaus también, en plena adolescencia, al ser expulsado de la escuela de comercio[5]. No era más que el inicio de lo que vendría después.

La proclamación de Adolf Hitler como canciller de Alemania en enero de 1933 provocó que en pocas semanas se comenzaran a construir los primeros campos de prisioneros, como el de Dachau al sur de Múnich, que pasaría a ser de concentración. También representó el preludio de las persecuciones a cargo de la recién formada Gestapo. Y ya «en abril de 1933 hubo un boicot contra las tiendas judías. Poco a poco, los judíos alemanes fuimos aislados». A sus once años, el pequeño Klaus comenzó a darse cuenta de lo que sucedía por pequeños detalles. Por ejemplo, vio que el jefe de su padre y el casero de su edificio dejaron de hacerles regalos cuando llegaba la Navidad. Si antes de Hitler los «niños judíos éramos como cualquier otro chico, después fuimos apartados».

Aquel aislamiento al que se vieron sometidos llevó a que sus vecinos de los últimos años, puramente arios, con los que habían compartido buenos momentos, les retirasen la palabra. «Ya no puedo saludarles», llegó a decirles la señora Brinker. La familia Stern tuvo que mudarse a un apartamento más pequeño en el barrio berlinés de Charlottenburg, al otro lado del río Spree.

Algo similar le ocurrió a Paula y su familia poco después de la Noche de los Cristales Rotos *(Kristallnacht)*. Después de treinta años viviendo en la misma casa, tuvieron que hacer las maletas, porque según el propietario, los otros inquilinos «no querían compartir el apartamento con judíos».[6]

«Esto llevaba sucediendo ya unos cuantos años. No era nada nuevo. Sabíamos que algún día tenía que llegar. Era solo una cuestión de tiempo, de cuándo nos afectaría a nosotros», me comenta Paula.

Aquella niña, poco a poco, fue asimilando que era «distinta» del resto, según los nazis, y que como tal, llegaría un momento en el que no podría seguir haciendo una vida normal. Al mismo tiempo, Klaus recibió uno de los peores golpes en su niñez: la pérdida de su mejor amigo.

Son años en los que se encuentra refugio no solo en la familia, sino sobre todo en la amistad. Y para este muchacho judío tener como incondicional a un «no judío», era algo que, en la época del nazismo, estaba destinado al fracaso.

De nada le valió que le ayudara a limpiar el restaurante de sus padres en su tiempo libre, ni que lo acompañara a jugar al fútbol, o que durante años estuvieran tan unidos que llegaran a sentirse «como hermanos». Que Walter Lazer le dijera «Klaus, ya no puedo jugar contigo» tuvo un gran impacto en él.

Y él le replicó:

—¿De qué estás hablando? Somos los mejores amigos. Somos como hermanos. Hacemos cosas todos los fines de semana. Nadamos, jugamos y hacemos todo lo demás. ¿Qué sucede contigo? ¿Qué te hice?

—No me hiciste nada —comenzó diciendo Walter—. Sabes que mis padres tienen el restaurante y si alguien me ve jugar con un niño judío, mis padres podrían perder su negocio. Lo siento, ya no puedo jugar más contigo.

Con trece años Klaus acababa de perder uno de sus pilares más importantes. El choque fue brutal. Esta supuso su «primera mala experiencia» personal que tardó «mucho tiempo en superar».

Ciudadanos de segunda

En el otoño de 1935, Klaus se mudó temporalmente a Aurich, al noroeste de Alemania, una localidad de entre cinco mil y diez mil habitantes, con unos cuatrocientos judíos ortodoxos. Allí aprendió el oficio de la venta, la comercialización y la contabilidad. Pero no había tranquilidad entre la población semita. Por aquel entonces, ya se habían decretado las Leyes de Núremberg, y los judíos se habían convertido en «ciudadanos de segunda clase». No era fácil pasear por las calles siendo judío, ni ir a trabajar o a estudiar a la escuela de comercio, como hacía Klaus, sin sufrir los empujones o las burlas de algún miembro de las Juventudes Hitlerianas. Allá donde fueran, se encontraban carteles que decían: «Los judíos son nuestra desgracia», «No queremos judíos» o «Los judíos no están permitidos». Aunque momentáneamente desaparecieron durante los Juegos Olímpicos de Berlín, en 1936.

Tras dos años trabajando en Aurich, en octubre de 1938 Klaus regresó a Berlín y comenzó a trabajar en una tienda de ropa interior. Pero la nueva ordenanza contra el pueblo judío los obligó, tanto a él como a su hermana Renate, a acudir a una comisaría de policía para que les hicieran una nueva tarjeta de identificación. Les tomaron las huellas, como si fuesen criminales, y a los tres días les extendieron una especie de carnet con una «J» en grande, que significaba «judío», además de incluirles un segundo nombre basándose en la Biblia. Los nazis añadían el nombre Israel a los hombres y el de Sara, a las mujeres. Así que, a partir de ese momento, el joven pasó a llamarse Klaus Israel Stern.

Este no fue el único decreto que se promulgó ese mes de otoño. Otro obligaba a los judíos polacos o apátridas a salir de Alemania y regresar a Polonia. Sin embargo, una gran cantidad de ellos llevaban muchos años fuera de su país, incluso tenían negocios, iban a la escuela y la universidad, y eran propietarios de casas. Pero tuvieron que dejarlo todo. Y cuando cerca de diecisiete mil llegaron a la frontera polaca, el gobierno de allí tampoco los reconoció como emigrantes. Así que terminaron en lo que se llamó «tierra de nadie», un asentamiento entre Alemania y Polonia próximo a la ciudad de Zbaszyn.[7]

La *Kristallnacht*

Uno de los deportados, Herschel Grynszpan, vivía en París y había oído que Hitler daba pocos días a los judíos para que vendieran sus negocios y sus casas. Si no lo conseguían, los nazis se adueñarían de las propiedades a cambio de nada. La familia de este joven iba a perderlo todo en Hannover. En un acto de frustración, el 7 de noviembre de 1938, con tan solo diecisiete años, entró en la embajada alemana para matar al embajador. Al no encontrarlo, disparó dos veces al tercer secretario, Ernst von Rath, que murió un par de días más tarde. Herschel había actuado por desesperación ante el destino de sus padres en aquella «tierra de nadie». Sin embargo, los nazis utilizaron este hecho aislado para enardecer el antisemitismo. Llegaron a decir que había actuado como parte de «una conspiración judía más amplia contra Alemania».[8]

Aquello se tradujo en un discurso antisemita de Joseph Goebbels ante los miembros del partido nazi en Múnich, que acabó con el ataque de las tropas de asalto *Sturmabteilung* (SA) a la población judía. La ola de violencia contra los judíos, sus hogares, sus comercios y sus iglesias duró desde el 9 de noviembre hasta la mañana del día 10, y se extendió por toda Alemania y Austria, en lo que ha pasado a la historia como la *Kristallnacht* («Noche de los Cristales Rotos»). Durante esas poco más de veinticuatro horas, en torno a treinta y cinco mil judíos fueron arrestados y enviados a los campos de concentración, y varias docenas de ellos acabaron muriendo por los golpes y los trabajos forzados. Sus familiares, ajenos a lo que estaba pasando, tan solo recibieron un telegrama que decía algo así como: «Recoge el cuerpo; tu marido sufrió un ataque al corazón, así que haz tus propios arreglos florales». Cuando en realidad lo habían matado a palos.

Una vez terminada la violencia, el gobierno del Führer impuso una multa de mil millones de Reichsmarks (cuatrocientos millones de dólares) a la comunidad judía, los obligó a limpiar y reparar los desperfectos, les prohibió cobrar el seguro por los daños y confiscó ese dinero, además de excluirlos de la vida pública alemana.[9]

Por suerte, el padre de Klaus se encontraba de viaje cuando se produjo la *Kristallnacht* y no se lo llevaron como a otros conocidos suyos. Pero la quema de edificios, sobre todo de templos y sinagogas judías, continuó en los siguientes días. Los camisas pardas abrían las puertas, vertían gasolina y le prendían fuego. Berlín, Alemania y Austria se pintaron de rojo por las llamas de sus centros religiosos; y algunos vecinos solo alcanzaron a decir: «Hitler fue demasiado lejos. Si destruye nuestras casas de culto, ha ido demasiado lejos».

Después de la Noche de los Cristales Rotos, no hubo semana que no se promulgara alguna nueva ordenanza contra los judíos.

Paula en 1928.

Había horarios para hacer la compra; no podían ir al teatro, a conciertos o eventos deportivos; se impuso el toque de queda; el uso del tranvía se limitó para la ida y vuelta al trabajo, y todos los comercios judíos debían ser vendidos o «arianizados» para el 31 de marzo de 1939. La única salida que se les ocurrió a los padres de Klaus era intentar huir del país lo antes posible.

Para ello, escribieron al tío abuelo de su madre, que residía en Butte (Montana, Estados Unidos), para que les firmara una declaración jurada que les permitiera emigrar al país de las oportunidades. Jacob Pinkus, que así era como se llamaba, había llegado a Estados Unidos a principios de 1910 y ya en la década de los años veinte había contraído matrimonio con una americana y poseía un negocio de joyería y reparación de relojes. Sin embargo, cuando Alfred y Hedwig acudieron al consulado norteamericano se encontraron con un «no» como respuesta. Había demasiadas solicitudes de emigración y tardarían al menos un año en obtener toda la documentación. Se calcula que cerca de quinientos mil judíos querían escapar de las garras del nazismo.

Paula tenía diecisiete años cuando tuvo que dejar la casa familiar por ser judía. Pero ¿realmente comprendía la magnitud de los acontecimientos? «Sí que entendía todo lo que estaba pasando a mi alrededor. Lo único de lo que no estaba tan segura era de cómo iba a terminar todo. De qué sería lo siguiente...»

La granja judía

En 1940, Paula emprendió camino hacia la finca de Neuendorf-im-Sande, a unos ciento treinta kilómetros al este de Berlín, cerca de Fuerstenwalde. Allí, junto a otros ciento cincuenta o doscientos jóvenes, le impartirían toda clase de conocimientos sobre agricultura. Así fue como se conocieron nuestros protagonistas, huyendo de los nazis, alejados de sus hogares e intentando encontrar un futuro mejor.

El primero en llegar fue Klaus. Lo hizo meses antes, en la primavera de 1939. El joven acudió a aquella *Hachsharah* (granja dirigida por judíos) a la espera de un visado para marcharse a Inglaterra. Por aquel entonces, el país británico necesitaba agricultores, por lo que su padre se puso en contacto con un primo suyo que vivía en Londres. La única forma de obtener la documentación era que Klaus consiguiera un certificado acreditando sus conocimientos sobre agricultura. Por eso se apuntó a esta granja dirigida por la Federación Judía. «Neuendorf era una gran finca —recordaba Klaus—; tenían unas cuarenta vacas lecheras y un puñado de terneras, media docena de caballos, tres mil pollos y unos cuarenta cerdos. También había una guardería.» Había mucho trabajo: apilar el heno, cosechar las papas y los betabeles con la trilladora... Aunque dada la destreza de Klaus, terminó encargándose de la cuadra de caballos, a los que tenía que limpiar y cepillar, alimentar y darles agua. Pese a que disfrutaba realizando aquellas tareas, tanto Klaus como los otros doscientos adolescentes tenían claro que su objetivo a corto plazo era salir lo antes posible de Alemania.

Ya con la Segunda Guerra Mundial en plena vorágine, Paula Schaul arribó a Neuendorf en noviembre de 1940. Allí conoció a Klaus y a otros doscientos chicos y chicas. La ahora nonagenaria le quita importancia a este hecho y bromea sobre el día en que lo vio por primera vez.

> Éramos todos gente joven. Así que no fue solamente que nos conocimos el uno al otro. Sino que él tenía a sus amigos y yo a los míos. Éramos amigos porque pertenecíamos a la misma pandilla.

Pero hubo un momento en el que la amistad se tornó en romance. Klaus enfermó de apendicitis y estuvo ingresado en el hospital varias semanas. Al regresar a la granja, Paula se interesó por su estado de salud, comenzaron a charlar y terminó preparándole algo de comer. Concretamente, unos huevos y un poco de leche. «Lo hice porque él necesitaba ayuda en ese momento.»

Ese fue el primer acercamiento, un tanto «gracioso» según Paula, que permitió a los dos jóvenes iniciar el cortejo. Poco a poco se fueron viendo a solas; hablaron de lo que podrían hacer en un futuro si todo salía bien y descubrieron que tenían muchas cosas en común. Según palabras de Klaus: «Creo que estábamos destinados el uno al otro».

El porvenir era incierto, pero Klaus y Paula, con veintiuno y veinte años respectivamente, tenían claro que querían construir una vida juntos sin importar lo que pasara. Habían hablado incluso de poner rumbo a Palestina o Australia. Pero necesitaban la bendición de la familia de Paula. Así que Klaus escribió una carta pidiéndole la mano de Paula a su madre (su padre había muerto años atrás). En ella le dejaba claro las intenciones que tenía con su hija y que ambos querían luchar por un futuro en común. Con el consentimiento materno, la pareja intercambió unos anillos y esperaron al verano para conseguir el certificado de matrimonio.

Mientras tanto, las noticias sobre el transcurso de la guerra no eran nada halagüeñas. Ambos jóvenes estaban muy preocupados por sus familiares (padres y hermanos) y lo que podría ocurrirles de continuar aquella persecución implacable contra la población judía. Era la primavera de 1942, y la «solución final» ya se estaba implementado: los nazis tenían la orden de exterminar a todos los judíos de Europa.

Las evacuaciones llegaron. Tanto los padres y la hermana de Klaus, como la madre y una de las hermanas de Paula, Doris, fueron deportados al este para terminar sus días en el campo de exterminio de Belzec. Nunca más volvieron a verlos. Fueron asesinados.

Aunque ahora conocemos lo que realmente significa la expresión «ser evacuado o deportado», en aquellos momentos el pueblo judío desconocía su significado real. La mayoría creía que los llevaban a campos de trabajo por falta de mano de obra. Nada más lejos de la realidad.

La promesa

Faltaba poco para la boda de Klaus y Paula. Pero antes tenían que recoger su certificado de matrimonio en el pueblo de al lado,

Buchholz. El 29 de julio de 1942 se montaron en una calesa y en compañía de Martin Gerson, el jefe de los Asuntos Judíos de Neuendorf, acudieron al registro. A su regreso a la granja, este les regaló flores y cuarenta libras de guindas. Y por la noche lo celebraron con sus amigos más cercanos. Cuatro días después, el 2 de agosto, por fin se casaron. Sin embargo, tenían miedo de lo que pudiera pasar.

> Eran momentos de incertidumbre. No sabíamos si íbamos a estar separados, o si por el contrario, podríamos permanecer juntos. Hablamos de planes de futuro, como de ir a Australia, donde estaba viviendo mi hermano. Pero lo único que teníamos en mente era salir de Alemania tan pronto como nos fuera posible.

Ante ese temor al futuro, y con la incertidumbre de si podrían llevar a cabo sus planes, decidieron hacerse una promesa. Una promesa que cumplieron. «Si en algún momento nos separaban durante la guerra, y al terminarse seguíamos vivos, nos reuniríamos en mi ciudad natal, Arnstadt.»

Deportados a Auschwitz

A principios de abril de 1943, ocho meses después de la boda y de aquella emotiva promesa, la Gestapo arribó a la granja de Neuendorf para deportarlos. Les dieron tres días para empacar todas sus pertenencias, aunque solo podían llevar consigo dos maletas y una mochila. Nada más. «Los llevaremos a Berlín para un transporte más grande», les dijeron.

> Ellos nos separaron. Nos dijeron que [las mujeres] teníamos que ir a una granja y que los hombres tenían que ir a la guerra, a enseñar a otros granjeros cómo tenían que cultivar. Nosotros les creímos. Aunque ellos lo decían de manera poco convincente.

El 15 de abril de 1943, trasladaron a Klaus y Paula, junto con otros judíos de Neuendorf, a Berlín y les obligaron a firmar

Klaus y Paula en Neuendorf en 1942.

Certificado de matrimonio de Klaus y Paula Stern.

varios documentos en los que ponía: «A causa de la hostilidad hacia el Estado».

Tenían que abandonar el territorio alemán, perdiendo el derecho a reclamar sus propiedades. Todavía no conocían cuál sería su siguiente destino. Algunos deportados, que se habían escapado y habían sido capturados de nuevo, los avisaron de lo que les esperaba: Auschwitz. «Olvídate del equipaje, tan pronto como llegues a Auschwitz, te quitan todo lo que tienes», les advertían. «Claro que no les creíamos. Para nosotros Auschwitz era Auschwitz, no sabíamos lo que significaba», rememoraba Klaus. En aquel momento pensaban que solo les estaban contando meras historietas, pero «descubrimos que decían la verdad».

Con motivo del siguiente cumpleaños de Hitler, el 20 de abril de 1943, su ministro de Propaganda, Josef Goebbels, quiso hacerle un regalo muy especial. A través de un telegrama, comunicó al Führer que, para ese día, «Berlín será *Judenfrei* (libre de judíos)». Así que veinticuatro horas antes, las SS condujeron al matrimonio y al resto de los judíos a una estación de tren. Nadie los informaba de nada, solo veían vagones de ganado a los que tenían que subir entre empujones y agresiones de los soldados nazis. En cada vagón metieron en torno a ochenta personas, hombres, mujeres y niños. En el interior solo había paja en el suelo y un cubo para hacer sus necesidades. «Entramos en lo desconocido.»

El viaje en aquellas condiciones duró un día y medio, aproximadamente, hasta que arribaron a un lugar que no era una ciudad. Estaban en medio de la nada, únicamente había una especie de graneros y todo estaba rodeado de alambre de púas. Unos soldados se acercaron con sus perros a los recién llegados y comenzaron a gritarles que bajaran rápidamente de los vagones. Se toparon con una especie de plataforma donde se encontraba el «infame doctor Josef Mengele».

Nadie sabía quién era aquel hombre, solo veían que portaba un bastón de mando y que separaba a la gente sin miramientos: «Quiero a los ancianos a un lado, quiero a las ancianas al otro, quiero a mujeres sin hijos, quiero a mujeres con niños. Por este lado, quiero a hombres jóvenes y por este otro, a mujeres jóvenes».[10]

Cuando vimos todos los guardias, las vallas... Supimos que aquello era una cárcel. Nos separaron, hombres a un lado, mujeres a otro lado, mujeres y niños en otra fila. Todo pasó tan rápido...

Aquel fue el momento en el que Paula y Klaus se vieron separados, ya que fueron enviados a distintos grupos de confinados. Aunque hubo algo que ninguno de los dos olvidó jamás. Durante la clasificación de los recién llegados, él le salvó la vida. Paula podría haber terminado muriendo en la cámara de gas por intentar ayudar a una mujer con dos hijos. «Uno estaba en sus brazos y el otro tenía dos o tres años y le tiraba de la falda. Tuve la extraña sensación de que harían algo a los niños», explicaba Klaus.

Así que le dije: «¡Dame el bebé, para que te ayude!», y mi marido vio aquello y empezó a gritar: «¡Paula, deja a ese niño solo! ¡Devuélveselo a la mujer!». Eso es algo que nunca he podido olvidar. Después de la guerra, le dije que él realmente me había salvado la vida al hacer eso. Nunca antes me había gritado así.

Ese alarido fue su salvación, porque aquellas mujeres con hijos jamás entraron al campamento, fueron gaseadas de inmediato. Y del resto, los ancianos por ejemplo, muchos fueron engañados para que entraran sin chistar a la «ducha». «Debes estar cansado del viaje, tal vez quieras tomarte una ducha, refrescarte y cambiarte de ropa. ¿Por qué no vas, está a una o dos calles por allí?», les sugerían. Una vez que llegaban, les hacían desnudarse delante de los guardias de las SS, les daban una pastilla de jabón y les abrían la puerta de la «ducha». Pero no se parecía en nada a una ducha.

Ante el revuelo que se formaba, los nazis utilizaban a los perros para instigar a los judíos a que entraran en aquel lugar. En torno a quinientas personas hacinadas esperaban que les rociaran con agua. Pero se encontraban con el Zyklon B. Después solo se oían gritos y quince minutos más tarde, el silencio. El gas los había fulminado.

Entonces, varios *Kommandos* de trabajo se ponían en marcha. Unos clasificaban los objetos de valor de los fallecidos: billeteras, anillos, relojes, prendas de ropa, dinero... Y los transportaban a lo que se llamó el «Canadá»: unos almacenes donde iban a parar todas las pertenencias de los judíos y que se denominó así por la opulencia que vivía dicho país en aquel momento. Como vimos en el capítulo dedicado a Helena Citrónová y Franz Wunsch, fue uno de los barracones donde se dieron más casos de corrupción dentro de Auschwitz.

En otros grupos de trabajo, los prisioneros ejercían de dentistas y extraían los dientes de oro o plata de las dentaduras de los judíos. Una vez recogidos, se metían en bolsas y se enviaban a Alemania para venderlos en mercados de segunda mano. El dinero que se recaudaba se destinaba a los recursos de la guerra.

Aptos para el trabajo

Solo aquellos que los nazis consideraban suficientemente sanos entraban en el campamento. Klaus y Paula lo consiguieron. Aunque ninguno de los dos sabía dónde se encontraba el otro. Desconocían en qué parte del gigantesco recinto se hallaban. Tampoco se habían dado cuenta de que el campo que estaban pisando no era otro que el de Auschwitz-Birkenau. Con el tiempo supieron lo que eso implicaba.

Previamente, tuvieron que pasar la selección inicial. Los desnudaron, los afeitaron de pies a cabeza y les tatuaron un número en el brazo. A Klaus, el 117033 y a Paula, el 42008. Aquella forma de marcar a los reos facilitaba la tarea de búsqueda a los guardias, pero sobre todo, los deshumanizaba. «Olvídate de mi nombre, ya no tenía nombre. Yo solo era un número.» A partir de entonces, cada prisionero era llamado a su puesto de trabajo por el número grabado en su piel. Además, tenían que portar en su uniforme un triángulo de color, que en el caso de los judíos, seguía siendo la famosa estrella de David amarilla.

Auschwitz III, también conocido como Buna Monowitz, fue el «hogar» de Klaus y otros casi treinta mil prisioneros, entre comunistas, gitanos, criminales, testigos de Jehová, homosexuales y judíos. Este campo se encontraba a pocos kilómetros del campo principal, Auschwitz I, y del de Auschwitz II o Birkenau. Allí, Klaus trabajaba en la fábrica de IG Farben, donde se hacía caucho sintético y gasolina de segunda mano, que se utilizaban para el buen rendimiento de los tanques alemanes. La empresa pagaba a los nazis tres marcos diarios (menos de un dólar) por cada esclavo.

Para Paula, aquella primera clasificación fue terrible. Y no solo por sentirse avergonzada al ser despojada de toda su ropa y ser afeitada completamente: «Yo temía por mi vida. No sabíamos por cuánto tiempo viviríamos, no sabíamos cuál iba a ser el siguiente paso».

La siguiente fase fue asignarle una tarea diaria. Primero, moviendo piedras pesadas alrededor del campamento. Un trabajo tedioso y que le hacía caer exhausta al final del día. Después, la trasladaron al *Kommando* de limpieza y luego acabó en la Fábrica de la Munición de Auschwitz, más conocida como *Union Kommando*. Su tarea consistía en realizar el control de calidad de los casquillos de las municiones nazis. Para ello, tenía que medir las piezas con forma de cono metálico y compararlas con otras estándar. Paula sabía lo que estaba haciendo, así que en algunas ocasiones boicoteaba las piezas y desechaba algunas que no estaban defectuosas. Era su forma de combatir en la guerra: eliminando las municiones buenas para que los soldados alemanes utilizaran las deficientes. «Por suerte, nunca se dieron cuenta.»

No fue la única. Supervivientes españolas como Conchita Ramos, deportada a Ravensbrück y trasladada a un *Kommando* de trabajo a las afueras de Berlín, Auberchevaide, obstaculizaron la fabricación del material de aviación. «Yo debía controlar las piezas, pero hacíamos sabotajes. Lo hacíamos todas. Me dieron muchos bastonazos», contaba orgullosa Conchita.[11] También Mercedes Núñez, que en el complejo metalúrgico HASAG, revisaba la fabricación de obuses. «Muy concienzudamente me harto de enviar al desguace obuses buenos, de dar como perfectos los defectuosos y de enviar a desbarbar los que tienen las medidas correctas. Tenemos que recordar que cada obús inutilizado son vidas de los nuestros ahorradas»,[12] escribía.

La rutina

«Un día en el campamento empezaba sobre las 5.30 de la mañana. Te daban un pedazo de pan seco, una cucharada de mermelada una vez por semana y un poco de agua hervida que llamaban café. Luego, te presentabas en el pase de revista y te enviaban a diferentes turnos de trabajo.»

Dormían en una especie de establos, lo que después se denominó barracones, y vestían con un uniforme de algodón delgado. Daba igual si era verano o invierno, si hacía frío o calor, si trabajaban diez o doce horas sin descanso, los reclusos tenían que aguantar los trabajos forzados, no derrumbarse, no escaparse y seguir manteniendo, aun así, un buen aspecto. Sin embargo, la realidad era muy distinta. «Llegábamos a los barracones medio muertos, enfermos o débiles, conseguíamos nuestra pésima sopa y nos alegrábamos de terminar otro día. Ocurría todos los días.»

Otro de los *Kommandos* donde estuvo Klaus fue el del Cable. Solo lo destinaron allí durante cuatro meses, pero era uno de los sectores más duros. Se dedicaban a cavar trincheras. Si no aguantaban el ritmo de trabajo, los nazis les disparaban o los llevaban a la cámara de gas. De ahí pasó a atornillar vigas a unos quince metros del suelo. Aunque era un trabajo menos extenuante, también era mucho más peligroso.

Aquella rutina de trabajos forzados de los prisioneros era radicalmente opuesta a la que tenían los guardias nazis la mayor parte del tiempo. Según el *SS-Rottenführer* (cabo primero) Oskar Gröning:[13]

> El campo principal de Auschwitz era como una pequeña ciudad, con sus chismes y charlas. Había un supermercado, una cantina, un cine. Había un teatro con actuaciones regulares. Y había un club deportivo del que yo era miembro. Fue todo diversión y entretenimiento, al igual que una pequeña ciudad.[14]

También «había una piscina en Auschwitz para el cuerpo de bomberos. Incluso pude nadar en ella»,[15] confirmaba el prisionero Ryszard Dacko.

Los que niegan el Holocausto se basan en argumentos como estos para rebatir que campos como el de Auschwitz fuesen realmente de exterminio. Aquí se ve la complejidad organizativa de los tres campamentos que lo componían y lo que en cada uno de ellos sucedía. Por un lado, internos muriéndose de hambre, asesinados en las cámaras de gas y reducidos a cenizas en los crematorios; y por otro, piscina, teatros, centros de música (como la orquesta creada por María Mandel),[16] o un burdel. De ahí que a Heinrich Himmler le resultara «un lugar tan interesante en 1943».[17]

La comodidad que disfrutaba en Auschwitz desde el oficial de rango más bajo de las SS hasta el mismísimo comandante Höss, chocaba con el modo en el que los presos luchaban por sobrevivir. Sin apenas un mendrugo de pan que llevarse a la boca, muchos optaban por robar comida a sus compañeros de barracón, a riesgo de lo que esto suponía: cometer el peor de los crímenes. A quien descubrían terminaba muriendo a manos de sus propios compañeros. De este modo, los prisioneros desarrollaron una especie de código de conducta para evitar tales delitos.

> ¿Qué se hacía para deshacerse de semejantes personas? —explicaba el preso político polaco Kazimierz Piechowski—. Eran liquidados. Los prisioneros los mataban por la noche. Les ponían una manta sobre la cara y la mantenían allí hasta que dejaban de respirar. Nadie haría preguntas. Por la mañana, el *Blockältester* (encargado del barracón) informaría: tantos muertos. Me parece bien.

Este ajuste de cuentas era tomado por los confinados como algo «completamente normal». Excepto tal vez, por una especie de destello del subconsciente:

> «Dios, y todavía están sucediendo cosas como esta.» Pero no se podían evitar. En otras palabras: «No pienses en ello. Fue y ya pasó. Ahora piensa en dónde ir a trabajar para sobrevivir al día siguiente, solo para sobrevivir al día siguiente. Vigila tu pan para que nadie lo robe y así podrás comerte el desayuno. Ve a trabajar e intenta encontrar un trabajo más ligero». Esto es por lo que te preocupas, y esto requiere una cautela constante. «Estate atento. Tienes que sobrevivir.»[18]

Las selecciones

«La única manera de escapar de aquí es a través de la chimenea», amenazaba el comandante de Auschwitz a los prisioneros. Así lo recordaba Klaus. Nadie podía salir del campo ni tampoco estar seguro de no ser ejecutado por los nazis. Aunque el motivo fuera de lo más nimio.

Aquella Navidad de 1943, tres hombres se aventuraron a huir del campo. No solo no lo consiguieron sino que los trasladaron al tercer recinto, Monowitz, donde levantaron tres horcas y los dejaron morir en presencia del resto de sus compañeros. La ejecución sirvió como medida desmoralizadora. Si alguien se atrevía a intentar escapar, ya sabía lo que le esperaba.

Pero lo más temido eran siempre las selecciones. Cada mes o mes y medio, el *Standortartz* (médico jefe del campo principal), acompañado de tres oficiales, acudía a los barracones de prisioneros. Cuando estos llegaban al pase de revista, después de trabajar diez o doce horas, tenían que presentarse ante el médico, que les ordenaba desnudarse.

> Teníamos que marchar a izquierda y derecha, hacia atrás, hacia delante, tan rápido como podíamos. Si no podías seguir órdenes o moverte con suficiente rapidez, si eras demasiado débil y flaco para realizar otro día de trabajo, tenías que mostrar tu número de tatuaje y te marcaban para llevarte a los hornos.[19]

En cada campo había un médico al cargo. En Birkenau, por ejemplo, estaba Josef Mengele.

> Le veíamos al menos una vez al mes. Él era el que se encargaba de decir quién vivía y quién no. A los que habían apartado la semana anterior por encontrarse en estado terminal, se los llevaban; y a los que empezaban a empeorar, los ponía en su lugar. Estos serían los primeros en ser llevados la semana siguiente.

Las atrocidades en el campo eran continuas y los internos no eran ajenos a toda clase de rumores que se iban esparciendo acerca del destino de compañeros que jamás volvían a sus puestos. «No podías parar de pensar en ello.» Y más aún cuando, en ocasiones, eran testigos de dichas ejecuciones. Paula recuerda con claridad, pese a los años transcurridos, el momento en que varias muchachas fueron asesinadas por robar:

> Cuatro chicas robaron explosivos a escondidas para destruir el crematorio. Pero las descubrieron. Dos de ellas fueron ahorcadas en el turno de día, y las otras dos, en el turno de noche. Lo presencié todo. [...] Después de la guerra, una mujer de Israel se puso en contacto con todos los supervivientes para poner dinero y hacerles un monumento conmemorativo. En 1992, fuimos a Israel a visitarlo.

Muertos en vida

La falta de alimentación, de higiene y de descanso, sumado a los continuos malos tratos a los que eran sometidos los presos, se traducían en personas esqueléticas, sin un gramo de grasa ni aliento, que no podían resistir las largas jornadas laborales ni tampoco las infecciones que los asolaban. Eran cadáveres vivientes. Así que cuando Klaus enfermó, durante el verano de 1944, temió por su vida. Si los guardias le veían flaquear acabarían llevándolo a la cámara de gas.

No era más que un forúnculo en el cuello, pero con cada movimiento se agrandaba. Fue a la clínica del campo y allí un médico checo, también preso, le aseguró que podía extirpárselo. «En tres días tienes que recuperarte o si no tendré que informar a las SS», le dijo. La intervención la hizo sin anestesia mientras otros tres reclusos sujetaban al paciente. Le colocó una venda alrededor del cuello, le revisó la herida durante los siguientes tres días y al cuarto, Klaus regresó al trabajo. Con el tiempo, se fue recuperando sin problemas. Sin embargo, seguía perdiendo peso. Él y el resto de sus compañeros se encontraban cada vez más débiles; los denominaban *Muselmann* (esqueletos andantes).

Tras el verano, llegó una nueva selección. Aquella cara esquelética mostraba claramente signos de decaimiento y extenuación. Así que lo más probable era que Klaus fuera enviado a la cámara de gas. En los días siguientes, algunos de sus compañeros se levantaron con retención de líquidos en las piernas, el vientre, los antebrazos. Klaus, en cambio, se despertaba todas las mañanas con la cara hinchada.

Con ese aspecto se presentó en el *Appellplatz* (la plaza para pasar revista); dijeron su número en voz alta y permaneció de pie junto a otros seleccionados, mientras el resto abandonaba el lugar. Después lo llevaron a otro lugar del campo para reunirlo con otros presos. Cuando estaba esperando para ser conducido a la cámara de gas, uno de los guardias de las SS le miró extrañado y al ver su aspecto le dijo: «Oye tú, ¡con tu rostro grande y gordo! ¿No sabes lo que significa estar en ese grupo?». Klaus se hizo literalmente el tonto y le respondió que no. Así que el oficial le ordenó que volviera al trabajo. Su aspecto le pareció demasiado bueno como para perder una valiosa mano de obra. Sin saberlo, le acababa de salvar la vida.

Cuando Klaus regresó al barracón, el *Blockältester* no daba crédito a sus ojos. «Engañaste al guardia», le soltó. Aquella cara hinchada y grande había conseguido librarle de la muerte. «Tienes suerte. Pero será mejor que vayas a esconderte, porque los nazis vienen a revisar los barracones cada hora», le aconsejó.

Hasta el día de hoy, sigue pareciendo increíble que seres humanos como Klaus o Paula lograran sobrevivir a tal grado de miseria y barbarie. ¿Qué fue lo que los mantuvo fuertes y vivos?

> ¿Cómo lo hicimos? Con esperanza. [...] Aunque creo que con más suerte que esperanza. Sé que si no hubiera estado casada, no hubiera sobrevivido. Era lo único que me daba fuerzas para continuar y verlo de nuevo. No sabía realmente dónde estaba él. Pero para mí, Klaus tenía que estar vivo, él tenía que sobrevivir. Yo tenía que seguir por él y él por mí. Y eso fue lo que hicimos.

Incluso cuando tuvo la oportunidad de saber cómo se encontraba Klaus o si estaba vivo o no, sintió miedo. Durante los veintiocho meses que permaneció en Auschwitz, Paula no tuvo mayor relación con los guardias de las SS que la habitual. Hasta que, durante un turno de noche, el oficial a cargo le preguntó si había alguien que le importara especialmente, familia, marido, hijos... Ella le contestó que su esposo y él se interesó por saber dónde se encontraba. Cuando Paula le dijo que no lo sabía, el nazi le preguntó si quería saber en qué campo se encontraba.

> Me pidió que escribiera en un trozo de papel su nombre y cuándo habíamos venido. Yo simplemente lo miré, no le dije que sí ni tampoco le di las gracias. Nada. Simplemente, lo miré y me marché. Más tarde, empecé a darle vueltas a la cabeza: «¿Qué hago? ¿Se lo doy? ¿Y si todo es una trampa y solo quiere engañarme?». Y no lo hice. No lo volví a ver nunca más.

Sin el amor de su vida, Paula solo podía apoyarse en sus amigas del barracón. Aunque incluso entre las propias prisioneras había conflictos.

> La mayoría hablaba yiddish [lengua germánica hablada por judíos], pero nosotras no. Nunca había oído esa palabra hasta que llegué al campamento. Era como otra lengua. Así que nosotras, las judías alemanas, éramos un poco las marginadas, en comparación con las otras. Era un poco triste que grupos de diferentes países no se relacionaran y que, inclusive, estuvieran enfrentados unos con otros.

El gallinero

El fin de la guerra estaba cerca y los aliados rusos ya habían irrumpido en territorio polaco para poner rumbo a Auschwitz. Era el 18 de enero de 1945 y los nazis iniciaron el traslado de prisioneros a otros campos (no cercanos). En pleno invierno y a varios grados bajo cero, la muchedumbre caminaba en filas de a cinco, apenas vestidos con sus delgados uniformes a rayas y unos zuecos de madera. Un frío gélido los acompañó durante todo el trayecto, que se extendió unos doscientos o trescientos kilómetros. Quien no resistía la «marcha de la muerte» terminaba con un tiro en el cuello.

El grupo de Paula, por ejemplo, tuvo que atravesar Polonia, dirigirse al norte unos novecientos kilómetros para arribar al campo alemán de Ravensbrück, «El Puente de los Cuervos», en su fúnebre traducción.[20] Se trataba de un campamento para mujeres en el que guardianas nazis como María Mandel, Irma Grese o Dorothea Binz, perpetraron toda clase de vejaciones, maltratos, fustigamientos y asesinatos. Pese a que el campo se erigió para adiestrar a las fervientes seguidoras de Hitler en todo lo referente a la administración del recinto, lo cierto es que Ravensbrück se convirtió en el campamento del sufrimiento, el sadismo y la barbarie. Todo ello gracias a las abominables *Aufseherin*. Unas tres mil seiscientas trabajaron para el régimen nazi y fueron integradas en el llamado *SS-Helferinnenkorps* (Cuerpo Auxiliar), por lo que no formaban parte de las SS. Es decir, no tenían rango militar ni estaban autorizadas a portar armas o impartir órdenes a ningún varón. Sin embargo, pese a no ser un cuerpo «oficial», las supervisoras femeninas vestían de uniforme, recibían un salario y se manchaban las manos. Normalmente de sangre.

Cuando Paula y sus compañeras llegaron, Ravensbrück estaba lleno y no tenían sitio para acoger a más confinadas. Tuvieron que emprender la marcha hacia otro campo, pero cuando pararon a descansar, porque los SS necesitaban recuperar el aliento, ese pequeño grupo de guardias las abandonó a su suerte. Paula y otras tres compañeras llegaron a un pueblo cercano y se escondieron en el gallinero vacío de una granja.

> A la mañana siguiente oímos ruidos. No sabíamos lo que estaba pasando porque estábamos en la parte de atrás. Eran soldados americanos. Entraron, nos dijeron quiénes eran y que nos querían llevar con ellos porque a mediodía los rusos tomaban el control. Nos hubiera gustado ir con ellos, pero estábamos demasiado cansadas y nos quedamos. Entonces, poco a poco, fuimos andando hasta otro pueblo; no llevábamos nada [de alimento] con nosotras

y unos agricultores nos acogieron durante un tiempo. Después, fuimos a una ciudad cercana, donde reclamamos unas tarjetas de identificación, que era lo más imprescindible en ese momento.

Los primeros días en libertad no fueron fáciles. Los rusos se mostraron muy violentos y agresivos con los prisioneros de los campos nazis. Así lo recuerda Paula, que incluso habla de cómo un anciano judío las protegió de ellos. «Gracias a ese hombre judío tuvimos la suerte de mantenernos a salvo.»
Su siguiente destino fue una casa deshabitada, vacía. Pero Paula solo quería regresar a su hogar, a Arnstadt, para reencontrarse con su marido, del que no sabía nada desde hacía veintiocho meses. Seguía albergando la esperanza de verlo con vida.

> Tenía que ver a mi marido. Estaba esperándome. Pero era imposible. Todos los puentes estaban destruidos; no había medios de transporte... Nada de nada. Lo único que podíamos hacer era andar.

Paula tardó cinco semanas en alcanzar su ciudad.

La nota

Klaus y su grupo fueron trasladados primero a un subcampo de Auschwitz, Gleiwitz (Polonia); de allí los enviaron en un vagón de ganado hasta Mauthausen (Austria) y terminaron su recorrido en Sachsenhausen (Alemania). Y poco antes de la liberación acabó en Mühldorf (Alemania), un campo satélite de Dachau, a unos seiscientos kilómetros de Sachsenhausen. El recorrido sumó en torno a los dos mil kilómetros.

A finales de abril de 1945, cuando las tropas norteamericanas llegaron al campo, Klaus estaba enfermo; había contraído el tifus y compartía cama con tres presos más en la enfermería. «Nos quedábamos allí, sin medicación. Todo lo que podían darnos era agua. Permanecimos así, esperando morir.»

Cuando los soldados estadounidenses entraron a las instalaciones «no podían dar crédito a sus ojos. ¿Cómo iban a suponer que los civilizados y educados alemanes harían esto a sus semejantes? Algunos de los jóvenes comenzaron a llorar como niños pequeños: no podían entenderlo». Una vez superado la conmoción, los militares no pararon de repetir a los prisioneros: «Ahora eres libre. No te preocupes. Estamos aquí para liberarte». Y compartieron su comida con los supervivientes: chocolate, sopa de frijoles, nueces, carne... Lo que produjo la muerte a algunos de ellos, al no soportar alimentos normales ni en cantidad normal. Klaus tuvo suerte: solo bebió jugo pese a la necesidad evidente. Desde su ingreso en Auschwitz, en abril de 1943, había pasado de 75 a 43 kilos. «Era piel y huesos.»

Le llevó casi dos meses recuperarse del tifus y de su extrema delgadez. Pero en cuanto se sintió fuerte, cogió un papel y un lápiz, y escribió una nota a su amada: «Paula, todavía estoy vivo. Por favor, espérame. Estoy en un hospital en Baviera. Iré lo más rápido que pueda».

El reencuentro

Aquellas breves líneas lo eran todo para Klaus. Pensó que lo mejor era hacerle llegar a su pueblo natal aquella nota. Pero las oficinas de correos todavía no funcionaban. Así que cuando vio a unos soldados que regresaban a su casa, les preguntó hacia dónde iban. Uno de ellos se dirigía hacia Múnich. Klaus apuntó la dirección en el reverso y le preguntó: «¿Por qué no le das este pequeño pedazo de papel a alguien que vaya al norte, a Leipzig?». ¡Quién sabe por cuántas manos pasó la carta hasta llegar a Paula! Seguramente fue obra del destino, pero el mensaje acabó por llegar a sus manos.

Al mismo tiempo, Klaus iniciaba su viaje de regreso a Amstadt, a unos cuatrocientos kilómetros de distancia. Ansiaba el reencuentro con Paula, pese a no saber todavía si había conseguido sobrevivir a la guerra. Su idea era tomar un tren hasta allí, pero ningún transporte estaba operativo. Tuvo que hacer el camino a pie, junto con dos amigos, y pasando la noche en campamentos de refugiados.

«Llegados a este punto, no sabía si Klaus estaba vivo. Entonces, recibí un pedazo de papel escrito a lápiz y que había pasado por tantas manos que apenas se podía leer.» Era la confirmación de que su marido estaba vivo y se encontraba bien; de que estaba en Bavaria y que llegaría pronto para unirse a ella en Arnstadt. Tres semanas y media después, se produjo la reunión.

Una vecina avisó a Paula de la llegada de su esposo y esta corrió a sus brazos. Fue un abrazo eterno.

> Es difícil describir el momento en que nos vimos, después de veintiocho meses. Hasta que Paula recibió mi nota, ella no tenía ni idea de que yo estaba vivo, y yo no tenía ni idea de que Paula estaba viva. Y aquí estábamos, juntos por primera vez, después de todas nuestras experiencias. De nuevo juntos.

Esperanza, suerte y amor. Esos siempre fueron los tres ingredientes principales que empujaron a Paula a sobrevivir el horror del campo de concentración. «Estar casada fue lo que me mantuvo fuerte para seguir viva y poder verlo de nuevo.»

Klaus ahondó más en esa supervivencia alegando tres puntos claves:

1) La fuerza de voluntad: Yo era un hombre joven, llevaba solo nueve meses de casado, y cuando vi a la gente de mi edad muriendo a diestra y siniestra, me decidí: «Quiero ver a mi esposa de nuevo, quiero salir», y esperaba que mi esposa lo lograra también.
2) Tuve suerte de tener un buen amigo que me sacó de la muerte en el *Kommando* que cavaba zanjas todo el tiempo.
3) Tenía una firme fe en Dios. Si no hubiera mantenido la esperanza y orado para vivir otro día, todos los días, no estaría aquí hoy para hablar en las aulas o para escribir esta historia.

Rumbo a América

Antes de que los apresaran, Paula y Klaus habían imaginado su vida fuera de Alemania: o en Palestina o en Australia. Al final, se decidieron por Estados Unidos y más concretamente por la ciudad de Seattle, al noroeste, casi haciendo frontera con Canadá. Un tío de Klaus los ayudó a conseguir toda la documentación necesaria, incluso escribió una carta al consulado para que pudieran salir de Europa. Siempre contaron que el doctor Herman Nossen los había «patrocinado».

Primero, permanecieron en Nueva York cerca de tres semanas, donde visitaron a un primo de Paula, que había emigrado a finales de los años treinta. Después, en noviembre de 1946, llegaron a la ciudad cuna del poeta Richard Hugo y de la música *grunge* de los noventa, donde nacieron grupos como Nirvana, Pearl Jam o Soundgarden.

En ese momento, Paula estaba embarazada de su primera hija, Marion, que nació dos meses después. El 29 de enero de 1947. Su vida había cambiado drásticamente, y la generosidad de Herman y su esposa los hicieron sentirse como en casa. No tenían nada de lo que preocuparse, todo iría llegando: la casa, el trabajo, el dinero. De momento, tenían lo más importante: el amor.

Los primeros días durmieron en la habitación de una pensión cercana. Era difícil encontrar algo mejor. Mientras tanto, Klaus consiguió un buen trabajo en la Langendorg United Bakeries, una red de panaderías con venta al por mayor y con siete sucursales distribuidas por toda la Costa Oeste. Permaneció allí casi treinta y seis años.

Durante ese tiempo, el matrimonio Stern consiguió un departamento y tuvieron su segundo hijo, Marvin, que nació el 11 de febrero de 1952. Socializaban con otros judíos y se unieron al Club Judío de Washington. Aquella organización les sirvió para hacer buenos amigos y para ayudarse mutuamente. Más tarde, Klaus llegó a ser el presidente del club, cargo que ocupó durante al menos diecisiete años.

Paula y Klaus después de la liberación en Fuerth,
septiembre de 1946.

Pero no fueron años fáciles para supervivientes judíos como los Stern. Aquellos números en el antebrazo dejaban claro que sus experiencias en Alemania durante la Segunda Guerra Mundial habían sido mucho peores de lo que se imaginaba la población judía de Estados Unidos. De hecho, cuando Klaus y Paula intentaron explicarles la verdad de lo sucedido, no quisieron escucharlos.

> Intentamos hablarles de ello. Para liberarnos y quedarnos limpios por dentro. Pero todo el mundo decía lo mismo: «Ahora están en un país diferente, tienen que olvidar lo que vieron». Pero aquello fue algo de lo que no puedes olvidarte. Ni las asociaciones de familias judías ni las diferentes agencias gubernamentales querían escucharnos. Fuimos los primeros en llegar al Estado de Washington, los primeros en llegar a Seattle y no había ningún interés en saber lo que padecimos. No sé si lo que querían era protegernos no hablando de ello, o que no querían compartir sus propios sentimientos sobre el tema. Todavía no lo sé. Pero fue una gran decepción que nadie pensara que lo que teníamos que contar era lo suficientemente importante para que nos escucharan.

Entre enojo y decepción. Así define Paula lo que sintió aquellos primeros años en Estados Unidos, libre por fin, pero con la losa del olvido sobre su cabeza.

> Nuestra preocupación principal era explicárselo a la gente, advertirles, hacerles entender que no olvidaran, que si algo como esto sucedía de nuevo, que no dejaran que llegase al punto al que llegó.

Durante décadas, el matrimonio Stern ha dado charlas y conferencias a miles de estudiantes y adultos, ha acudido a iglesias y centros comunitarios, ha visitado medio mundo contando su historia. Y no solo para conseguir que la gente tomara consciencia de que algo así no debería volver a pasar, sino también para honrar a todos los que no lograron sobrevivir, que no tuvieron la misma «suerte» que ellos.

Testimonio contra el excomandante

Desde el final de la Segunda Guerra Mundial y hasta nuestros días, son muchos los juicios contra miembros de las SS en los que estos han tenido que dar explicaciones por las vejaciones, torturas y asesinatos perpetrados durante el ejercicio de su trabajo en los campos de concentración. Uno a uno, aunque no todos, fueron pasando por los tribunales constituidos por los países aliados para juzgar a los culpables de crímenes de guerra.

Durante su estancia en Buna-Monowitz, Klaus había sido testigo de las brutalidades ejercidas por algunos de sus guardias. Por ello, en 1959, la Corte Regional de Osnabrück se puso en contacto con él para que declarara en el juicio contra el excomandante de Auschwitz III, el *Oberscharführer* (sargento mayor) Bernhard Rakers. No fue una decisión fácil. Cuando Klaus y Paula pusieron un pie en Estados Unidos se prometieron no volver jamás a Alemania. Pero esta no era una invitación sin más, había un motivo mayor: «Sentí que era mi deber».

El juicio se celebró entre septiembre y octubre de aquel año en la citada localidad alemana. El exmiembro de las SS estaba acusado de múltiples delitos en el ejercicio de su cargo. Uno de ellos, asesinar a prisioneros durante las llamadas «marchas de la muerte» disparándoles un tiro en el cuello por encontrarse más débiles que los demás. Y también de haber asesinado a otro prisionero en la planta de la fábrica de IG Farben.

Cuando Klaus subió al estrado y le preguntaron si reconocía al acusado, el testigo no tuvo la menor duda, pese a encontrarle algo distinto en aquel momento. Tenía cincuenta y seis años. «Claro, la última vez que lo vi entró con un uniforme hecho a la medida, botas altas y un látigo en la mano. Hoy, por supuesto, se ve diferente, pero la cara no la olvidaré.»

El tribunal finalmente condenó a Rakers a quince años de prisión, que cumplió en la correccional de Cele aunque a mediados de 1971 fue puesto en libertad gracias al indulto del primer ministro de la Baja Sajonia, Alfred Kubel. Le concedieron libertad condicional supervisada de cinco años y trabajó como pana

Paula y Klaus en 2007.

dero. Tras reducirle la condena en 1976, se mudó a Barmstedt (Hamburgo), donde murió el 10 de agosto de 1980.[21]

Recordar, perdonar, olvidar

Aquella experiencia testificando contra uno de los criminales nazis generó en Klaus unas ganas aún mayores de seguir manteniendo vivo el recuerdo del Holocausto. La pasión con la que contaba sus vivencias se mezclaba con su rutina diaria. Hábitos como coleccionar sellos, cuidar el jardín, pasear con su familia y sus perros, ver partidos de tenis en la televisión... Aunque también, contar chistes. Su amiga, Dee Simon, directora ejecutiva del Holocaust Education Resource Center, tuvo una relación muy estrecha con Klaus, al que describía como un «hombre apacible, un líder tranquilo». Y añadía que mantenía viva, real y personal la historia del Holocausto.[22]

De hecho, fue Klaus, junto con otros supervivientes, los que ayudaron a fundar este centro en el Estado de Washington. Una organización sin fines de lucro para aquellos profesores que quisieran enseñar sobre el Holocausto. Había que mantener el recuerdo de aquellos terribles acontecimientos.

Pero eso no significaba perdonar a los responsables absolutos del exterminio de seis millones de personas: los nazis. Paula jamás logró perdonarles todo el dolor que le infligieron. «No puedo. ¿A quién debería perdonar? Yo no puedo perdonar nada Lo principal es no tratar de olvidar. Eso es más importante que cualquier perdón.»

Las palabras de Paula, a sus noventa y cinco años, suenan contundentes aunque con un cierto dejo de tristeza. También le ocurrió a Klaus hasta el día de su muerte, el 12 de mayo de 2013, por complicaciones de una neumonía. Estaba convencido de que recordar y compartir su experiencia ayudaría a entender mejor ese momento de la historia. De hecho, supo plasmarlo a la perfección en un poema que escribió en 1983, cuando con motivo del 40 Aniversario del Levantamiento del Gueto de Varsovia, se reunió con otros supervivientes judíos en Washington.

Su título: «Remember, Forgive, Forget» (Recordar, Perdonar, Olvidar).

¿«Recuerdas» cuando nos agarraron y nos arrastraron a los campamentos?
¿Y el mundo se quedó en silencio y nos pidió «perdonar»?
Pero las SS nos torturaron sin dejarnos «olvidar» que somos judíos.

Y entonces, «recuerdas» cuando fuimos liberados y estábamos buscando a nuestros padres, hijos, hijas, hermanos y hermanas. Pero habían perecido, seis millones de ellos.
Y el mundo nos dijo «perdona» y «olvida».

¿Y «recuerdas» que una nueva generación creció en Israel?
¿Y nunca quisieron «perdonar» a sus padres por marchar a las cámaras de gas como un rebaño de ovejas sin resistirse?

¿Y «recuerdas» aquellas voces que aparecieron diciendo al resto del mundo que el Holocausto nunca había sucedido?
Y no había nada que «perdonar» ni «olvidar».

Y cuando el resto de nosotros nos reunimos aquí en memoria de nuestros seres queridos, que perecieron durante el Holocausto, porque a algunos de nosotros nos gusta «recordar».
Quizá algunos de nosotros puede que estemos listos para «perdonar»
Pero ninguno de nosotros debe «olvidar».

Klaus ante el memorial de Aurich donde aparecen los nombres de todas las personas que murieron (marzo de 2004).

Klaus muestra su tatuaje a estudiantes en Sitka (Alaska, 2007).

5

JERZY BIELECKI Y CYLA CYBULSKA. TREINTA Y NUEVE ROSAS

> El destino decidió por nosotros, pero yo habría hecho lo mismo de nuevo.
>
> JERZY BIELECKI

Todo lo humano se reduce a cero en los campos de concentración.[1] Los momentos agradables se cuentan con los dedos de una mano, la estética y la belleza pierden todo el sentido; la suciedad, la disentería y las enfermedades se encuentran en cada rincón, y las emociones parecen diluirse en agua. ¿Hay forma de despertar sentimientos más nobles, tiernos o dignos rodeado de tanta barbarie?[2]

Los guardias incitan a que los propios prisioneros rompan sus lazos de amistad cuando los empujan a que delaten conductas prohibidas en el recinto: robos de comida, no estar presentes en el recuento, sentirse enfermos o negarse a realizar una tarea, entre otras muchas cosas. Si lo hacen, lograrán sobrevivir. A duras penas, eso sí. Y a propósito, permiten que se insulten unos a otros, que peleen y discutan por la más mínima tontería, convirtiendo su existencia en algo insoportable. Una forma de reducirlos a animales mediante la burla, la humillación o la tortura. A ser unas bestias arrinconadas por otras bestias.[3]

Sin embargo, salen a la luz relatos excepcionales donde el amor, el compañerismo y las relaciones afectuosas también se dieron, no solo en Auschwitz, sino en todos y cada uno de los campos de concentración nazis. ¿Hubo amor? Sí, claro que lo hubo. Más de lo que creemos. De hecho, «era el amor lo que ayudaba a resistir».[4] Fue eso mismo, precisamente, lo que hizo que Jerzy Bielecki dejara de tener miedo y luchara por no convertirse en un prisionero más «que sale» por la chimenea, es decir, que acaba en el crematorio. Tenía un cometido aún más importante que su trabajo diario en el *Kommando* del grano: pensar en un plan de huida para liberar a su amada. Desgraciadamente, no fueron muchos los supervivientes que lograron escapar de aquellas gigantescas cárceles antes de la liberación de las tropas aliadas, y vivieron para contarlo. Jerzy fue uno de ellos.

La resistencia polaca

Jerzy Bielecki nació el 28 de marzo de 1921 en Slaboszów, un pequeño pueblecito al sur de Polonia con menos de quinientos habitantes. Pese a su extensa biografía a partir de la adolescencia,[5] de sus primeros años de vida apenas se conoce más que el fervor religioso que profesaban sus padres, católicos muy devotos. El pequeño fue criado bajo estos preceptos y en su círculo más cercano jamás conoció judío alguno.

Hasta los dieciocho años fue estudiante de la Escuela Secundaria Bartłomiej Nowodworski en Cracovia, a poco más de cincuenta y cinco kilómetros de su localidad natal.

Sin embargo, su vida cambió radicalmente cuando estalló la Segunda Guerra Mundial. Junto a otros cinco amigos, decidió alistarse en el ejército polaco para luchar en Francia. El único problema era que para llegar hasta el país galo tenían que escapar y cruzar ilegalmente la frontera con Hungría. En aquel momento, Polonia estaba sufriendo la ocupación nazi.[6] La invasión fue de una brutalidad excepcional, dado el concepto de inferioridad que los nazis tenían de los polacos. Su objetivo: destruir todo lo que tuviera que ver con su cultura, eliminar a sus líderes políticos y religiosos, incluso a sus intelectuales.

Ante la situación bélica en la que se encontraban, traspasar la frontera no era una tarea fácil. El peligro acechaba donde fueran. Y así lo hizo saber siempre Jerzy cuando contaba su historia. En especial, a su hija Alicja Januchowski, que recuerda perfectamente lo que le pasó a su padre en esos años de juventud.

Rondaba la primavera de 1940. «Tenían que hacerlo ilegalmente. Infiltrados de alguna manera. Así que se detuvieron en un lugar llamado Tarnów, y permanecieron allí un tiempo para prepararlo todo.»[7]

Aquellos días fueron complicados. Escondidos y sin apenas ver, solo hubo un conocido que les traía comida durante su ocultación. Había pocos de los que pudieran fiarse. Pero, incluso aquel joven, finalmente los delató a los nazis.

> Mi padre dijo que cuando él estaba ante la audiencia de la prisión, vio a este tipo allí, durante un instante, informando a los alemanes sobre sus movimientos. Debió de ser por el mes de mayo, porque los capturaron cuando regresaban de buscar algo de vino y demás provisiones en un campo cercano.

La Gestapo los estaba esperando. Todos fueron detenidos y conducidos hasta la prisión de Nowy Sącz y de allí de regreso a Tarnów para formar parte del primer transporte masivo de polacos enviado a Auschwitz.

El tren partió el 14 de junio de 1940 y estaba formado por miembros de la resistencia, activistas políticos y sociales, religiosos católicos, un pequeño grupo de judíos y los arrestados en el marco de la llamada *Ausserordenliche Befriedungsaktion* también denominada *AB-Aktion* (Operación Extraordinaria de Pacificación), personas detenidas al intentar cruzar ilegalmente la frontera para alistarse en el ejército polaco en Francia.[8]

AB-Aktion

La Operación AB no fue más que otra nueva campaña para exterminar a los líderes de la resistencia polaca, con el único fin de someter a la oposición polaca ante los alemanes y enojar así al pueblo polaco. De hecho, la *AB-Aktion* se consideró como un crimen de guerra durante los juicios de Núremberg y los celebrados por el Tribunal Popular Supremo de Polonia.[9] Ya lo dijo Heinrich Himmler, el 15 de marzo de 1940 en Poznań, localidad ocupada por los alemanes, durante una reunión con otros comandantes de campos de detención:

> Todos los profesionales de ascendencia polaca deben ser utilizados en nuestra industria de defensa. Más tarde, todos los polacos desaparecerán del mundo. [...] Por lo tanto, es necesario que la gran nación alemana vea como su principal tarea la destrucción de todos los polacos.

Tras la ofensiva militar alemana en Europa Occidental, el 16 de mayo de 1940, el *Reichsverteidigungsrat* (Comité de planificación militar del Reich) puso en marcha la Operación AB. Se arrestó a cerca de tres mil quinientos polacos considerados líderes activistas y a otros tres mil sospechosos de actividades delictivas. Después, procedieron a su ejecución en lugares como el bosque de Kampinos (Palmiry). Sin embargo, esta acción no logró destruir por completo a las organizaciones de la resistencia polaca.

Otros prisioneros polacos fueron llevados a campos de concentración, como el de Sachsenhausen, el 2 de mayo, procedentes de Varsovia, y entre junio y julio de 1940, cerca de un millar a ese mismo campo desde el distrito de Lublin.[10]

El tren de la muerte

«Nos dijeron que nos llevaban a un campo de concentración, pero ninguno de nosotros sabía a qué campo íbamos. Nadie lo sabía», explicaba en una entrevista Kazimierz Zajac, uno de los supervivientes de aquel convoy.[11]

«No había antecedentes previos sobre este tipo de traslados. Creían que los llevaban a otra prisión. Nadie sabía lo que era Auschwitz realmente», me cuenta Alicja.

Los 728 prisioneros fueron encerrados en vagones de ganado, sin agua, ni comida, completamente hacinados y sin apenas ventilación. Su cautiverio acababa de comenzar.

Alrededor de las 15.00 h llegamos a Oświęcim. [...] Los oficiales de las SS y los *Kapos* nos persiguieron hasta el patio usando sus palos. [...] Tuvimos que acercarnos a las mesas: anotaron nuestros datos personales, nos preguntaron la profesión y posteriormente publicaron los números de los campamentos, creo que en una cartulina. [...] Entonces, comenzaron a enseñarnos cómo organizar los pases de revista. [...] Los *Kapos* nos golpeaban con las porras sin ninguna lógica. Corrimos alrededor del patio completamente confundidos, intimidados, incapaces de comprender lo que nos estaba pasando y lo que se esperaba que hiciéramos.[12]

Aquel grupo de polacos fue alojado en el Bloque 4 del campo de Auschwitz I, y en 1942 fue trasladado al número 23, situado entre los barracones 18 y 19. Cada vez que un confinado era registrado, el guardia rellenaba con tinta los datos correspondientes en las siete columnas de su bloc: número de prisionero («Häftl. Nr.» – *Häftlingsnummer*), nombre completo («Vor.– U. Zuname» – *Vor- und Zuname*), fecha y lugar de nacimiento («Geb Datum u. Ort» – *Geburtsdatum und Ort*), profesión («Beruf»), *Kommando* en el que el prisionero trabaja («Kommando»), asignado por («Eingelief.» – *Eingeliefert*), y el número del barracón en el que un prisionero era ubicado *(Stube)*. Además de estos datos básicos, «el documento contenía otros concernientes a la nacionalidad, la categoría o las funciones que tenía dentro del consejo autónomo de presos». También se anotaba cuándo era trasladado de barracón, al hospital o cuándo fallecía. En este caso, el registrador empleaba un lápiz de color rojo, aunque en ocasiones también azul o gris.[13]

Previo a este registro, las selecciones para elegir a los prisioneros más válidos para el trabajo se hacían a pie de campo, a la entrada, en la plataforma donde varios miembros de las SS —principalmente médicos— decidían sin inmutarse quién vivía y quién iba directamente a la cámara de gas. Jerzy pasó la selección y tras la desinfección de rigor, le tatuaron el número 243 en el antebrazo izquierdo. Él y su grupo fueron de los primeros prisioneros en llegar al recién inaugurado campo de concentración de Auschwitz, donde el trabajo forzado y las pésimas condiciones de vida serían su rutina en los años siguientes.

Jerzy, tres meses después de huir (octubre de 1944).

La ilusión de Cyla

Cyla Cybulska (diciembre de 1920) nació y creció en la ciudad de Lomza, en la orilla izquierda del río Narew y a unos cuatrocientos setenta kilómetros del pueblo natal de Jerzy, Słaboszów, al sur de Polonia. De familia judía, Cyla recordaba su niñez rodeada de campo, viendo cómo giraban las aspas del molino de harina propiedad de sus padres y siempre en compañía de sus tres hermanos (dos hermanos mayores y una hermana pequeña) y de su fiel perro *Rex*. Poco antes de estallar la guerra, Cyla acudía a la escuela. Su ilusión era ser farmacéutica. Le gustaba cocinar y hornear pasteles, y siempre se mostró como una joven cercana y cariñosa. De hecho, una vez terminada la contienda, siguió manteniendo contacto con algunos de los amigos de la infancia que sobrevivieron.

La primera vez que se menciona la existencia de judíos en Lomza fue en 1494, aunque en realidad se asentaron mucho antes. Por entonces, ya eran una comunidad organizada, con su sinagoga y su cementerio, y controlaban la mayor parte del comercio de la madera en el siglo xv.

A principios del siglo xx, las escuelas ya tenían programas de educación sionista, incluso había un sindicato de maestros judíos, varias bibliotecas con libros en hebreo y *yiddish*, periódicos y revistas, clubes deportivos y la organización juvenil haTechiya (renacimiento), que tenía una gran influencia en la juventud judía. Incluso tuvieron sus representantes políticos gracias a partidos sionistas como el movimiento «haShomer haLe'umi», además de una importante función en el ámbito comercial.[14]

El gueto de Lomza

Con el estallido de la Segunda Guerra Mundial, Lomza se convirtió en el centro de los bombarderos aéreos alemanes del 7 de septiembre de 1939. Más de mil personas (judíos y polacos) murieron durante el hostigamiento. Calles destruidas, edificios completamente demolidos y quemados, ciudadanos aterrados ante un ataque que no había hecho más que comenzar. Durante los dieciocho días siguientes, los nazis iniciaron una fase de persecución de los judíos que terminó con profanación de los rollos de la Torá, irrupción en lugares de oración, disparos contra civiles y negocios completamente carbonizados.[15]

Después Lomza quedó en manos de los soviéticos hasta la Operación Barbarroja, cuando, en junio de 1941, las fuerzas alemanas entraron de nuevo. Su cometido: sacar a los judíos de la vida pública y recluirlos en un gueto, que se creó el 12 de agosto y se ubicó en las inmediaciones de la plaza del Mercado Viejo, entre las calles de Senatorska y Rybaki. Las aglomeraciones provocaron el caos en la entrada del gueto de Lomza, problema que los SS resolvieron golpeando a los judíos en la cabeza para mantener el orden.[16]

Como ocurrió con otros guetos similares instaurados por los nazis, muchos judíos fallecieron víctimas de la depauperación, el tifus o las diarreas. Los que lograron aguantar y sobrevivir, fueron enviados a campos de exterminio, como el de Auschwitz-Birkenau.[17] Y esto fue lo que les ocurrió a Cyla y su familia.

Antes de llegar al campo nazi, la primera parada fue Sammellager, en Zambrów, para continuar después la deportación en un tren de ganado. Cyla tan solo contaba con veintiún años cuando fue enviada, junto a su familia, al emplazamiento del *Endlösung der Judenfrage* (la «solución final» de la cuestión judía) en la ciudad de Oświęcim, donde se erigía Auschwitz.

El 21 de enero de 1943, la joven llegó acompañada de su madre, Felę, su padre, Mordechaja, sus dos hermanos mayores, Natan y Jakob, y su hermana pequeña, Rebecca. Tras bajar de los vagones completamente abarrotados, se toparon con una gran multitud de personas a la entrada de una gigantesca instalación alambrada en la que se veían decenas de graneros de madera. Allí los esperaban los oficiales de las SS, ataviados con los uniformes y las botas reglamentarias, y que, con muy malos modos, golpeaban con las porras a los que se habían quedado rezagados en los vagones. Después, los empujaban hasta las filas que los llevarían hacia otro pequeño grupo de guardias que proferían: «¡Derecha, izquierda!». Aquellas simples palabras simbolizaban la vida y la muerte. La suerte quiso que Cyla pasara esta primera selección, algo que no ocurrió con el resto de su familia, que terminó en la cámara de gas. En aquel momento, ninguno de ellos sabía que su destino era ese: la joven sobreviviría para trabajar en condiciones infrahumanas; y sus padres y hermanos, terminarían siendo asesinados por el gas Zyklon B.

Sin cuarentena

Como todos los confinados en Auschwitz, Cyla también fue desinfectada, rapada completamente y marcada en el antebrazo izquierdo con un número. El suyo fue el 29558. Después le asignaron el Bloque n.º 9 para dormir, donde la *Kapo*, una judía checa, «nos golpeaba con mucha frecuencia».[18] Tras pasar el registro, no la pusieron en cuarentena como a otras reclusas, sino que procedieron a asignarle su primer trabajo en Birkenau: la demolición de viviendas de polacos desplazados, ubicadas en la zona del campamento. Era una tarea que requería de gran esfuerzo físico, dado que solo tenían herramientas de lo más rudimentario, como martillos y palancas. Así estuvo varias semanas, hasta que gracias a su apariencia joven y sana, la transfirieron a otro lugar, el *Stabsgebäude*, un edificio de ladrillo fuera del campamento de los hombres, no lejos de la puerta, que tenía su propia cerca electrificada. Lo denominaban el «edificio del personal» y albergaba a unas trescientas mujeres que trabajan para las SS, como anteriormente lo habían hecho para la Gestapo en la *Politische Abteilung* (PA), Departamento de Política de Auschwitz. Eran las temidas guardianas nazis.

Las condiciones que allí encontraron Cyla y sus compañeros «eran diametralmente opuestas a las del KL Birkenau y todo porque estaban las llamadas *Aufseherin* o supervisoras alemanas». Un total de cincuenta presas vivían en el sótano del edificio, donde también se ubicaba la lavandería. Dormían en colchones de paja y podían bañarse a diario. Además, el trato que recibían era mejor que el de otros confinados de Birkenau, y hasta tenían la misma comida que las guardianas. Es decir, de gran calidad y no la sopa de agua con pan duro a la que estaban acostumbradas.

Durante ese tiempo, Cyla tuvo un nuevo cometido: arreglar los sacos rotos que contenían el grano que cultivaban en el campo y acudir a su almacén. Aquel lugar, con el tiempo, se convirtió en una especie de refugio.

Poco más se sabe de su tiempo en Auschwitz. Ni siquiera su hija, Fay Roseman, conoce los detalles de su historia: «Sé que contaba que no tenía suficiente comida, que los inviernos eran fríos y que no tenían ropa de abrigo que ponerse. Contó que dormía en literas y que compartía la suya con mucha gente».[19]

Los inicios de Auschwitz

La llegada de Jerzy a Auschwitz coincidió con el traslado a Polonia del entonces capitán Rudolf Höss para ocupar su reciente puesto como comandante de este campo de concentración nazi. Acababa de erigirse el primer campo de Auschwitz, que después se conoció como *Stammlager* o Auschwitz I. En la entrada, un cartel recibía a los presos con el lema *Arbeit Macht Frei* («El trabajo los hará libres»).[20]

El recinto apenas contaba con unos pocos edificios, restos de un antiguo cuartel del ejército polaco, ubicados alrededor de un gran patio para la doma de caballos y a las afueras de la ciudad de Oświęcim. Höss explicaba:

> La tarea no fue fácil. En el menor tiempo posible, tuve que crear un campamento para diez mil prisioneros utilizando el complejo existente de edificios, que estaban bien construidos pero completamente en ruinas y plagados de bichos.[21]

Además, Auschwitz no se pensó exclusivamente como una cárcel para judíos polacos sino para cualquiera que supusiese una amenaza a la ocupación nazi. De ahí que colocaran al frente a oficiales de las SS, los únicos «capaces de proteger al Estado nacionalsocialista de todo peligro interno» porque «todas las demás organizaciones carecían de la dureza necesaria».[22]

Cyla, junio de 1945.

Cuando Höss pensaba en los polacos, solo veía esclavos, seres a los que aterrorizar, humillar y maltratar. En veinte meses, poco más de la mitad de los veintitrés mil polacos que terminaron con sus pies en Auschwitz murieron. Las cámaras de gas aún tardarían en llegar, ni siquiera su idea se había contemplado todavía, pero existía un claro propósito de exterminación.

Si bien los primeros ocupantes en cruzar la verja fueron delincuentes reincidentes que se encontraban en el campo de Sachsenhausen y prisioneros políticos polacos de Lodz, traídos desde el campo de Dachau y desde la ciudad de Tarnów (como el caso de Jerzy y Cyla), después los siguieron miembros de la resistencia, intelectuales, homosexuales, gitanos y judíos. Las autoridades de Auschwitz los sometieron a toda clase de trabajos forzados, que incluía la ampliación del perímetro.[23] También la construcción de vallas y carreteras, la demolición de barracones o la reparación de maquinaria agrícola. Estas fueron algunas de las primeras tareas que encomendaron al grupo al que pertenecía Jerzy Bielecki.[24]

Auschwitz, al igual que otros campos de concentración nazis, se construyó con tres propósitos principales:

> El primero, encarcelar por un período indefinido a los enemigos (reales o presuntos) del régimen nazi y de las autoridades de la ocupación alemana en Polonia; el segundo, suministrar mano de obra forzada para las empresas de construcción de las SS (y luego para la producción de armamento y otros elementos bélicos), y el tercero, tener un lugar donde eliminar físicamente a pequeños grupos escogidos de la población, cuya muerte las autoridades de las SS y de la policía consideraban esencial para la seguridad «de la Alemania nazi».[25]

El «Bloque» de la muerte

Los barracones que componían el recinto de Auschwitz no solo sirvieron para hacinar a sus miles de presos en unas condiciones verdaderamente infrahumanas, también se utilizaron como una especie de búnker para realizar toda clase de castigos, vejaciones y asesinatos similares a los que María Mandel aplicaba en Ravensbrück a mujeres que habían cometido delitos políticos, o crímenes de campo, como hablar, mirar a un superior, permanecer en el exterior del barracón sin orden alguna, visitar a los enfermos en la enfermería... , o a las que simplemente tildaba de *Sonderhäftlinge* (prisioneras especiales).[26]

Al principio, aquel refugio se utilizó como lugar de aislamiento y correctivo de las presas, para después transformarse en una especie de mazmorra con fines oscuros, sin mesas ni sillas, ni siquiera camas. Tan solo había un lavabo y un retrete. Las internas que terminaban recluidas allí, permanecían de siete a catorce días y algunas hasta dos meses. Nadie podía entrar salvo la supervisora Mandel y algunas de sus auxiliares y guardianas. Además, cuando las víctimas ingresaban, se les quitaba la ropa y los zapatos, y permanecían completamente desnudas durante todo el confinamiento. Solo las alimentaban dos veces por semana y su dieta se basaba en víveres previamente cocidos o un café con un trozo de pan duro.[27]

En ocasiones, las aberraciones llegaron a ser tan severas que durante tres días las prisioneras no podían comer nada. Entre los castigos más comunes, se encontraba la fustigación y los golpes. Mandel o cualquiera de sus secuaces infligían a cada víctima al menos veinticinco latigazos, para después continuar con cincuenta, setenta y cinco y hasta cien. Una vez terminado el castigo físico, se duchaba a la persona con agua fría y se le sacaba al exterior para dejarla a la intemperie. En invierno, la mayoría morían de hipotermia.[28]

Por otro lado, Auschwitz tenía el temido Bloque 11, también conocido como «el barracón de la muerte», al que ya hemos hecho referencia en el capítulo dedicado a la historia de Helena Citrónová y Franz Wunsch. En él se aplicaron toda clase de castigos, desde encierros en celdas minúsculas sin comida para que los prisioneros murieran de hambre, hasta maltratos físicos en los que los colgaban de una viga, y por supuesto, ejecuciones.[29]

Su creación formaba parte de las estructuras y conceptos básicos que el comandante Höss quería imponer para el correcto funcionamiento de Auschwitz. El Bloque 11 reflejaba la esencia de lo que sucedía tras la alambrada del recinto. No solo se había encargado de instaurar un régimen de brutalidad en el que se impartían castigos de manera arbitraria, sino que consiguió que los reclusos viviesen en un constante miedo a ser ejecutados.

Aquí, la figura del *Kapo*, tan mencionada a lo largo de este libro, fue imprescindible. Presos que se convertían en vigilantes de sus propios compañeros, de los cuales muchos llegaron a ser auténticos asesinos. Una especie de chivos expiatorios de los nazis para mantener el orden dentro de los barracones. Y aunque se beneficiaron de ciertos privilegios gracias a los SS, como mejor comida y ropa, igualmente terminaron siendo asesinados por sus propios carceleros y sustituidos por otros nuevos *Kapos*.[30]

Aquel barracón de ladrillo rojo, similar al resto de los bloques que componían Auschwitz y que hasta 1941 portaba el número 13, «me tenía horrorizado —explicaba el preso político polaco Józef Paczyński y reconocía—: Personalmente, tenía un miedo atroz al Bloque 11».[31]

Si en Ravensbrück, María Mandel fue la encarnación del castigo, «una persona cruel, que golpeaba y maltrataba a los presos a la menor ocasión»,[32] en Auschwitz la brutalidad también tenía nombre y apellidos: el *Kapo* Ernst Krankemann.

Este prisionero llegó al campo el 29 de agosto de 1940, después de haber pasado un tiempo en Sachsenhausen, y aunque algunos oficiales de las SS no le tenían en gran estima y se había ganado a pulso su enemistad, contaba con dos apoyos importantes: el *Lagerführer* (jefe de campo y subordinado inmediato de Höss) Karl Fritsch y del *Rapportführer* (suboficial y ayudante primero del comandante) Palitzsch, por lo que no realizaba trabajo forzado alguno. De hecho, su evidente obesidad demostraba la falta de esfuerzo físico. Se pasaba el día sentado sobre la enorme apisonadora que se utilizaba para alisar el terreno del campamento. Jerzy fue uno de los confinados que conocieron de primera mano las inusuales costumbres del *Kapo*.

> La primera vez que lo vi estaban apisonando la plaza situada entre los dos bloques, y el peso de la máquina era tal que las veinte o veinticinco personas que componían la unidad apenas eran capaces de hacerla avanzar. Krankemann los fustigaba con un látigo mientras gritaba: «¡Más rápido, perros!».[33]

Aquel no fue el único incidente que presenció Bielecki y que tuvo como protagonista a Krankemann. En una ocasión, fue testigo de cómo los reclusos eran obligados a trabajar sin descanso en la nivelación del terreno. Tal era el grado de extenuación que sufrían que uno de ellos terminó desplomándose en medio de la explanada. Como no podía levantarse, el *Kapo* ordenó sin miramientos que el resto de sus compañeros le pasaran la apisonadora por encima. «Yo ya estaba acostumbrado a presenciar toda clase de muertes y apaleamientos; pero lo que vi en aquella ocasión hizo que se me helara la sangre en las venas.»[34]

Nadie recriminó aquella orden a Krankemann. Ninguno de los miembros de las SS que observó la escena reprobó su actitud.

Más bien todo lo contrario. Cada muestra de crueldad era aplaudida activamente.

> Los *Kapos* que mostraban un comportamiento particularmente atroz recibían premios de las SS, como una ración adicional de sopa, pan o cigarros. Yo mismo fui testigo de ello: los soldados los incitaban. A menudo oía a algunos de ellos decir: «¡Dale fuerte!».[35]

Ese no fue el único recuerdo que Bielecki tenía de la brutalidad en el campo. El polaco explicaba que en una ocasión, durante un recuento, un oficial alemán pronunció las siguientes palabras:

> Ustedes, perros, *Polnische Bande* (banda de polacos). Recuerden que este campo alemán no es un spa. Trabajarán aquí el resto de sus vidas. Un prisionero que funcione bien puede vivir aquí durante tres meses, uno sagaz quizá seis meses, los sacerdotes y los judíos durante tres semanas. Pero no olviden que solo hay una salida, a través de la chimenea. Y si no les gusta, pueden ir directamente al Cable [*Kommando* que se dedicaba a excavar trincheras o a atornillar vigas a decenas de metros del suelo].[36]

Las amenazas de muerte surtían efecto, todos temían que los oficiales cumplieran su palabra. Y si no eran ellos, era la misma muerte la que llamaba a la puerta de los prisioneros. El superviviente Pavel Stenkin aún sigue teniendo muy presente su dramática experiencia en Auschwitz:

> La gente moría de hambre, de enfermedades y de palizas. Te ibas a dormir y aún estabas vivo. A la mañana siguiente estabas muerto. Muerte, muerte, muerte... Muerte por la noche, muerte por la mañana, muerte por la tarde. Muerte. Vivíamos con la muerte. ¿Cómo se puede sentir un ser humano?[37]

Castigos extremos

Aunque el *Kapo* Ernst Krankemann se encargó de sembrar el terror entre sus compañeros, el *Untersturmführer* (alférez) Max Grabner tenía el mando del Bloque 11. Esto suponía «quitar el polvo al búnker», es decir, decidir el destino de los reclusos que pasaban por su barracón. La vida y la muerte dependían de su dictamen. Había dos resoluciones posibles: el «veredicto penal», que consistía en una tortura con golpes, azotes, latigazos o cualquier tipo de correctivo físico; y el «veredicto penal 2», es decir, la ejecución inmediata. Si Grabner optaba por esta última sentencia, se conducía a los presos a la planta baja, donde estaban las duchas; se les forzaba a desnudarse, y después se les conducía al único espacio que existía entre los bloques 10 y 11. Era una especie de patio con una «pantalla», una especie de paredón de piedra, donde se procedía a las ejecuciones. Antes de disparar, un *Kapo* los agarraba con fuerza para evitar que escaparan, mientras el oficial les disparaba en la cabeza. La detonación de la bala era mucho menor que en otras circunstancias. Las SS tenían todo bajo control para hacer el menor ruido posible.[38]

El Bloque 11 simbolizaba la tortura, el calvario y los correctivos más dolorosos. Muchos de los que entraban en el barracón de la muerte no salían jamás. Sin embargo, Jerzy sí vivió para contarlo. El «pecado» que lo llevó allí: no acudir al *Kommando* de trabajo porque la extenuación no le permitió levantarse por la mañana. El agotamiento era tal que intentó esconderse en las letrinas. Pero no era un buen lugar, si lo descubrían corría un gran peligro. Así que fingió realizar tareas de limpieza, hasta que un oficial le sorprendió y lo envió al bloque de castigo. Allí le ordenaron subir hasta la buhardilla, donde le esperaba uno de los correctivos más lacerantes.[39]

«Al entrar noté el calor de las tejas. Era un hermoso día de agosto. Dentro percibí cierto hedor y oí a alguien que decía entre gemidos: "¡Jesús, ay Jesús!". Estaba oscuro: no había más luz que la que se colaba entre las tejas.» Fue entonces cuando vio a un hombre con las manos atadas a la espalda y colgado de una viga. En ese instante, supo cuál era el castigo que le esperaba.

El de las SS me acercó un banco y me dijo: «Sube». Coloqué las manos detrás y me las unió con una cadena. Quería colgarme del gancho. Me dijo: «Ponte de puntas». Al final me colgó y derribó el taburete de una patada, sin avisar. Caí con todo mi peso. ¡Jesús, María y José! ¡Sentí un dolor terrible! Los hombros se me separaban de las articulaciones. Los dos brazos se salían de sus articulaciones. Cuando comencé a quejarme, me espetó: «¡Cierra la boca, perro! ¡Tú te lo buscaste! ¡Tienes que sufrir!».[40]

Tras varios minutos en aquella dolorosa postura de descoyuntamiento, Jerzy comenzó a sentir los efectos en su cuerpo:

El sudor, claro, no dejaba de correrme por la nariz. Hacía mucho calor, y yo no dejaba de decir: «¡Mamá!». Pasada una hora, sentí los hombros dislocados. El otro no decía nada. Al rato llegó otro guardia de las SS; se acercó a él y lo soltó. Tenía los ojos cerrados. Yo seguía colgado, sin aliento, casi como si me hubieran arrancado el alma. Sin embargo, llegó a mis oídos algo que estaba diciendo el de las SS: «Solo quince minutos más».

Pasado ese tiempo, el oficial regresó donde estaba Jerzy y le ordenó:

«Levanta las piernas.» [...] Me fue imposible. Entonces me las cogió él, y me las apoyó, primero una y después la otra, en el banco. Luego soltó la cadena, y yo caí de rodillas desde el taburete. Me ayudó a ponerme en pie. Me levantó la mano derecha y dijo: «Sostenla»; pero yo ni siquiera sentía los brazos. Entonces me confió: «Se te pasará de aquí a una hora». Y como pude, bajé las escaleras con el hombre de las SS, un guardia muy compasivo.[41]

Por lo general, la clemencia no era una de las virtudes que caracterizara a los *Kapos* y a los guardias nazis. Los testimonios de supervivientes en juicios como los de Auschwitz, Bergen-Belsen, Ravensbrück, Dachau o Núremberg revelaron la cantidad de injusticias y abusos que se cometieron en los recintos de los campos de concentración. Aun así, Bielecki vivió en carne propia la compasión de uno de ellos, que le libró, seguramente, de la muerte. Como ya dijimos, el prisionero que cruzaba el umbral del Bloque 11 no solía salir con vida. La técnica de luxación de huesos era una de las empleadas por los SS, debido al sufrimiento desgarrador que producía a sus víctimas. Pero había otras como: flagelaciones y latigazos, prenderles fuego utilizando gasolina, ponerles agujas bajo las uñas, marcarles la piel con un hierro candente, emprenderla a golpes, patadas y puñetazos, o pegarles directamente un tiro en la nuca. La vida de un prisionero valía muy poco para los guardias de Auschwitz.

> Uno de sus métodos favoritos, sobre todo durante el invierno, consistía en meter la cabeza del prisionero en la estufa de carbón para arrancarle una confesión, de tal manera que el rostro le quedaba abrasado por completo. [...] Aquel hombre estaba quemado y tenía los ojos calcinados; pero no podía morir. [...] Los de la *Politische Abteilung* [Sección Política] seguían necesitándolo. [...] Falleció varios días después, sin haber llegado a perder el conocimiento hasta el último instante.

Así recuerda el superviviente Bolesław Zbozień la llegada de un recluso del Bloque 11 al hospital del campo.[42]

Planes contra los soviéticos

Los judíos, los polacos, los gitanos y los homosexuales no fueron los únicos blancos de la furia nazi. Los soviéticos también se convirtieron en el blanco perfecto para la *vendetta* alemana. Los nazis odiaban el comunismo y a la Unión Soviética. El desprecio era tal que en la primavera de 1941, Hitler pensó que la mejor idea era invadir el país de Stalin. No era algo nuevo. Había sido un pensamiento recurrente del Führer desde antes de que la Segunda Guerra Mundial se iniciara. Su sueño no era otro que ver desfilar a sus tropas por la plaza Roja de Moscú. Ese sería el fin del Ejército Rojo. En los memorandos nazis se dejaba claro que los soviéticos eran «seres humanos inferiores» y que tras la invasión, los someterían a una hambruna masiva. Se trataría de una guerra de aniquilación.[43]

Una vez que Alemania invadió la Unión Soviética, los nazis capturaron a tres millones de prisioneros. Durante los siguientes nueve meses, dos millones de ellos murieron de hambre. Aquellos políticos, oficiales y comisarios del Ejército Rojo fueron fusilados, y los que intentaron escapar fueron deportados a campos de concentración como el de Auschwitz. El papel del nuevo recinto fue clave para el castigo severo que se les infligió a estos reclusos. A partir de julio de 1942, a algunos se les asignaron trabajos forzados en pozos de grava,[44] mientras que se procedía a la eliminación de otros. Aludiendo a la escena que presenció desde su bloque, Jerzy explicaba:

> Por la noche oí movimiento en el exterior y dije a mis compañeros: «¿Qué pasa? Vamos a echar un vistazo». Entonces nos acercamos a la ventana y vimos a un grupo de gente corriendo totalmente desnuda, entre gritos y gemidos, en dirección al crematorio. Los de las SS también corrían, metralleta en mano. Pudimos observarlo todo gracias a la luz de las lámparas colocadas cerca de la alambrada. Estaba nevando y hacía un frío horrible: debíamos de estar a quince o veinte grados bajo cero. Todos se lamentaban y daban alaridos por causa de la temperatura. Era un sonido imposible de imaginar: yo nunca había oído nada semejante. Así, sin ropa alguna, entraron en la cámara de gas. Ofrecían una imagen diabólica, infernal.[45]

Bielecki no daba crédito a lo que estaba viendo desde el otro lado de la alambrada: «Los capataces de los prisioneros les pegaban sin parar, les daban patadas, bastonazos. Acababan por los suelos. Era una escena macabra. Nunca había visto nada igual, ni lo vi más tarde, aunque estuve en el campo durante mucho más tiempo».[46] Su testimonio también fue clave para conocer hasta qué punto la animadversión de los nazis hacia los soviéticos se tradujo en asesinatos injustificados:

> Vi a un hombre de las SS, un suboficial, que paseaba por la mina de grava con una pistola en la mano. Era sadismo. «¡Perros! ¡Malditos

comunistas! ¡Son unos mierdas!» Decía cosas así de terribles. Y de vez en cuando apuntaba abajo y disparaba: «Pam, pam, pam».[47]

Aunque la mayor preocupación del Tercer Reich siempre fueron los judíos, si encima eran soviéticos, se conjugaba una mezcla que los nazis consideraban de lo más peligrosa. Ya lo decía Hans Friedrich: «Había relaciones entre los judíos y los bolcheviques. Había suficientes pruebas para saber que existían relaciones». Todo ello se fundamentaba en su acérrima creencia de que los judíos habían llevado a cabo una importante conspiración internacional contra ellos, empezando por ser los causantes de la derrota de Alemania en la Primera Guerra Mundial. Para ello, el Ministerio del Reich para la Ilustración Pública y Propaganda (RMVP), con Joseph Goebbels a la cabeza, comenzó a lanzar toda clase de calumnias mediante la emisión en televisión de imágenes de judíos escapando de la guerra, pero con un texto completamente tergiversado de la realidad. La propaganda antisemita decía así:

> Esta es la clase de judíos del Este que han inundado las ciudades de Europa Central y Occidental después de la guerra. Como parásitos, minan la moral de los países que los acogen, amenazando culturas milenarias. Con ellos llega también la delincuencia, la corrupción y el caos.[48]

El granero

Después de ser asignado a distintos *Kommandos* de trabajo, algunos de ellos con jornadas interminables que le dejaban exhausto, Jerzy terminó en el almacén de grano. Esta idea agrícola fue concebida a finales de 1940, cuando Rudolf Höss y Heinrich Himmler se reunieron para poner en marcha diversas empresas que ayudarían a sacar el mejor rendimiento a Auschwitz y tuvieron varias ideas. Una de ellas tenía que ver con su fascinación por la agricultura, algo que siempre tuvieron en común ambos dirigentes.

«Allí se pondría en práctica todo experimento agrícola que fuese necesario. Para ello, deberían construirse gigantescos laboratorios y campos de investigación. Se concedería una gran importancia a la cría de todo tipo de ganado. ... Se drenarían las zonas pantanosas para hacerlas aprovechables» ... Siguió hablando de planificación agrícola hasta los detalles más mínimos, y solo se detuvo cuando su ayudante le recordó que había una persona muy importante esperando a ser recibida desde hacía un buen rato.[49]

El interés por el cultivo de las tierras se materializó en la utilización de confinados para trabajar en grandes granjas, como la experimental de Rajsko. Además, para minas de carbón, canteras de piedra, factorías de pescado o industrias armamentísticas propiedad de las SS. La creación de subcampos en Auschwitz, hasta un total de treinta y nueve entre 1942 y 1944, tuvo dos funciones principales: los denominados «zona de desarrollo» y emplazados en la Alta Silesia al norte y al oeste del río Vístula (Budy, Gleiwitz o Laurahuette) sirvieron como producción o procesamiento de productos agrícolas y dependían administrativamente de Auschwitz-Birkenau; mientras que los de la zona de Moravia (Freudental y Bruenn), se utilizaban para la producción industrial y de armamentos o en industrias de extracción, y obedecían a Auschwitz-Monowitz.[50]

Los confinados designados para estos trabajos tenían que pasar selecciones periódicas para evaluar su condición física. Los visiblemente enfermos o débiles eran trasladados a Birkenau para ser ejecutados. Además, Höss empleó todos los medios humanos necesarios para que sus granjas fructificaran. Para el comandante, aquellas tierras y sus fincas se habían convertido en el símbolo nazi de la grandeza germana frente a las endebles granjas polacas. Y pese a las constantes inundaciones que sufría el terreno, un gran número de reos fueron destinados a llevar a cabo la utopía de Höss y Himmler.

La llegada de Jerzy al granero supuso casi un alivio para el polaco después de haber trabajado en distintos *Kommandos* externos *(Aussenarbeit)*. Aunque la posibilidad de morir durante alguna de las jornadas estaba más que presente. Cuando algún prisionero se atrevía a salir corriendo y traspasar el cordón de seguridad, los guardias de las SS tenían órdenes de disparar para evitar la fuga. En los informes semanales de control que se realizaban, el propio Rudolf Höss aplaudía la acción de sus trabajadores catalogándola como *Belobigung* (elogio).[51]

Gracias a su buen conocimiento del alemán, Bielecki se defendió muy bien en las tareas que le encomendaban en el *Landwirtschaftskommando* (*Kommando* agrícola) de Babice. En este subcampo de Auschwitz, hombres y mujeres, separados por unos alambres de espino, colaboraban en la faena del campo. Había dos graneros, un establo, cobertizos de almacenamiento y otros para los arneses y las sillas de montar.[52]

El responsable del *Kommando* era el *SS-Unterscharführer* (sargento segundo) Paul Messner, un molinero de profesión, con quien Jerzy entabló una buena relación. Fue entonces cuando Jerzy comenzó a cobrar fuerzas y a creer que podría sobrevivir a la vida en el campamento. Le nombraron *Vorarbeiter* (capataz) y su tarea era recibir todo el grano de la granja campesina. Los oficiales de las SS vigilaban todos sus movimientos (y los de su grupo), pero lograron engañarlos hasta tal punto que entregaron alimento a miembros de la resistencia.

Aunque cada saco de grano era pesado y comprobado en cada registro, Jerzy se las ingeniaba para vaciar los llenos, guardar los cereales, verterlos en bolsas vacías, esconderlos y hacer pasar los fardos iniciales como nuevos. Todo ello cuando los SS paraban para almorzar. De este modo, podía tener una mayor ración de alimento para él y sus compañeros, y algo más para entregar a la resistencia. Incluso, algunas cargas lograban pasar más desapercibidas porque en este *Kommando* les entregaban su propia ración de grano, así que en el pantalón podían guardarse una porción más. Al final, el cereal sobrante era utilizado por los prisioneros como una moneda de cambio para obtener más comida, pan, margarina o cigarros.

Una vez registrado y pesado, el *Aussenkommando*,* tenía que limpiar el grano que les llegaba, colocar una parte en el gra-

---

* Grupo de trabajo que trabajaba fuera del campamento durante el día y volvía por la noche.

nero, otra cargarla en los vagones que se enviaban al Reich, y el resto mandarla al molino de Babice para molerlo y sacar tanto harina como forraje para el ganado. Después, la molienda preparada como alimento se remitía a granjas de otros subcampos, como Budy, Harmense, Babice y la piscifactoría de Plawy. Semanalmente, un *Kommando* distinto al agrícola, llamado *Rollwagen* (vagón), transportaban hasta veinte toneladas de forraje.

El agujero en el tablero

Jerzy llevaba tres años en Auschwitz cuando Cyla llegó al campo. Su primer encuentro fue casual. Él trabajaba en el almacén de grano y a ella la habían destinado al mismo lugar para reparar algunos sacos. No podían verse, una separación hecha con tablas impedía cualquier contacto entre hombres y mujeres. Los prisioneros tenían prohibido comunicarse con el sexo contrario.

Pero un día, el polaco abrió la puerta del almacén de forraje y se topó dentro con un grupo de muchachas judías que estaban reparando fardos rotos. La sonrisa de Cyla le llamó la atención. «Me pareció que una de ellas, una mujer bastante morena, me había guiñado el ojo. Fue Cyla, a la que acababan de asignarle la reparación de los sacos de grano.»[53]

A partir de entonces, Jerzy encontró la forma de mantener una conversación con la muchacha y su voz le terminó fascinando. Hablaban a través de la grieta de una de las tablas de madera que los separaban. Ambos sabían que ponían en peligro no solo su trabajo en el *Kommando* sino también sus vidas. Pero con el paso de los meses, la relación de amistad se fue intensificando hasta convertirse en amor.

Jurek, apelativo que utilizaban los amigos de Jerzy para llamarle, y Cyla hablaron de cómo era su vida antes de la guerra, de sus amigos, su infancia, su niñez... Para Jerzy: «Cyla era mi rayo de luz en la realidad del campamento». El contacto físico llegó a producirse gracias a los buenos auspicios de uno de los oficiales de las SS. Bielecki le sobornaba para que les dejaran solos a la hora de comer.

Cada encuentro en el molino fue toda una experiencia para los dos. Jerzy pudo acariciarle el pelo, besarle en la mejilla con ternura, confesarle su amor. Incluso hablaron de sus planes de futuro, cuando la guerra terminara y salieran del campo de concentración. Su intención era casarse en cuanto pudieran salir de allí y vivir juntos para siempre. Aquellos momentos les sirvieron como una pequeña válvula de escape ante tanta atrocidad.

El plan de escape

«Eres la única que queda de tu familia. Así que tal vez pueda salvarte», le decía Jerzy a Cyla. La razón principal de este pensamiento era el miedo que tenía a que un día fueran asesinados. Por un lado, Jerzy se había ganado el respeto de los alemanes —explica su hija Alicja—, al fin y al cabo, había logrado mantenerse vivo durante mucho tiempo. Pero su amada era una recién llegada y temía aún más por su vida. A medida que los alemanes comenzaban a perder el poder en la guerra, los prisioneros que arribaban hasta Auschwitz terminaban directamente en la cámara de gas. La exterminación de judíos se hizo cada vez más rápida.

> Mi padre pensó que Cyla corría un mayor riesgo que él. Así que se concentró en su situación. Decidió trabajar en un plan de escape. Comenzó a reunir piezas de uniforme de los funcionarios alemanes y a buscar un pase de puerta (había diferentes autorizaciones para pasar por las distintas puertas del campamento, dependiendo del día, incluso tenían un color diferente).

Durante las siguientes semanas, el recluso Tadeusz Srogi, número 178, decidió ayudar a su amigo Jerzy para que su plan de huida funcionara. Como trabajaba en la lavandería, tenía acceso a los uniformes de las SS. Fue recopilando distintos fragmentos del rango de *Rottenführer* (cabo primero) para que Bielecki lo reconstruyera y tejer así uno entero. También le consiguió unas botas, una gorra de oficial, una mochila y una funda de pistola.

Lo único que le faltaba para completar el uniforme era el arma. Pero no pudieron conseguir una.

Por último, le proporcionó un pase que había robado a uno de los oficiales y que era imprescindible para salir del campo. También portaba una documentación falsificada que autorizaba al falso guardia Bielecki a trasladar a una prisionera hasta una granja cercana.[54]

> Pero había un problema con el pase. Estaba a nombre del *Rottenführer* Helmuth Stehler, que era muy popular entre los guardias. Así que Jerzy, con goma de borrar y lápiz, cambió el nombre a Steiner. A ello había que sumarle que el pase era verde, y de vez en cuando, el comandante del campo tenía la costumbre de cambiar el color de las autorizaciones, por lo que Jerzy tendría que esperar hasta que el color verde volviera a utilizarse.

Cada vez quedaba menos tiempo para emprender la fuga. Y Cyla, aunque conocía a la perfección todo el plan, se sentía muy asustada e insegura. No estaba muy convencida. De hecho, en un principio, la idea de la fuga se pensó para que participaran otros dos prisioneros más, pero se echaron atrás en el último momento. Creyeron que no tenían posibilidad alguna de éxito. Cyla opinaba lo mismo hasta que su amiga Sonia la animó diciéndole: «Tal vez vivas en libertad solo una semana o dos. Quizás te atrapen, es difícil. Pero cuenta al mundo lo que está sucediendo aquí. Házselo saber a la gente. Que todo el mundo sepa lo que esta gente está haciendo aquí».[55]

Su último encuentro en Auschwitz fue un día antes de poner en marcha el escape. Se encontraron donde siempre, en una de las paredes del molino, y allí Jerzy le informó de lo que ocurriría al día siguiente: «Mañana, un hombre de las SS te llevará para someterte a un interrogatorio policial. Ese hombre de las SS seré yo».[56] Los dos estaban aterrorizados, pero él tenía que mantenerse fuerte y con los nervios templados para lograr pasar desapercibido ante el camarada nazi.

«¡Más rápido!»

Jerzy lo tenía todo listo. Incluso, se había asegurado de llevar en la mochila algo de comida, un suéter y unas botas para Cyla, y también una navaja. Llegado el momento, el polaco se cambió de ropa y a última hora de la tarde, apareció completamente uniformado como un oficial de las SS ante el barracón de la lavandería, donde su amada se encontraba trabajando. En un perfecto alemán exigió al supervisor que liberase a la mujer con la excusa del interrogatorio. El nazi accedió sin titubear y la pareja dirigió sus pasos hacia el largo camino que conducía a la puerta lateral de Birkenau, donde se encontraba la garita de vigilancia.

Otro problema que pudo haber tenido era que tenía el cabello muy corto. Así que, en el momento que tenía que encontrarse con el oficial y saludarle, simplemente levantó su gorra un poco, lo justo para no mostrar el pelo. Además, su uniforme era de un rango más alto, por lo que no tenía que quitársela del todo.

La tensión podía notarse en sus respiraciones. El sudor empapaba la frente de Jerzy y Cyla no podía ni articular palabra. «En cuanto se dirigieron a la puerta, Jerzy estaba temblando como si sus piernas fueran de chicle.»

Al llegar al puesto de control, Jerzy saludó al vigilante con un *«Heil Hitler»* y un leve toque de tacones.

Se suponía que no tenía que ser muy educado con ella. En realidad, a lo largo de todo el camino la empujó y vociferó para no levantar sospechas. Gritaba: «¡Más rápido! ¡Anda más rápido!». Era como una película.

Cuando el guardia oyó el saludo nazi, frunció el ceño y los miró durante un tiempo que a la pareja le pareció eterno. Jerzy le mostró el pase falsificado, el SS lo observó unos segundos y les dejó marchar con un: *«Ja, danke. Weiter machen»* (Sí, gracias. Prosiga). El 21 de julio de 1944, cruzaron la puerta de Auschwitz. Pero con el miedo de la muerte golpeándoles la nuca: «Sentí dolor en la columna vertebral, donde esperaba que me dispararan».[57] Aquellos fueron sus primeros pasos hacia la libertad fuera del campo. La seguridad tardaría en llegar.

Hubo otras parejas que también intentaron escapar de Auschwitz de una forma similar a la de Jerzy y Cyla, pero ninguna lo consiguió. Su plan acabó en tragedia. Como la historia del prisionero polaco Edward Galinski y la judía polaca Mala Zimetbaum, que llegaron a Auschwitz procedentes del campo de Malines, en Bélgica. Por un lado, Galinski le compró un uniforme a un hombre de las SS, y por otro, Zimetbaum obtuvo un pase en blanco, porque trabajaba como intérprete de las SS y tenía acceso a la sala de guardias.

Tan solo tres días después de la huida de Jerzy y Cyla, Galinski se disfrazó de oficial nazi y llevó a Zimetbaum fuera de la zona restringida del campamento. En el punto de control, utilizó el pase falsificado y lograron salir por la puerta. Sin embargo, dos semanas después, una patrulla fronteriza alemana dio con los fugitivos en la región montañosa Beskid Zywiecki. Los trasladaron de nuevo a Auschwitz y tras ser interrogados fueron ejecutados el 15 de septiembre de 1944.[58]

Jerzy y Cyla no corrieron la misma suerte que Galinski y Zimetbaum. Después de alejarse de la garita de vigilancia y comprobar que el guardia continuaba con su rutina, se escondieron entre los arbustos hasta que anocheció. «Avanzar a través de campos y bosques era agotador, especialmente para mí, que no estaba acostumbrada a caminatas tan intensas —relataba Cyla—. Lejos de todo asentamiento, tuvimos que cruzar ríos. Cuando el agua estaba muy alta, Jurek me cargaba hasta la otra orilla.»[59]

A medida que cruzaban la espesura del bosque, tenían que ser más cuidadosos. No era seguro caminar fuera del campo de concentración, porque había puestos de control alemanes por todas partes y podían ser descubiertos rápidamente. Caminaban durante la noche y durante el día, al ser verano, podían esconderse entre los campos de cereales, que estaban bastante crecidos. Allí tomaban algo de agua, e incluso, comían zanahorias o cualquier otra hortaliza que encontraban en los prados.

Hubo un momento en el que se toparon con oficiales de las SS en motocicleta. Pararon, revisaron su documentación y les preguntaron qué estaban haciendo fuera del campo. Pero de algún modo, supieron salir de esa situación.

Sin embargo, el cansancio iba haciendo mella en la pareja. Tras nueve días de travesía, Cyla le rogó que la dejara allí, que se marchara, pero «Jurek no quería oírlo y continuaba repitiendo: "huimos juntos y seguiremos juntos"».[60]

«Entonces, se la puso sobre los hombros y siguió adelante —explica su hija Alicja—. [Jerzy] era un héroe, un hombre muy valiente. Jamás dudó en ayudar a Cyla y a las personas que le rodeaban. Como el episodio en el que escondió en el almacén a unos trabajadores que habían contraído el tifus y los alimentó con el grano de los sacos que iba apartando a escondidas, y gracias a él, al menos dos de ellos consiguieron sobrevivir. Mi padre nunca perdió su humanidad.»

Las nueve noches que permanecieron furtivos y escondiéndose, se sintieron como criminales. No era para menos: decenas de carteles alertaban de que estaban en búsqueda y captura. Por fin llegaron a la pequeña aldea de Przemeczany, cerca de Raclawice, donde se encontraba parte de la familia de Jerzy.[61] Allí estaban su tío, su hermano pequeño y su madre, que pese a alegrarse de ver que estaba vivo, se disgustó mucho cuando su hijo le explicó que quería casarse con una chica judía. Era una devota católica. «¿Cómo vas a vivir? ¿Cómo vas a criar a tus hijos?»,[62] le preguntaba.

La separación

Cuando parecía que Jerzy y Cyla habían superado todos los obstáculos posibles, la historia dio un giro de ciento ochenta grados. Para evitar que las patrullas nazis los descubrieran, Jerzy tomó una decisión que cambió para siempre el rumbo de sus vidas. El joven pidió a su familia que escondiera y protegiera a Cyla, mientras él regresaba al bosque con su hermano para luchar junto a los llamados *partisanos*.*

---

* Según la RAE [guerrillero] que combate a un ejército invasor o apoyado por un gobierno ilegítimo, especialmente referido a los que lucharon durante la Segunda Guerra Mundial contra los ejércitos de ocupación.

Pasaron su última noche juntos, abrazados bajo un peral de un huerto y planeando cómo y dónde se reunirían tras la guerra. Aquel momento se convirtió en su adiós definitivo.

Bielecki emprendió camino hacia las montañas y después se refugió en Cracovia para evitar así ser cazado por los nazis. Y cuando en enero de 1945 las tropas soviéticas pasaron por la ciudad, Jerzy decidió regresar a la granja donde se hallaba Cyla. Pero llegó tarde. Cuatro días tarde.

> Su familia le explicó llorando que Cyla se había marchado, que quería buscar a sus familiares, aunque pensaba que estaban muertos. Y cuando una bomba cayó muy cerca del lugar donde se encontraban, ella decidió que era el momento de marcharse. Intentaron convencerla de muchas maneras... Pero no sé qué pudo pasarle por la mente. La llevaron a la estación de tren en un carruaje con caballos y, como probablemente no tenía mucho dinero, le dieron algo, porque tenía que tomar dos trenes (tenía que viajar desde el sur hacia el noreste, donde estaba su ciudad).

Cyla estaba convencida de que ir a Lomza para reencontrarse con su familia era el mejor plan. Pero la idea de que alguien descubriese que era judía la ponía muy nerviosa. De hecho, durante el trayecto en tren un hombre se percató de que lo era y comenzó a preguntarle.

> Ella le dijo que no, que era una católica polaca, y comenzó a rezar para demostrarlo. La familia que la había protegido [la familia de Jerzy] le había enseñado sus oraciones en polaco por esta razón. [...] Además llevaba algún tipo de documento falso. [...] Pero el hombre no estaba demasiado convencido, así que dijo: «No se preocupe, mi hermano ayuda a gente como usted». Ellos también eran judíos, pero algo distintos.

Cuando Cyla conoció al hermano de aquel muchacho, David Zacharowicz, este le dijo que no regresase a su casa, que se olvidara de buscar a Jerzy o a cualquier otra persona y que se quedara con él. Comenzaron una relación sentimental y finalmente, aquel joven se convirtió en el marido de Cyla.

Según se desarrollaron los acontecimientos, cuando Cyla vio que Jerzy no regresaba tras la liberación de Cracovia y, al no tener noticias suyas, pensó que había muerto. De ahí que renunciara a esperarlo por más tiempo. Pero cuando Jerzy llegó a la granja, no podía creer lo que había ocurrido. Estaba convencido de que se reuniría con su amada y que comenzarían una vida juntos y felices. Sin embargo, rompió a llorar. Cuando se recuperó, tomó la decisión de salir a buscarla.

> Comenzó a buscarla en todas partes, incluso en hospitales. También fue a su ciudad natal, pero no hubo suerte. Su padre había sido alcalde y tenía muchos contactos, que trataron de ayudarle a encontrarla. En una ocasión, un exprisionero le dijo haberla visto en Suecia. Y años más tarde, que había muerto después de la guerra.

Todo fue un cúmulo de malentendidos. Ambos creían que el otro no había sobrevivido tras su momentánea separación. Pero no era así. Cyla se casó con David y el matrimonio dejó Polonia para trasladarse a Suecia, donde la vio aquel superviviente, para posteriormente, cruzar el Atlántico y trasladarse a Estados Unidos. Gracias a la ayuda de un tío de Cyla se instalaron en Nueva York, y David montó un negocio de joyería en Brooklyn, en el que ella también trabajaba.[63]

Mientras tanto, Bielecki continuó su vida en Polonia, se casó en noviembre de 1946 y formó su propia familia. Trabajó como director de una escuela para mecánicos de automóviles y decidió compartir su experiencia en Auschwitz —los cuatro años y cinco meses que estuvo— con otros supervivientes, en centros culturales para judíos, en distintos medios de comunicación, e incluso, en documentales sobre el Holocausto.

Treinta y nueve rosas

Pasaron los años. David murió en 1975, y en 1982, Cyla volvió a tener noticias de Jerzy.

Cyla en una foto familiar.

Cyla estaba en casa hablando con la mujer polaca que limpiaba [en el domicilio]. Le estaba contando cómo este hombre [Jerzy] la había salvado [al huir de Auschwitz] y que le habían dicho que había muerto, cuando la señora de la limpieza le dijo: «No creo que esté muerto. Vi a un hombre contando esa historia en la televisión polaca. Está vivo».[64]

Llamó a la oficina principal que la televisión tenía en Varsovia, les contó todo, encontraron su dirección y llamó a la Policía en Nowy Targ. La policía lo conocía muy bien, así que le dio su número de teléfono de inmediato. Ella llamó y ambos se quedaron conmocionados.

«Oí a alguien riéndose, o llorando, al teléfono y luego una voz femenina que decía: "Juracku, soy yo, tu pequeña Cyla"», relataba emocionado Bielecki en una entrevista para The Associated Press en 2010.

Tras aquella primera conversación en mayo de 1982, Cyla decidió tomar un avión a Cracovia para reunirse con él. Se reencontraron el 8 de junio.

Foto de Jerzy y Cyla en 1998.

Cuando Cyla se bajó del avión, Jerzy la estaba esperando con un ramo de treinta y nueve rosas rojas, una por cada año que habían permanecido separados. «El amor volvió de nuevo»,[65] sintió el polaco.

A partir de entonces, Cyla viajó regularmente a Cracovia para ver a Jerzy. Lo hizo decenas de veces. Visitaron a la familia que los escondió tras su fuga, e incluso, acudieron juntos al monumento de Auschwitz.

> Yo estaba muy enamorado de Cyla, mucho. A veces lloraba después de la guerra porque ella no estaba conmigo. Soñaba con ella por la noche y me despertaba llorando. El destino decidió por nosotros, pero yo habría hecho lo mismo de nuevo.[66]

Sin embargo, la familia de Bielecki vivió aquella situación de una manera muy distinta.

> Si se hubiera casado con ella, no habríamos nacido [sus dos hijas]. Estábamos felices porque al fin se conocieron. Pero infelices por otra razón. Mi padre nunca dejó de buscarla [a Cyla]. En cambio,

ella nunca trató de encontrarlo porque su marido no quería. Lo hizo cuando se quedó viuda. Fue entonces cuando viajó a Cracovia desde Estados Unidos. Mientras tanto, no veíamos a mi madre muy contenta. Aunque, en realidad, nunca le preguntamos cómo se sentía.

Las visitas terminaron cuando Cyla sufrió un ataque al corazón en 1999 y tuvo que dejar de viajar. Sin embargo, continuaron manteniendo el contacto telefónicamente y por carta hasta que murió en 2005. Su hija, Fay Roseman, reconoce que «si no fuese por él [Jerzy], no existiría esta familia».[67]

Justo entre las Naciones

El 27 de junio de 1985, por su labor de ayuda a los judíos durante la ocupación nazi, la institución oficial israelí Yad Vashem le reconoció como uno de los Justos entre las Naciones y recibió la medalla de la Ciudadanía Honoraria del Estado de Israel, en cuya inscripción se puede leer: «Quien salva una sola vida salva un universo entero». Aunque él nunca creyó haber sido un héroe.[68] Recuerda Alicja:

> Era un gran hombre, todo el mundo le conocía en mi pueblo, a todos les caía bien y siempre trataba de encontrar la parte buena de las personas. Como profesor, cuando descubría a algún alumno fumando dentro de la escuela o teniendo un mal comportamiento, nunca lo expulsaba ni tampoco dejaba que otros maestros lo hicieran. Simplemente les pedía que ayudaran haciendo alguna tarea (como limpiar o barrer) y les pedía que no lo hicieran más. Y cuando sacaban malas calificaciones, trataba de ayudarlos. Y en cuanto a nosotras [sus hijas], si teníamos algún problema no acudíamos a nuestra madre. Siempre íbamos con mi padre. Incluso cuando nos habían roto el corazón, siempre hablábamos con él.

Jerzy Bielecki condecorado.

Un segundo encuentro

Durante aquellos años, Jerzy también cofundó la Christian Association of Auschwitz Families, de la que fue presidente honorario. Y en 2006 se convirtió en uno de los treinta y dos supervivientes que se reunieron con el papa Benedicto XVI en el patio del temido Bloque 11 de Auschwitz. En el llamado Muro Negro.[69]

En ese mismo año y antes de su encuentro con el Sumo Pontífice, hubo otro aún más especial para Jerzy: Fay, la hija de Cyla. Tras la muerte de su madre en 2005, la joven necesitaba encontrar respuestas a muchas incógnitas que aquella le había dejado. Su madre apenas le había contado pinceladas de su vida. Nunca hablaba de su pasado y la primera vez que le nombró a Jerzy, fue poco antes de que se reencontraran en 1982.

Fay Roseman, profesora adjunta de educación en la Universidad de Barry (Miami), tenía previsto un viaje con motivo de la

Marcha por la Vida* junto a setenta y cinco de sus alumnos del condado de Broward. Entonces, decidió contactar con Jerzy, para conocer lo que ella describió como «un alma noble». Quería rellenar los espacios en blanco de su historia familiar. A sus cuarenta y ocho años tenía demasiados enigmas por resolver, y aquel hombre, el que salvó a su madre de morir en Auschwitz, podía ofrecerle más respuestas.

Cuando se encontraron en el hotel, ambos se miraron y se perdieron en un abrazo casi eterno. «Me sentí más cerca de mi madre —contaba Fay—. Sentí una conexión con mi madre estando con él. No quería dejarlo ir, y Jerzy también dijo que sentía que mi madre nos estaba mirando, algo que también creo.»[70]

Aquello fue mágico, «algo que solo sucede en las películas», relataba emocionada la hija de Cyla. Al fin y al cabo, «si este hombre no hubiera hecho lo que hizo, yo no estaría aquí. Él salvó una vida y como resultado de su acto altruista y heroico, salvó a toda una familia».[71]

«Era un hombre maravilloso, y le estoy muy agradecida por lo que hizo. Cuando nos encontramos, sentí gratitud y asombro de que alguien hiciera lo que él hizo.»

Fue por amor. El amor fue lo que llevó a Jerzy Bielecki a arriesgar su propia vida por salvar la de su amada. Un sentimiento que, en palabras de su propia hija, Alicja Januchowski, se convierte en el sentimiento más hermoso para mover el mundo.

> Es la cosa más simple pero a la vez más hermosa y correcta de la vida. Comportarte como el mejor ser humano posible con todo el mundo que puedas, seguir tu corazón y ser siempre justo contigo mismo. Respetar y ser servicial. Nunca actuar en contra de la gente, no hacerles daño e intentar protegerlos de la violencia y la guerra.

---

* Programa educativo anual por el que adolescentes judíos de todo el mundo visitan los campos de concentración de Polonia, viajan hasta Israel y exploran los restos del Holocausto.

Jerzy y la hija de Cyla, Fay Roseman se reúnen en Polonia (2005).

Jerzy y la hija de Cyla, Fay Roseman, se abrazan durante su reunión (Polonia, 2005).

Contra la guerra

El 20 de octubre de 2011, a los noventa años, Jerzy Bielecki fallecía en Nowy Targ (al sur de Polonia) rodeado de toda la familia: su mujer, sus dos hijas, cuatro nietos y un biznieto. Pero su hazaña no solo corrió de boca a boca desde Europa hasta Estados Unidos, sino que fue objeto de múltiples entrevistas, documentales, e incluso, el motivo de su propia autobiografía. Ese fue su legado: *Kto ratuje jedno życie (He Who Saves One Life)*, publicado en 1990, y en el que recogía también parte del relato de Cyla Cybulska. La historia de la pareja finalmente fue llevada al cine en 2011, en al largometraje alemán *Die verlorene Zeit (El tiempo perdido)*, dirigido por Anna Justice e interpretado por Alice Dwyer y Mateusz Damięcki. En inglés, la cinta lleva por título *Remembrance*.[72]

Pese a la terrible experiencia vivida, hubo un momento en que Jerzy realmente llegó a perdonar a los nazis por las atrocidades que cometieron. Lo hizo cuando, en alguna de sus visitas a Auschwitz, se reunía con los jóvenes, les contaba su historia y les lanzaba un mensaje: Estar contra la guerra «contra lo que ves aquí» [señalando el campo] y lo que vio en los campamentos. Al cabo de un tiempo llegó a la conclusión de que su voz debía ser escuchada.

Por su parte, Cyla se mantuvo en silencio durante casi cuarenta años. Ni siquiera cuando se reencontró con Jerzy habló públicamente del tiempo que pasó en Auschwitz. Aquella fue la época más trágica de su vida: habían asesinado a toda su familia. «No estoy segura de que el perdón sea posible», afirma su hija Fay.

Setenta y tres años después del fin de la guerra, el mundo sigue siendo testigo de innumerables actos de violencia y odio entre iguales. Por suerte, «todavía hay personas [como Jerzy] que se pondrán en pie, arriesgando sus vidas, y que harán lo correcto».[73]

Dos instantáneas de Jerzy en Auschwitz el 22 de febrero de 2008.

6

MANYA Y MEYER KORENBLIT.
HASTA QUE NOS ENCONTREMOS DE NUEVO

> Hay algo que quiero que me prometas:
> Cuando todo esto haya terminado,
> nos reuniremos en Hrubieszów.
>
> MEYER KORENBLIT

Desde que tenía uso de razón, Michael recuerda unos extraños números de color azul pintados en los antebrazos de sus padres. Era tan solo un niño de seis años cuando, con la curiosidad innata de esa edad, decidió preguntarles por qué llevaban aquellas letras. Manya y Meyer se miraron y se dieron cuenta de que había llegado el momento de explicarle, con todo el tacto del mundo, el horror del Holocausto.

El matrimonio le aclaró que aquellas cifras que les marcaban la piel se llamaban tatuajes, y que las llevaban «porque habían sido encarcelados en campos de concentración durante la Segunda Guerra Mundial». Con calma, aunque tristes, le fueron relatando los acontecimientos que castigaron a sus familias. Los motivos por los que Michael y su hermano Sam solo tenían un tío, una tía y un primo. Algo que siempre impresionó al pequeño durante su infancia.

Las charlas con sus padres sobre aquella época no continuaron. Pero su interés por lo que pasó fue creciendo cada vez más. Aquella historia captó toda su atención y con los años, tanto en la escuela como en la universidad, quiso conocer todos los detalles de cómo Adolf Hitler y los nazis intentaron borrar de un plumazo al pueblo judío. De cómo, durante el período comprendido entre 1939 y 1945, cerca de seis millones de judíos fueron aniquilados sistemáticamente. ¿Y cómo era posible que sus padres hubieran sobrevivido a aquella exterminación? Su historia tenía que salir a la luz, no solo para transmitirla a sus futuros hijos, sino a las próximas generaciones.

La única manera de hacerlo era indagar, estudiar, aprender y escribir lo que pasó. Así es como se forjó *Until we meet again*, un libro biográfico del matrimonio Korenblit, escrito por su hijo mayor, donde explica las experiencias de sus padres durante el Holocausto. Dos años de visitas, preguntas y confidencias, también de lágrimas, recuerdos dramáticos y muerte. «Para mí, ellos y otros supervivientes son la encarnación de las palabras "héroe" y "coraje"», asegura en el prólogo del texto. Y lo más importante: «Mis padres me enseñaron a amar, no a odiar. Me enseñaron acerca de la justicia, no de la venganza [...] Me enseñaron a preocuparme por todos los seres humanos».[1]

Los comienzos

Hrubieszów es una pequeña ciudad del sureste de Polonia, justo al lado de la frontera con la Unión Soviética (ahora la actual Ucrania) y donde el río Bug dividía el país. En ella crecieron Mayorek Korenblit y Matl Nagelsztajn. Mayorek, al que cariñosamente llamaban Meyer, nació el 23 de octubre de 1923 en el seno de una familia dedicada a la agricultura. Su padre, Avrum, era dueño de un par de molinos en la zona, así que todos los campesinos le llevaban el grano para procesarlo. De allí salía la cebada preparada para venderla en el mercado. Pero el pequeño prefería jugar al futbol. De hecho, anteponía su afición al balompié a su asistencia a la escuela hebrea, a sus estudios religiosos o a darle una mano a su padre en el molino. No había otra cosa en el mundo para él. Eso y sus cinco hermanos: Cyvia, Minka, Toba, Motl y Shuyl.

Por su parte, Matl, a la que tras la guerra conocían por el nombre de Manya, nació el 21 de diciembre de 1924, hija de un progenitor muy «habilidoso». Su padre trabajaba de albañil e, incluso, de constructor. No había nada que se le resistiera. Y fue gracias a esa habilidad como logró construir un refugio secreto en su casa cuando los nazis invadieron la villa. En el momento en que los nazis se enteraron de la destreza de Shlomo para reparar toda clase de cosas, le utilizaron para reconstruir oficinas, edificios... Eso sí, la astucia del padre de Matl le llevó a esconderse en los pantalones ladrillos de obra procedentes de los suministros de las tropas alemanas. Aquel robo de material le sirvió para levantar una pared falsa en el sótano de la vivienda y utilizarlo a modo de escondite familiar.

Antes de la invasión nazi, Manya tenía una vida muy normal. Ayudaba a su madre, Mincha, en las tareas de la casa. Al ser la segunda hija mayor de un total de siete hermanos, aprendió a cocinar, a limpiar y a cuidar de sus hermanos más pequeños. Además, acudía a la misma escuela que Meyer. Fue allí donde se conocieron. Tenían unos ocho años cuando se vieron por primera vez. «Si hablabas con mi madre, ella te diría que cuando lo vio por primera vez, supo que esa era la persona con la que quería estar durante el resto de su vida.»[2]

Meyer tardó un poco más en fijarse en Manya y hasta los trece o los catorce años no se convirtieron oficialmente en no-

La familia Korenblit completa. Meyer tenía 15 años.
Hrubieszów, Polonia.

vios. Para entonces, salían a pasear por el parque, los viernes acudían a la sinagoga, pese a que él nunca fue muy religioso, al contrario de la familia de ella, que era muy devota. Y los sábados era su día de fiesta. Se sentían muy felices.

Persecución familiar

Sin embargo, la tranquilidad de Hrubieszów se vio enturbiada en el otoño de 1939 por la invasión alemana de Polonia. El 14 de septiembre, los nazis entraron en la ciudad, implacables, apropiándose de los bienes de los judíos. Tras varios días de ocupación, cedieron el territorio al Ejército Rojo. Los soviéticos permanecieron allí durante, al menos, dos semanas más, hasta que llegaron a un acuerdo y se estableció una nueva frontera. Mientras tanto, los judíos de Hrubieszów, unos siete mil quinientos de una población de quince mil, se enfrentaban a un dilema: permanecer en la Polonia ocupada por los nazis o cruzar la frontera hasta territorio soviético. Muchos emprendieron el viaje, dejando atrás a un país dividido entre el Tercer Reich y la Unión Soviética, pero la mayoría no se movió de sus hogares. Los que se sometieron al yugo del nazismo lo pagaron muy caro, generalmente con la vida. Los más avezados construyeron o buscaron escondites para que sus familias evitaran el peligro de ser detenidos.

Tras la renegociación de la frontera, esta se dispuso en el río Bug, a tres kilómetros al este. Entonces, los alemanes regresaron y tomaron la zona, hasta su liberación, en mayo de 1944, por las tropas soviéticas.[3]

Aquello cambió la vida de Manya y Meyer, que tan solo contaban con catorce y quince años, respectivamente. En diciembre de 1939 lograron salvarse de la primera «marcha de la muerte» hasta el río Bug, donde perecieron mil quinientos judíos. Y a principios de 1940, los nazis desmontaron el gueto judío de Hrubieszów. Las familias de los jóvenes fueron confinadas dentro, cada una en un extremo del recinto y con ninguna libertad de movimientos para caminar por él. Así que a la joven pareja le era casi imposible verse.

A escondidas

Hrubieszów se había dividido. Los judíos fueron apartados de la vida cotidiana de la ciudad, mientras que los polacos católicos aprovecharon la coyuntura para unirse a la causa nazi. Muchos discriminaron y persiguieron al pueblo judío; mientras que otros les ayudaron a esconderse y escapar. Lo hacían por una extraña mezcla entre odio hacia los nazis y simpatía por las víctimas. Sin embargo, todo aquel que los socorriese corría el peligro de recibir un tiro. La advertencia fue publicada en todos los rincones del país. Aquel verano de 1942, las persecuciones fueron interminables y aun así, amigos polacos de las familias Korenblit y Nagelsztajn no cedieron ante esas amenazas.

Durante la primera oleada de deportaciones a campos de concentración que vivió la ciudad, Meyer y su familia lograron salvarse gracias al polaco católico Franiek Gorski, en ese momento jefe de la policía de Hrubieszów y amigo de Avrum Korenblit.

El comisario tenía que seguir las órdenes del Reich. Trabajaba para los nazis, pero su amistad con el padre de Meyer significaba mucho más para él. Fue él quien les avisó de que las SS estaban preparando la deportación y que necesitaban esconderse. Les propuso que fueran al refugio que había estado construyendo durante los últimos meses para ocultar a judíos buscados por los invasores. Era una especie de altillo dentro de su casa. Cuando Avrum se lo comunicó a su mujer y a sus hijos, Meyer solo podía pensar en Manya. Hacía un rato que había estado con ella sin que nadie lo viera, pero tenía que advertirle del peligro que corrían tanto ella como su familia. Gracias a la visita del joven y a su oportuno aviso, tuvieron el tiempo suficiente de bajar al escondite que tenían bajo el sótano de su casa. Esa fue la primera vez que eludieron las deportaciones.

Cuando el peligro pasaba, los habitantes del gueto tenían que enfrentarse a jornadas laborales interminables. Los oficiales de las SS asignaban trabajos forzados a los confinados, y en ocasiones, lejos de sentirse a salvo, algunos de ellos no volvían con vida. A Meyer le ordenaron cuidar de los caballos, los burros y otros animales; alimentarlos y limpiarlos. A Manya le tocaron labores de limpieza.

Pocas semanas después de la primera deportación, los contactos de la familia Korenblit los avisaron que se llevaría a cabo una segunda y que tenían que refugiarse. La primera opción era regresar al ático de Franiek Gorski, pero podía ser peligroso. Era mejor cambiar de lugar.

Gracias a su trabajo en los molinos de su propiedad, Avrum había hecho mucha amistad con polacos cristianos, y en esos momentos, no le defraudaron. Además del jefe de la policía, que se encargaba de la asignación del trabajo a los judíos, algo que benefició a ambas familias fue que el padre de Meyer tenía otro contacto en el gobierno polaco. Se trataba de John Salki, el inspector de carreteras de Hrubieszów, que además de proporcionales información y asistencia, también les dejó un lugar para esconderse. Gracias a él, de nuevo evadieron la amenaza nazi. Incluso, otros amigos como Antonio Tomitzki e Isaac Achler, de la pequeña localidad de Mislavitch (a dieciocho kilómetros de distancia), les habían ofrecido un lugar para quedarse. «Todos eran polacos. Pero más que eso, eran seres humanos que estaban arriesgando su propia seguridad y la de sus familias por ayudar a los judíos.»[4]

No sin Manya

Y llegó la tercera deportación a Hrubieszów. Era octubre de 1942 y tan solo quedaban dos mil judíos en la ciudad. Los nazis estaban preparándolo todo para el traslado de los últimos judíos a Sorbibor, cuando John Salki volvió a ayudar a sus amigos, los Korenblit. En este caso, envió a su hijo Janek, de trece años, hasta el lugar donde se encontraban Avrum y su familia para avisarles del plan que tenían los nazis. Salki sabía perfectamente las consecuencias que esto podía suponer para el adolescente. Escaparse al gueto significaba un grave peligro. Si lo descubrían, podrían acabar matándole. Aun así, el inspector no pudo dejar que sus camaradas fuesen atrapados. Su amistad venía de lejos, de cuando Avrum trabajaba en el molino, así que aquel aviso era algo esencial para ponerlos a salvo. El escondite se lo facilitó otro compañero agricultor, Josef Wisniewski, al que conocía de cuando llevaba a su molino el trigo de su granja para hacer harina.

Pero Meyer, una vez más, no quería marcharse sin Manya o por lo menos sin verla. Sentía que debía ir una vez más. «Papá, tengo que ver a Manya», le dijo a su padre, que intentaba quitárselo de la cabeza. No había tiempo. Pero el joven imploraba: «No puedo irme sin decirle que tenemos un lugar donde escondernos, que estaremos a salvo. Ni siquiera sé si puedo dejarla. Tal vez me esconda en su casa». Avrum se oponía completamente a la idea tan descabellada que se le había ocurrido a su primogénito. «Vendrás con nosotros», gritaba. «Voy por Manya, papá. Tengo que verla. Quiero que esté conmigo. Hay espacio suficiente en nuestro escondite. Voy a buscarla y a llevarla a casa de Josef», replicaba Meyer. No hubo manera de que Avrum le hiciera cambiar de opinión. Así que le hizo prometer que tendría cuidado y que volvería con Manya para encontrarse con ellos o en casa o si ya no estaban, en el granero de Wisniewski. Malka, su madre, contemplaba la escena desde la escalera, en silencio, y antes de que

El granero donde Josef Wisniewski escondió a la familia Korenblit, Manya y Chaim antes de llevarlos al pajar.

pudiera decirle nada, Meyer se despidió: «Volveré, mamá. No te preocupes». Su madre no estaba tan segura de aquello. Creía que aquella vez sí le atraparían.

«Vete con él»

Pese a que conocía perfectamente el kilómetro y medio de camino que separaba su casa de la de Manya, tenía que ser más cuidadoso que nunca. Poco a poco fue pasando las calles, cada uno de los bloques... «Recto, girar a la izquierda, cruzar el callejón, cruzar la calle, pasar la panadería, girar a la derecha, pasar por el zapatero, el sastre, la modista, cruzar la puerta estrecha, pasos...» Al llegar a la casa, los Nagelsztajn ya se disponían a esconderse en la guarida que habían construido bajo el sótano y que los había ocultado en las dos ocasiones anteriores.

«Quiero que vengas a esconderte conmigo —le dijo a Manya, y mirando al resto de la familia, añadió—: Quiero que todos vengan a esconderse conmigo.» Shlomo respondió por todos: «No, hemos estado a salvo dos veces y volveremos a estarlo de nuevo. ¿Por qué no te quedas con nosotros?», le sugirió para evitar que su hija se marchara. Pero Meyer tenía claro que no podía quedarse, si lo hacía, sus padres pensarían que habría muerto. No. «Por favor, ven conmigo», volvió a decirle a su amada.

Manya se encontraba ante un dilema: tenía que elegir entre su familia y la persona a la que tanto amaba y con la que quería pasar el resto de su vida. Si optaba por marcharse con él, sabía que nunca volvería a ver a su madre, a su padre y al resto de sus hermanos y hermanas. Pero también sabía que, si se quedaba, tal vez nunca volvería a ver a su novio. Entonces, sucedió algo «de lo más increíble». Su madre, Mincha, la abrazó y le dijo: «Está bien. Vete con él. Tal vez si estamos separados tengamos una mayor oportunidad de sobrevivir». Aquella mujer, sin saberlo, estaba enviando a su hija a la vida pese a que, a la vez, sabía perfectamente que jamás se reencontrarían.

Antes de marcharse, la pareja le propuso a uno de los hermanos de Manya, Chaim, con el que tenían una estrecha relación, que los acompañara. «Ve con tu hermana —dijo Mincha. Y se despidió de él—: Sé fuerte y cuida de tu hermana. Te quiero.»

Aquella fue la última vez que Manya y Chaim vieron a sus padres y hermanos. Días más tarde, cuando el padre salió del escondite a buscar agua, un cristiano lo reconoció y lo denunció a la Gestapo. Un grupo de oficiales se presentó en la casa, la registraron y encontraron el refugio. Los detuvieron, los condujeron a las afueras del campamento y allí los asesinaron. Posteriormente, los enterraron en una tumba nazi.

Judíos para trabajar

Mientras tanto, los tres jóvenes, ajenos a la suerte que habrían de correr los Nagelsztajn, llegaron a la granja de Josef Wisniewski y se unieron al resto de la familia. En el interior del pajar había cavado un escondite donde podían meterse. Aunque para usar el baño o la ducha, tenían que salir. Eso sí, siempre a primera hora de la mañana o de madrugada para evitar ser descubiertos. En ese tiempo, los tres polacos cristianos amigos de Avrum, John Salki, Franiek Gorski y Josef Wisniewski arriesgaron sus vidas llevándoles comida todas las noches. Así permanecieron unas dos semanas, hasta que el jefe de policía les informó que los nazis ya no estaban buscando judíos para matar, sino que ahora los necesitaban para trabajar en el gueto. Concretamente, para desvalijar todas las casas judías y enviar todos los efectos personales a Alemania. Desde la ropa, las colchas, las fundas de almohada y las ollas, hasta los cuadros, los juguetes y todo lo que pudiera ser embalado.

Para ello, los oficiales de las SS buscaban gente joven. No querían gente mayor ni niños. Los padres y los hermanos de Meyer no cumplían las expectativas, así que el muchacho pensó que sería de más ayuda trabajando en el gueto y viendo las condiciones de vida que había dentro. Por si podían regresar todos juntos.

En los siguientes días, estuvo bajando muebles por las escaleras y metiéndolos en camiones; apilando sartenes, platos, utensilios, lámparas; vaciando cajones de calcetines, ropa interior, camisas, ropa de bebés... No tenía libertad de movimientos. Los nazis los tenían aislados en una pequeña área del gueto, cerca del puente de Zamosc y adyacente al cementerio judío.

Durante aquellas setenta y dos horas, Meyer estudió la situación. Si era bueno o no que su padre se uniese al grupo de trabajo. Si era conveniente que toda la familia saliera de su escondite. Y no era así. El reclamo de «judíos para trabajar» no incluía a personas mayores ni a niños. Así que no pondría en peligro a su familia. Pero Manya, Chaim y Tova (la mejor amiga de Manya) sí que podían acompañarle.

Como Meyer no podía regresar al pajar de Wisniewski, Meyer esperó a que Janek, el hijo de John Salki, apareciera por el gueto para entregar un comunicado oficial. Aunque en realidad, el comisario le envió allí con esa excusa para que hablara con el joven. Durante el encuentro, Meyer le explicó sus intenciones y le trasladó un mensaje a su padre. «Deberían ir a Mislavitch. Allí estarían a salvo.»

Aquella misma noche, Avrum se llevó a parte de su familia lejos de Hrubieszów. Allí dejó a Meyer, Manya y Chaim, a los que jamás volvieron a ver.

El camino hasta la ciudad resultaba muy peligroso, aunque Salki les había pasado información sobre un gueto cercano que aún existía y donde estarían a salvo. Sin embargo, la única forma de desplazarse hasta allí era en tren. Durante una de las paradas, subieron varias personas que reconocieron a Avrum. Eran paisanos y sabían que era judío. Aquello fue su perdición. Los denunciaron a la Gestapo, que viajaba en el convoy, los sacaron fuera y allí mismo los mataron.

Contrabando

La vida en el gueto no podía ser para siempre. Viviendo sometidos, entre calles sin asfaltar, cargando posesiones de otros judíos (seguramente ya muertos) y limpiando para que los nazis pudieran arrasar con todo y enviarlo a Alemania.

Meyer quería ser libre, al igual que Manya, Tova y Chaim. Pero había que encontrar el modo de hacerlo sin acabar con un tiro en la nuca. Korenblit encontró el modo, como siempre. Fue gracias a una mujer cristiana con la que tenía cierta amistad antes de que estallara la guerra. Esta le propuso que robara algunas cosas de las casas que limpiaba, ella se encargaría de venderlas en el mercado negro, para después repartirse los beneficios al cincuenta por ciento. El plan le permitiría obtener el suficiente dinero para comprar documentos falsos para todos y escapar del gueto. Todo fue a la perfección. La mujer logró vender todos los objetos y Meyer ganó bastante dinero. Sin embargo, la avaricia de esa señora acabó con el plan. Como vio que tenía un gran negocio montado decidió que, a partir de ese instante, no compartiría las ganancias con el muchacho. Y para evitarse complicaciones decidió denunciarlo a la Gestapo. Casualmente, mantenía una relación sentimental con el jefe de la Gestapo en la ciudad, después de haberse quedado viuda de un coronel del ejército polaco. El comisario de la policía, su amigo Gorski, avisó a Meyer de la trampa y logró ocultarle fuera de Hrubieszów. Le consiguió documentación falsa, y durante cuatro semanas, Meyer logró despistar a los nazis. Entretanto, Manya robó más objetos para que Salki los vendiera en el mercado negro y así obtener dinero para subsistir. Su idea era que la pareja se reencontrara en el primer escondite donde los Korenblit se ocultaron. Pero no hizo falta. Cuando le informaron que ya no lo buscaban, Meyer regresó a la ciudad. Pero coincidió con la primera selección de judíos desde que comenzaran las nuevas tareas de trabajo en el gueto. La Gestapo había decidido que tenían demasiados judíos para tan poco trabajo y seleccionaron a cien para enviarlos a campos de concentración. La mala suerte quiso que Chaim, el hermano de Manya, fuera uno de ellos. Aquella nueva separación rompió los esquemas de la pareja e hizo tambalear a la joven. Dos meses más tarde y sin previo aviso, seleccionaron a otros cien judíos. Esta vez, les tocó el turno a Meyer, Manya y a su mejor amiga, Tova. Los metieron en unos vagones para ganado rumbo a un lugar desconocido. Durante varios días, el convoy fue recogiendo a más y más gente. Hasta que un día paró. Fuera solo se oía gente gritando. Manya, asustada, no entendía qué era aquella explanada con tantos cientos de personas formando filas de a cinco.

Y por qué unos oficiales uniformados y armados, se paseaban con perros que no hacían más que gruñirles.

Desde la entrada podían ver una gran explanada ocupada por varios edificios, con una plaza en medio y todo ello flanqueado por cuatro torres de vigilancia y un bosque de pinos.[5] Dentro, cientos de personas se agolpaban contra una alambrada.

Cuanto más se aproximaban, mejor podía ver a aquellos individuos que parecían «palos», con los huesos asomando y la piel de un color grisáceo. Acababan de llegar al infierno: Budzyn. Era septiembre de 1943.

> Justo delante se hallaba la puerta de entrada. Una caseta de vigilancia a nuestra derecha, enfrente de un grupo de pinos jóvenes y cepillo, fue el último hito mientras estábamos fuera de las puertas.

En barracones distintos

Este campo de trabajos forzados, situado a unos cinco kilómetros de Krasnik (Polonia), fue creado el 11 de enero de 1942 para encerrar mayoritariamente a los judíos de guetos como Belzyce, Varsovia y Hrubieszów. Durante el período que estuvo operativo, hasta su liberación el 29 de abril de 1945, Budzyn tuvo una población total de unos tres mil judíos, incluyendo 300 mujeres y niños. El complejo militar también comprendía instalaciones industriales, como la fábrica de aviones Heinkel Flugzeugwerke.[6]

Como ocurría en otros campamentos de concentración, los SS de Budzyn también separaban a los hombres de las mujeres en zonas y barracones distintos. Los hombres a la derecha y las mujeres a la izquierda. Manya se resistía a separarse de Meyer, pero los oficiales los empujaron y la situación se volvió muy tensa. Mujeres en el suelo, llorando por separarse de sus seres queridos, mientras los hombres recibían golpes para que continuaran su camino. Ni siquiera los disparos al aire lograban apaciguar los llantos desesperados de los prisioneros.

La selección inicial no había hecho más que comenzar, y la pareja se sentía morir. Les ordenaron desnudarse y quitarse la ropa: «Entrarás en la ducha —gritaba un guardia a Meyer—. Y limpiarás tu sucio cuerpo de judío. Serás rápido. No tenemos tiempo para gente lenta», decía. Después les dieron una camisa, un pantalón a rayas y un par de zapatos de madera. Nada era de su talla. Luego le cortaron el pelo (a Manya se lo harían más adelante en otro campo de concentración). De allí, los enviaron a los barracones. Dentro, el suelo estaba muy sucio y se encontraron con hileras de literas de madera de tres pisos de altura que llenaban las paredes de un extremo a otro. No había colchones. Unas cuantas briznas de paja se utilizaban a modo de jergón. Los prisioneros fueron llegando y tomando sitio en aquel lugar. No había camas para todos, así que tenían que compartir espacio.

Tanto Manya como Meyer hicieron amistad con otros confinados de sus respectivos bloques, que les explicaron cómo sería su vida en el campo: la pésima comida que les darían, la falta de comodidades y de higiene, las larguísimas jornadas laborales con trabajos forzados y los también interminables pases de revista. Los prisioneros novatos eran utilizados como experimentos por los guardias. Durante varias horas los dejaban en el medio de la *Appellplatz*, de pie, para ver quién aguantaba más tiempo sin moverse. Luego les ordenaban hacer abdominales (10, 20, 30, 40, 50, 100), para terminar pateándoles el torso cada vez que subían y bajaban. Otros confinados, en cambio, tenían que hacer lagartijas mientras los guardias se les subían a la espalda. Los abusos físicos intentaban mermar la moral de los recién llegados.

Al tercer día, Meyer pudo ver a Manya. Fue algo inusual. Después de la cena, los oficiales dejaron que los presos disfrutasen de algo de tiempo libre. No había oportunidades como esa todos los días, así que tenía que aprovecharla.

El juramento

La vio a lo lejos, entre una multitud de mujeres. Gritó su nombre y corrieron hasta abrazarse sin medida. Todavía seguían vivos. Estaban viviendo una experiencia similar aunque en barracones distintos. Memorizaron el número de bloque donde se encontraba cada uno y en los siguientes cuatro meses, Meyer arriesgó su vida todos los días para visitar furtivamente a Manya en el campo de mujeres. Se escabullía del barracón, traspasaba la cerca e iba hasta el bloque donde se encontraba su novia. Pasaban juntos la noche, intentando no doblegarse ante el miedo y la incertidumbre. El peligro era continuo, pero Meyer sabía cómo pasar desapercibido. Antes de que amaneciera regresaba a su barracón y llegaba para pasar revista. Era necesario que no faltara para evitar males mayores.

La idea de escapar definitivamente de aquel tremebundo lugar fue una constante desde su llegada. Junto a otros compañeros, pensaron la manera de cortar la alambrada y huir a campo traviesa. Pero cuando se decidieron a hacerlo, otros judíos se les adelantaron y cuando fueron capturados, los colgaron en el centro del campamento a la vista de todos. En ese instante, Meyer se quitó esa idea de la cabeza. Se dedicó a trabajar en la construcción de carreteras, tal y como le ordenaron los nazis, y Manya a recolectar verduras en el *Kommando* agrícola.

Pese a la escasez de alimentos que sufrían los prisioneros, la pareja pudo comer algo más que el resto. Su amiga Tova fue asignada a la cocina, con lo que aparte de la ración de sopa acuosa y el trozo duro de pan que recibían, ella conseguía robar algo de comida extra para compartirla con sus amigos. A veces solo podía tomar algo más de pan; otras, un poco de verdura, pero esa ración extra de comida les daba la fuerza suficiente para enfrentarse a una nueva jornada.

Todas las noches que Manya y Meyer pasaban juntos sin que los nazis lo supieran, hablaban de su futuro y de la vida que tendrían cuando pudieran salir de allí. De hecho, Meyer le hizo prometer a Manya algo que mantuvieron hasta el final: «Hay algo que quiero que me prometas: Cuando esto haya terminado, nos reuniremos en Hrubieszów». «Por supuesto», respondió ella. Sin embargo, un par de semanas después de aquel juramento, los guardias reunieron a un grupo de mujeres —entre las que se encontraba Manya— y los trasladaron a otro campo de concentración. De aquellos encuentros furtivos, la joven quedó embarazada de una niña.

La vida sin Meyer

«Solo podemos seguir viviendo juntos en nuestros corazones, y esperando que algún día podamos caminar de la mano de nuevo»,[7] decía Etty Hillesum en su diario. Esa máxima se convirtió en el lema de Manya que, a partir de entonces, fue trasladada hasta en cuatro ocasiones a otros campamentos, muy lejos de Meyer. Su recorrido comenzó en febrero de 1944.

Mielecz fue el siguiente campo de trabajo donde arribó la joven. Se encontraba en la parte sureste de Polonia, a unos 130 kilómetros al sur de Varsovia y albergaba alrededor de 3.000 prisioneros. Allí fue donde la marcaron por segunda vez. Le tatuaron las siglas K y L en la muñeca: *Konzentrationslager* («campo de concentración»).

Pese a continuar con el embarazo, Manya intentó siempre mantenerse saludable tanto física como emocionalmente. Solo sus compañeras sabían que esperaba un bebé. Nadie más se había dado cuenta de su estado. Gracias a su evidente delgadez por la falta de comida y a llevar los pantalones sueltos, podía disimularlo bien. De no haberlo hecho, los nazis la hubieran matado.

Pero llegó el momento del parto. Manya comenzó a sentir las contracciones durante el pase de revista, aguantó como pudo y al llegar al barracón dio a luz. No estuvo sola en ningún momento, todas sus amigas la acompañaban. Sin embargo, después de toda la noche abrazada a la bebé, esta murió. No pudo hacer nada para reanimarla.

El peligro volvía a cernirse sobre ella. Si los guardias se percataban de que había tenido un bebé, aunque hubiera muerto, ella también moriría. Entonces, varias amigas tomaron a la pequeña y la enterraron lejos del barracón. La única forma que tuvo de decírselo a Meyer fue a través de su diario.

«Me estará esperando»

Su siguiente parada fue Plaszow, un suburbio de Cracovia a ochenta kilómetros al oeste, dirigido por el depravado Amon Goeth, el mismo que aparece en la película *La lista de Schindler*.

«Casi todas las mañanas Goeth se situaba en la terraza de su residencia, cogía un rifle de francotirador y disparaba a cualquier prisionero del campo.» Niños, mujeres y ancianos fueron asesinados de forma indiscriminada. Después del homicidio, el comandante ordenaba que se le entregara la ficha del muerto, que se guardaba en el archivo de la administración del campamento, y mataba a todos sus familiares. Según sus propias palabras, «no quería gente insatisfecha en su campo de concentración».[8]

El conocido como el «carnicero de Plaszow», fue responsable de la muerte de, al menos, unos ocho mil judíos en dicho campo y de otros dos mil en el gueto de Varsovia. El comandante disfrutaba torturando, mutilando y asesinando a judíos con una absoluta sangre fría.[9] Incluso, de haber coincidido en el tiempo, habría matado a una de sus descendientes, Monika Hertwig, alemana y de raza negra, que aseguró, en 2015, encontrarse en estado de asombro desde que se había enterado de su genealogía. *Mi abuelo me habría disparado. Una mujer negra descubre el pasado nazi de su familia*, reza el título del libro.[10]

Durante la estancia de Manya en Plaszow, no tuvo ningún contacto con el comandante o sus secuaces. Por suerte para ella, no sufrió las vejaciones por las que este criminal fue sentenciado a muerte tras el fin de la Segunda Guerra Mundial. Incluso, tuvo noticias de Chaim. Alguien le dijo que había pasado por allí antes que ella. Pero ya se lo habían llevado. No se sabía adónde.

Su día a día tenía un solo objetivo: la supervivencia. Incluso si esta conllevaba que una compañera de barracón le robara uno de sus zapatos. Normalmente dormía con ellos puestos o si no, los utilizaba a modo de almohada. Pero una noche, se olvidó y los dejó al lado de la litera. A la mañana siguiente, le faltaba uno. Logró recuperar el que le faltaba cuando otra reclusa murió en el campamento y le cogió uno de los suyos.

Fue enviada a trabajar a las minas de sal de Wieliczka, a unos trece kilómetros de Plazow. Y hacia finales del verano de 1944, un nuevo destino esperaba a Manya y a su amiga Tova. Se trataba de Auschwitz-Birkenau. Frente a la entrada, tres hombres de las SS comenzaron un nuevo proceso de selección. Separaban a los ancianos de los jóvenes. Y de estos, los que no parecían gozar de buena salud eran enviados automáticamente a las cámaras de gas. Necesitaban personas sanas para trabajar. Así que en el grupo de mujeres donde se encontraba Manya, no dudaron en arreglarse un poco el cabello enmarañado, hidratarse con saliva los labios secos y pellizcarse lo más fuerte que pudieron las mejillas para que estuviesen rosadas. En cuanto vieron a Manya, la hicieron pasar directamente al recinto alambrado, donde le tatuaron en el antebrazo una A junto al número 27327. Si Plaszow le había parecido enorme, Auschwitz «era imposible de describir».

Al llegar a su barracón, el número 15, una mujer les informó del lugar donde se encontraban y lo que ello suponía:

> Es un lugar muy malo. Una parte es el campo de la muerte. El camino por el que llegaron en tren era el camino de la vida, al menos por esta noche. La otra senda iba a las cámaras de gas y al crematorio. Mañana las inspeccionarán de nuevo, y algunas de ustedes no podrán volver aquí. Y aunque lo hagan, ese no es el final. Todos los días hacen selecciones. Todos.[11]

La vida sin Manya

Antes de su separación y durante las continuas escapadas que Meyer realizaba para ver a su novia, estuvo a punto de perder la vida. Una tarde, mientras ambos se encontraban en sus respectivos campos de trabajo, el joven creyó ver a Manya al otro lado de la montaña. Cruzó la carretera y se aproximó a ella. Ella, arrodillada y escarbando para sacar papas, se asustó al ver que alguien se ponía a su lado. «Meyer, ¿qué haces aquí?», gritó. Los guardias o el responsable de la granja podían descubrirlos. Pero nada importaba ya. Ambos hablaron del tiempo que los retendrían allí —quizá un año—, de cómo estarían sus familias que, como ellos, habrían sido separados, de los buenos tiempos de antes de la guerra y del futuro que les esperaría cuando esta terminara. El tiempo transcurrió tan rápido que cuando Meyer se dio cuenta, su grupo de trabajo había regresado al campo. Estaba solo. Si salía corriendo podía ser peor, así que se le ocurrió la idea de camuflarse entre el grupo de mujeres. Cuando llegaron a la puerta, un guardia le miró, lo separó del resto y comenzó a darle latigazos. Meyer cayó al suelo. El oficial profería toda clase de insultos mientras le golpeaba una y otra vez con su látigo. Cada zumbido iba acompañado de un gruñido de dolor. «No creerás que puedes escapar», bramaba. Otro guardia se unió al primero. Le dieron toda clase de golpes y patadas. Un último latigazo en la cabeza dejó a Meyer tan aturdido que no pudo oír que le decían: «¡Levántate!». Pero no oía nada, permanecía medio inconsciente. «Si no te levantas, morirás», chilló el guardia. Al escucharlo, Manya no pudo evitar gritar y pedir que lo dejaran en paz. Quiso ir a ayudarlo, pero no la dejaron. Tenía que levantarse por sí mismo. El joven, con la cara ensangrentada, solo podía arrastrarse. Después de unos interminables minutos, el primer guardia lo llevó ante el supervisor para ver qué hacía con él. Manya se acercó a Meyer y le ayudó a limpiarse con la mano. El SS, al ver aquella escena, los envió de vuelta a sus respectivos barracones pero sin cena.

Durante las siguientes semanas, los amigos de Meyer le ayudaron a curarse rápidamente. Lo llevaban al baño para limpiarle las heridas y enjugarle la sangre con agua fría, le sujetaban durante el camino al campo de trabajo, para después, dejarle que se recostara hasta el final de la jornada. Por su parte, Manya pudo colar en el campo de hombres algo más de comida gracias a que su amiga Tova trabajaba en la cocina. La joven, disimuladamente, se aproximaba a la cerca que separaba ambos campos y fingía que tenía algo en el zapato, o simplemente, dejaba caer algo al suelo. Entonces, alguno de los amigos de Meyer escondía rápidamente el alimento en los pantalones.

Cuando Meyer se recuperó, volvió a las andadas. Continuaron las visitas al barracón de mujeres y la necesidad de permanecer junto a su amada siempre que podía. Tras ese último incidente, fue cuando la pareja se hizo la promesa de reencontrarse en Hrubieszów. Si se separaban, se verían allí.

De Budzyn a Mielecz, Wieliczka y Flossenbürg

Cuando los nazis se llevaron a Manya a Mielecz, no sabía si se quedaría allí o dónde la llevarían después. Casualmente, al poco tiempo de su separación, Meyer fue trasladado hasta ese mismo campo de concentración. Un lugar más pequeño que Buzdyn, pero con las mismas torres de vigilancia, los mismos barracones, las mismas cercas eléctricas, los mismos guardias e idénticas literas. Sin embargo, ninguno de los dos lo sabía. Una alambrada volvía a dividir el recinto en dos, pero en esta ocasión, la pareja desconocía que se encontraban allí a la vez. Meyer fue marcado en la muñeca con la K y la L, al igual que le pasó a Manya.

De allí lo enviaron a otro campamento en Polonia, Wieliczka, a unos ciento treinta kilómetros de Mielecz y cerca de la frontera con Cracovia. Cada traslado seguía una misma rutina:

> Un paseo en camión hasta el tren, horas o días en un convoy, luego desembarcar en una vía muerta, y caminar hasta las puertas del campamento. Al entrar, también era lo mismo: personas con los ojos desorbitados, apretadas contra la alambrada de púas de los recintos interiores, gritando los nombres de seres queridos.[12]

Era el verano de 1944 y Meyer trabajaba durante diez horas al día en las minas de sal. Su misión: sacar los bloques de sal, mientras otros los metían en sacos y los cargaban en pequeños tranvías. Tan solo tenían veinte minutos para comer. La misma sopa acuosa que en otros recintos y con el mismo pedazo de pan seco.

El motivo de tanto traslado era que los nazis habían visto en Manya y Meyer a dos prisioneros de gran fortaleza, y que pese a las pésimas condiciones en las que se encontraban, podían realizar cualquier tarea y en las peores circunstancias. De hecho, mientras que Manya se encontraba en Auschwitz-Birkenau, Meyer fue enviado a otro campo de trabajo: Flossenbürg.

Este nuevo campamento, ubicado en una región montañosa del sur de Alemania, cerca de la frontera checa, tenía la fábrica de aviones Messerschmitt y canteras alemanas de piedra y tierra.

La gran diferencia con respecto a otros complejos en los que había permanecido el joven judío era su crematorio, que funcionaba tanto de día como de noche. Ya desde fuera, Meyer observó gruesas columnas de humo que le parecieron sin sentido. ¿Qué podía necesitar calor si estaban en pleno verano? Con el tiempo supo que los cadáveres de prisioneros eran lo que provocaba aquella inmensa humareda.

Por una ración extra

El recinto se veía más limpio; los jardines, más cuidados; las alambradas, ocultas tras el bosque. Las literas de los barracones estaban cubiertas completamente de paja y no por un poco de heno suelto, y aunque los confinados tenían que compartir cama, solo era entre dos.

Durante sus primeros años, este campo de concentración, que fue inaugurado en mayo de 1938, se destinó a confinar a toda clase de delincuentes reincidentes y personas «asociales». Es decir, a mendigos, prostitutas, homosexuales, alcohólicos, psicópatas, etcétera. Con el tiempo, el complejo también recluyó a presos políticos, soviéticos, polacos, holandeses y alemanes, considerados «traidores». Durante el verano de 1944, Flossenbürg albergó alrededor de diez mil judíos, en su mayoría judíos húngaros y polacos. Y a mediados de enero de 1945 ya contaba con casi cuarenta mil prisioneros, incluidas unas once mil mujeres.[13]

Una vez más, los recién llegados pasaban la selección inicial: inspección, ducha, entrega del uniforme, taza y cuchara, y rapado de la cabeza. Después, la asignación de trabajo, y a comenzar de nuevo en otro sitio distinto pero con la misma rutina.

La primera tarea de Meyer fue en la cantera cargando piedra. Después, lo enviaron al turno de noche a trabajar en la fábrica de aviones, ubicada en la montaña próxima al campo. Llegaban a través de un largo túnel y allí hacían piezas para aviones. Muchos de los presos, y Meyer entre ellos, cuando se percataron de lo que estaban haciendo, boicoteaban las piezas. Si tenían que perforar dieciséis agujeros de una pieza, no perforaban los suficientes, y tampoco apretaban bien los tornillos. Si un avión alemán no funcionaba correctamente, podrían salvar muchas vidas.

Además, Meyer decidió presentarse voluntario para hacer trabajo extra y así tener una ración más de comida. Una de las primeras tareas que le encomendaron fue en la cocina, donde rellenaba con agua los enormes calderos para después elevarlos sobre una estufa de leña. En ella, se cocinaría la comida para internos del campo. Pese a que los guardias tenían la llave del almacén donde se guardaban los alimentos, de vez en cuando, Meyer y alguno de los trabajadores de la cocina robaban zanahorias o alguna hortaliza para poder sobrellevar el exceso de trabajo.

También se ofreció para conducir la vagoneta que tenía que cargar las piedras de la cantera, aunque no entendía claramente las instrucciones del oficial al mando. De hecho, eso y el cansancio acumulado provocaron que tuviera un accidente y destrozara el vagón. Meyer salió ileso del percance, pero los guardias se lo tomaron como una especie de sabotaje y lo llevaron ante el comandante. Michael Korenblit, hijo de la pareja protagonista, relata:

«¿Quién más está involucrado? ¿Por qué trataste de sabotearme? ¿Por qué no intentas explicármelo?», le preguntaba mientras le golpeaban una y otra vez. «Yo no sé nada. No estaba tratando de sabotear nada», replicaba mi padre mientras seguían pegándole. «Lo hice por tener comida extra», acabó diciendo. Y era verdad, él necesitaba algo más de alimento para sobrevivir. Por alguna razón, este coronel nazi, que normalmente terminaba sacando la pistola y disparándole al preso en la cabeza, pidió a los oficiales que dejaran de golpearle y que lo enviaran de vuelta a su barracón. Antes le lanzó una advertencia: «No vuelvas a hacerlo o la próxima vez te dispararemos».[14]

Fue la segunda vez que Meyer estuvo a punto de morir de una paliza. Le costó varios días recuperarse, pero de nuevo, sus amigos le cuidaron para que lo hiciera lo antes posible. Si no se reponía rápidamente, acabaría convertido en humo de crematorio.

La bondad nazi

Pero no todos los nazis fueron atroces con los prisioneros. Durante un tiempo, Meyer se hizo amigo de uno de los guardias, Hans Wagner Gerber, que se preocupó por su situación en el campo, su última paliza debido al accidente con la vagoneta, si su familia vivía, si tenía hambre... Primero, le dio alimento más sólido, como salami y pan del día, para después dejar que se acercara a un manzano a tomar algunas piezas. Meyer no entendía el porqué de aquella bondad. «¿Por qué estás haciendo esto? Ser bueno conmigo, darme comida, tratarme como a un ser humano...», le preguntó el prisionero. El hombre hizo una pausa y le contestó mirándole fijamente a los ojos: «Porque te pareces a mi hijo».[15]

Aquella benevolencia tenía un motivo de peso: su hijo estaba sirviendo en el frente ruso y Meyer le recordaba a él. «Vi sus ojos en los tuyos, su cara en tu cara —continuó—. Solo espero que si algo le ocurriera, alguien hiciera por él lo que yo estoy haciendo por ti.» Meyer agradeció su ayuda, al principio con reticencia, pero después con amistad. «Todavía había un mundo justo fuera del nuestro, algo y alguien todavía puro y entero —decía Primo Levi—, no corrompido ni salvaje, ajeno al odio y al miedo; algo difícilmente definible, una remota posibilidad de bondad, debido a la cual merecía la pena salvarse.»[16] Eso fue lo que Meyer vio en Hans durante su estancia en Flossenbürg. Este hombre, con su afabilidad y generosidad, contribuyó a que tuviese una mejor calidad de vida dentro del campo. De hecho, cuando terminó la guerra, intentó encontrarle pero no lo consiguió.

¿Dónde está Chaim?

Desde que fue deportada, Manya encontró la forma de expresar cómo se sentía. A partir de Budzyn, la muchacha consiguió lápiz y papel, y comenzó a escribir una especie de diario en el que reflejaba lo mucho que extrañaba a su novio y a sus padres y cómo era su vida en el campo. A veces eran frases más largas; otras, unas escuetas palabras. Aquello le ayudó a recordar cosas que, en momentos de trauma como ese, la mente decidía desterrar al olvido.

Pero ¿cómo camuflar esos pequeños trozos de papel sin que las temidas guardianas se dieran cuenta? No podía hacerlo entre el pelo, porque aún no lo tenía lo suficientemente largo, así que hizo dos diminutos agujeros en su vestido y los enrolló con un hilo que había extraído de su chaqueta. Siempre los llevaba consigo.

Sus primeras horas en Auschwitz supusieron toda una conmoción. Los reclusos vivían aún peor que en Meliecz, Plaszow o Wieliczka. Las condiciones eran infrahumanas: sufrían de hambre y por las enfermedades que se propagaban debido a la falta de higiene. Siempre que un convoy arribaba a la plataforma, los cuerpos esqueléticos se agolpaban ante la alambrada, gritando el nombre de sus familiares. Manya lo había aprendido de cada uno de los traslados. Así que momentos antes de entrar al campo, miró hacia el otro lado de la alambrada y al ver a un grupo de hombres judíos, gritó el nombre de su hermano: «Chaim Nagelsztajn». Un hombre le respondió con un «sí». Era un conocido de la familia que sabía dónde estaba su hermano. Desgraciadamente, se lo habían llevado el día anterior y todo apuntaba a que su destino había sido la cámara de gas. La noticia volvió a golpear el corazón de Manya, pero Auschwitz aguardaba y tenía que sobrevivir. Meyer la estaría esperando en Hrubieszów cuando se despertara de aquella pesadilla.

Tras la asignación del barracón y del *Kommando* de trabajo, comenzó sus tareas en una granja recogiendo verduras y papas. Varios meses después, en enero de 1945, una nueva inspección cambiaría su destino. Esa nueva selección era distinta al resto. En esa ocasión, los guardias elegían a las presas observando el estado de sus manos. Manya, junto a otras trescientas, fueron seleccionadas para acudir a un nuevo campo: Lichtenwerden (Checoslovaquia). Allí se dedicarían a trabajar en una fábrica textil, de ahí que necesitaran manos suaves, como las de Manya, para tejer y cortar los hilos.

Sin embargo, sobre su espalda pesaba ya el cansancio, el hambre y las secuelas de los golpes que en una ocasión le propinaron en uno de los campos de concentración. Cada pase de revista era una agonía. Los oficiales de las SS examinaban concienzudamente a las reclusas para encontrar a aquellas que no tenían buen aspecto. Por lo que era imprescindible pellizcarse las mejillas hasta enrojecerlas. A veces lo hacían con tal fuerza que les dolía. Era la mejor forma de que parecieran sanas y permaneciesen así durante las largas horas del reconocimiento. El único recurso para evitar salir por la chimenea.

Adiós a la guerra

Dos meses después de entrar en Flossenbürg, Meyer volvió a ser trasladado de campo. Las siguientes semanas, de enero a marzo de 1945, las pasó en Leitmeritz (Checoslovaquia), después en Mauthausen (Austria) y finalmente en Dachau (Alemania). Al llegar a estas instalaciones, se encontró con una cartel a la entrada que decía: *Arbeit Macht Frei* («El trabajo los hará libres»). Aquello le resonó en la cabeza como un mantra. Cuando sus fuerzas decaían, cuando no tenía suficiente comida, cuando no podía evitar que la angustia le embargara al no saber dónde se encontraba Maya... pensaba: «Aguanta, la guerra termina... El trabajo te hace libre». Aquella promesa ya la había cumplido desde el primer momento en que pisó el primer campo de concentración. Siempre había estado dispuesto a trabajar de sol a sol para conseguir un poco más de sopa o de pan duro. Siempre había mantenido la esperanza de encontrarse con su novia en cada traslado. Siempre había creído que un día saldría vivo de aquel horror. Su salvación fue debida a una mezcla de suerte, esperanza y amor por reunirse con su amada.

Dachau fue el primer campo de concentración creado por los nazis, en marzo de 1933. Su organización, administración, regulación y salvajes prácticas sirvieron de modelo para los que se construyeron después, tanto en Alemania como en el resto de Europa. De hecho, estaba sujeto a las inspecciones de la Cruz Roja. En un primer momento, fue erigido para recluir a prisioneros políticos, tales como comunistas alemanes, socialdemócratas y opositores del Reich. Pero con el tiempo, confinaron a gitanos, homosexuales, «asociales», criminales y testigos de Jehová. También a judíos, sobre todo, cuando se inició su persecución después de la Noche de los Cristales Rotos (noviembre de 1938). Al finalizar la guerra, este recinto contaba con más de sesenta y siete mil prisioneros —entre ellos unos veintidós mil cien judíos—, y más de treinta subcampos, donde los reos trabajaban en fábricas de producción armamentística hasta la muerte. El campo estaba dividido en dos secciones principales: una contenía el área propiamente dicha del campamento, con treinta y dos barracones (uno de ellos estaba dedicado a experimentos médicos, como cámaras de descompresión, pruebas sobre el paludismo y la tuberculosis, ensayos para probar nuevos medicamentos, interrupciones del sangrado, etcétera), y también un grupo de edificios con la cocina, la lavandería, las duchas y los talleres, además de su propia prisión, a la que denominaban búnker. La otra sección era el área de los crematorios, enclavados en una enorme construcción (el campo), rodeada por una valla electrificada de alambre de púas, una zanja y un muro con siete torres de vigilancia.[17]

Cuando a Meyer no lo enviaban a trabajar a cualquiera de las fábricas que componían el campo, le asignaban a las tareas de limpieza. Pero si antes había intentado boicotear la faena, deshaciéndose de la suciedad en alguna rendija del patio, ahora quería tener la sensación del trabajo bien hecho. Creía fervientemente que el lema del campo le ayudaría a sobrevivir.

El último traslado fue a Kaufering, un subcampo de Dachau, a unos sesenta kilómetros de distancia. Allí los reclusos servían como «mano de obra para construir instalaciones subterráneas para la producción de aviones de combate en la zona de Landsberg».[18]

Pero las tropas aliadas comenzaban a hacerse notar en la zona. Se oían explosiones, disparos de pistolas... Cada vez más cerca. Meyer y su grupo de amigos sabían que la guerra estaba en las últimas y que era un buen momento para escapar. Lo hicieron aprovechando que los responsables de Kaurfering los enviaron de vuelta a Dachau en una «marcha de la muerte».

> La segunda noche, mi padre y sus cuatro amigos sabían que iban a morir. Así que intentaron escapar. Esperaron a que los guardias

estuvieran durmiendo y comenzaron a arrastrarse por el suelo... unos cien metros. Entonces, se levantaron y corrieron tan rápido como pudieron. Finalmente, llegaron a un granero, entraron totalmente exhaustos y se quedaron dormidos. A la mañana siguiente oyeron la sirena de los nazis en el aparcamiento y decidieron esconderse bajo una montaña de heno.

El granjero alemán entró en el granero y comenzó a remover la pila de hierba con la horqueta, con tan mala suerte que se la clavó en la pierna a uno de los jóvenes. El grito le asustó. Así que todos salieron de debajo del heno, y le explicaron que eran judíos y que habían escapado de una «marcha de la muerte». En ese momento, el granjero entendió por qué había una patrulla en su terreno con perros olfateándolo todo. «Quédense aquí por ahora —les dijo— Intentaré mantenerlos alejados.»

Parte del grupo desconfiaba del alemán. Creía que los delataría. Pero al rato, apareció solo, y con agua y una cesta llena de fruta, pan, huevos y pollo. El agricultor les informó que la patrulla nazi continuaba buscándolos y que no podían quedarse allí durante mucho más tiempo. Si lo hacían, acabarían matando a toda su familia.

Pasaron la noche en vela haciendo turnos para vigilar, y a la mañana siguiente comenzaron a discutir el plan de escape.

Un sonido de motores los sobresaltó. Uno de los amigos se acercó a la puerta y comenzó a llorar. No podía hablar. Cuando Meyer miró hacia fuera y vio una bandera de color azul, blanco y rojo con estrellas y rayas, las lágrimas le empezaron a caer por las mejillas y, sonriendo, dijo: «Son los americanos. Somos libres». Meyer tenía veintiún años y apenas pesaba treinta y dos kilos.

Volver a casa

Con la llegada de la primavera, los prisioneros de Lichtenwerden se sentían aún más débiles y enfermos. Se habían reducido las selecciones sistemáticas, y por tanto, los asesinatos, pero la rutina en los *Kommandos* de trabajo no cesaba. Una noche, justo antes de dormir, el silencio del barracón se quebró. Oyeron el sonido de aviones, explosiones, fuego de ametralladoras. Manya y el resto de las internas se pusieron a salvo bajo las literas, pensando que los disparos las matarían. Pero con el paso de los minutos, se percataron de que las balas estallaban en dirección contraria. Así permanecieron toda la noche, hasta que por la mañana, varias personas uniformadas y con el arma en la mano entraron en el barracón y gritaron: «¡Son libres!». Pero nadie se movía. «¡Son libres!», repetían. Eran soldados rusos. Las tropas aliadas acababan de liberar el campo. «¿Qué deberíamos hacer?», se preguntó Manya. «Volver a casa», le respondió su amiga Tova. Manya tenía veinte años y pesaba poco más de veintinueve kilos. Pero también había sobrevivido.

Las tropas soviéticas ayudaron a los presos, dándoles comida y ropa limpia. Aunque lo primero que estas jóvenes hicieron al llegar a la ciudad fue darse un baño. Después de tres años, necesitaban sentir el agua caliente limpiándoles la suciedad que tenían incrustada en la piel.

El milagro

Durante el camino de regreso a su ciudad, Manya solo oía a Meyer diciéndole: «Hay algo que quiero que me prometas: Cuando todo esto haya terminado, nos reuniremos en Hrubieszów». Al llegar allí en tren, la ciudad parecía la misma que cuando se marcharon. Pero su casa había desaparecido, y tampoco estaban sus padres ni sus hermanos esperándola. Ni el comisario Gorski, ni Josef Wisniewski, ni siquiera Meyer. «Esperaba que tal vez todo fuera un mal sueño, que todos estuvieran allí, la casa, la familia, todo el mundo, mirando a través de la ventana esperándome a mí. Pero no sucedió así. No había nadie»,[19] recordaba.

Mientras tanto, los estadounidenses habían llevado a Meyer y a sus amigos a la ciudad alemana de Eggenfelden, donde recibieron atención médica. Les dieron de comer, ropa limpia y un lugar donde dormir. Sabía lo afortunado que era de seguir vivo y quería volver a Hrubieszów para reunirse con su novia, pero aún

Manya y Meyer el día de su boda en Eggenfelden, Alemania, marzo de 1946.

estaba demasiado débil para viajar. Y tenía miedo. Miedo de llegar allí y que ella no hubiera sobrevivido. Cuando se enteró de que Manya había estado en Auschwitz, creyó que habría muerto. «Sabía que estaba muerta al noventa y nueve por ciento... Quienquiera que hubiera estado en Auschwitz...»

Cuando se repuso, decidió mudarse a Múnich para emprender una nueva vida. Al poco de llegar allí, se encontró con un conocido de Hrubieszów que le contó que Manya y Tova estaban vivas y que se hallaban en la ciudad, en casa de Motl Reese. ¡Y Meyer pensando que regresar solo le traería malos recuerdos!

El joven tardó varias semanas en llegar a Polonia, porque esta se encontraba bajo el mando comunista. Necesitó un permiso de las autoridades norteamericanas para que le dejaran pasar.

Arribó un día caluroso de agosto, mientras Manya estaba cocinando. Cuando él gritó su nombre, ella salió a recibirle. Se miraron y se abrazaron más y más fuerte. «Sabía que volverías», repetía Manya. No podían hablar, las lágrimas de alegría colmaban el momento. Después de tanto tiempo, sin saber si el otro había muerto, al fin, podían estar juntos de nuevo. Era un milagro.

Manya y Meyer con su primer hijo Sammy.
Eggenfeldon, Alemania, septiembre de 1947.

«Fue como si hubieran nacido de nuevo», explica emocionado su hijo Michael.

Manya y Meyer se casaron en enero de 1946, en Eggenfelden, al este de Alemania, en presencia de los amigos que los habían acompañado durante su estancia en los diversos campos de concentración. Y el 18 de julio de 1947 tuvieron a su primer hijo: Sammy. Permanecieron en Alemania al menos cuatro años y medio y en 1956 emigraron a Estados Unidos.

Primero estuvieron en Chicago, para después tomar un tren que los conduciría hasta la ciudad de Ponca City (Oklahoma), donde había una pequeña comunidad judía. Su segundo hijo, Michael, nació el 30 de julio de 1951. Durante los siguientes años, la pareja aprendió inglés y consiguió montar su propio negocio, un *drive-in restaurant* llamado Dixie Dog. Cuando Michael entró en la universidad dejaron ese negocio, y Meyer trabajó como capataz en un negocio petrolero.

Fueron pasando los años, Michael y Sam formaron sus propias familias, y Manya y Meyer pudieron disfrutar de cinco nietos.

El tercer milagro

La historia de Manya y Meyer Korenblit puede resumirse en dos milagros. El primero, haber sobrevivido. Y el segundo, haberse reencontrado tras la guerra, a lo que se une casarse y emigrar a Estados Unidos para emprender una nueva vida. Sin embargo, hay un tercer milagro que tardó treinta y nueve años en producirse.

Cuando Michael conoció a su mujer, Joan, esta le animó a que profundizase en los detalles de la experiencia de sus padres en la Segunda Guerra Mundial. Incluso, a que escribiera un libro sobre el tema. Una editorial se interesó por la historia y pusieron manos a la obra. El joven mantuvo largas conversaciones con sus padres, pero era necesario hablar con aquellos familiares y amigos que también habían sobrevivido.

En 1981 Michael, Manya y Joan viajaron a Jerusalén para asistir a la primera Reunión Mundial de supervivientes judíos del Holocausto, en la que estaría la mejor amiga de Manya, Tova.

Tras la creación del Estado de Israel, su grupo de amigas había decidido emigrar allí. Habían pasado treinta y un años desde que se vieron por última vez.

No fue su única visita a Israel. Incluso pudo ir Meyer. De nuevo, vieron a Tova, pero también a otros familiares del matrimonio. Sobre todo, a primos y primas. Gracias a uno de ellos que vivía en Haifa, se enteraron de que Chaim había escrito una carta en 1947. Estaba vivo. Manya había creído todo ese tiempo que su hermano había muerto en la cámara de gas de Auschwitz. La carta tenía treinta y nueve años y se había enviado desde Escocia. En cuanto Michael se enteró de la noticia, comenzó la búsqueda. Contactaron con la embajada británica en Washington, pero en los listados telefónicos de las grandes ciudades de Escocia, Gran Bretaña, Irlanda o Gales no encontraron a nadie con el nombre de Chaim Nagelsztajn.

Al revisar de nuevo la carta, Michael se percató de que había una palabra del texto que no habían entendido bien: «Newcastle upon Tyne». Esa era la ciudad inglesa desde donde Chaim había enviado la misiva. Y tenía timbres de Escocia porque la ciudad se halla justo en la frontera de Escocia e Inglaterra. Al mirar en el directorio de esa localidad, encontró un teléfono y llamó.

«Será mejor que se siente, porque lo que le voy a decir le impactará —sugirió Michael a su interlocutor—. Mi nombre es Mike Korenblit. Mi madre es Manya.» El hombre que escuchaba al otro lado no entendía nada. Manya empezó a usar ese nombre al terminar la guerra, pero en polaco era Matl. Así que cuando Chaim le preguntó si se refería a ese nombre, Michael le dijo que ella estaba viva y que él era su hijo. «¿Está viva? —gritó el hombre— ¿Mi hermana está viva?» No podía creer que aquella llamada tan extraña fuera en serio. Así que Michael le relató un suceso que solo conocían Manya, Meyer y él: la noche en que sus familias se reunieron y se escondieron en un pajar para evitar la deportación. Cuatro días después, los hermanos se reencontraron en el aeropuerto de Newcastle.

«Mi mamá bajó las escaleras de la línea aérea de British Airways [...] y por primera vez en treinta y nueve años, vio y tocó a su hermano.»

Querida hermana

Durante su estancia en el campo de concentración de Auschwitz, Chaim había trabajado junto al campo de mujeres. No había día que no preguntara si habían visto a su Matl (Manya) Nagelsztajn. Pero nadie la conocía. Al poco tiempo, los evacuaron y emprendieron una «marcha de la muerte» hasta Dachau. Allí vivió su liberación. Pero antes de aquello, las penurias que padeció le llevaron a contraer tifus y a caer exhausto de hambre y cansancio. Uno de sus recuerdos tiene que ver con una visión de su madre diciéndole: «Chaim, no te preocupes, sobrevivirás a esto».[20] Lo hizo gracias a las tropas estadounidenses. En aquel momento tenía dieciocho años y pesaba veinticinco kilos.

Meyer y Manya en el edificio donde celebraron su matrimonio civil (Eggenfeldon, Alemania).

Una vez recuperado tuvo dos opciones: regresar a Polonia o emigrar a Inglaterra. Los británicos habían bloqueado Palestina,* así que la única salida posible era permanecer en un campo de refugiados. Aquello fue la gota que colmó el vaso. Chaim no estaba dispuesto a volver a ningún campamento. Se marchó a Inglaterra, desde donde escribió a su primo en Palestina.

Como no sabía su apellido, envió la carta a nombre del magistrado de Haifa, contándole lo sucedido. Este se la entregó a su familiar. En ella, Chaim preguntaba si alguien de su familia estaba vivo. La respuesta que obtuvo fue que no habían tenido noticias de nadie. Hasta que en enero de 1982, Michael le llamó por teléfono diciéndole: «Soy tu sobrino». Durante los siguientes cincuenta y seis minutos, tío y sobrino no habían hecho más que llorar.

«Nunca pensé que volvería a verlo [...]. Pensé que se lo habían llevado a la cámara de gas o a los hornos —contaba Manya en una entrevista—. No creí que alguien hubiera sobrevivido... Supuse que era la única que vivía.»[21]

Después de su primer encuentro, ambos hermanos se vieron en muchas ocasiones, tanto en Inglaterra como en Estados Unidos, y también con sus respectivas familias; mantuvieron largas conversaciones por teléfono, e incluso Chaim no dudaba en tomar papel y pluma y escribirle: «Querida hermana...». Habían recuperado el tiempo perdido y sentían el *Kvell*,** esa forma inexplicable de «dibujar la alegría con solo una mirada».

A partir de 2008, esta historia fue tocando a su fin. La muerte de Manya, el 25 de abril, fue un duro golpe, pero no el último. Después vino la de Chaim, en 2010, y por último, la de Meyer, el 19 de junio de 2012. Durante todos aquellos años, los tres pro-

---

* Después de la Primera Guerra Mundial, la Sociedad de Naciones asignó al Reino Unido el mandato sobre Palestina. Y durante la Segunda Guerra Mundial, el Reino Unido bloqueó las inmigraciones a Palestina. Hay que recordar que el Reino Unido recurrió a las Naciones Unidas, que, en la reunión del 29 de noviembre de 1947, decidieron la partición de Palestina en dos Estados, uno árabe y otro judío, quedando Jerusalén bajo la administración de las Naciones Unidas. Poco después, los británicos se marcharon de Palestina.
** Concepto yiddish que significa «estar extraordinariamente satisfecho», expresa orgullo.

tagonistas recordaron con cariño a los amigos que los ayudaron a esconderse, y a los desconocidos que los animaron a no decaer y los salvaron de la muerte.

Tanto Manya como Meyer, nunca culparon a todos los nazis ni a todos los católicos de sus suplicios. Entendieron que no todos eran iguales, como así lo demostraron hombres como Hans-Wagner Gerber, John Salki, Franiek Gorski o Josef Wisniewski.

La historia de esta pareja, que pudo estar unida durante sesenta y dos años, fue posible por tres milagros que ocurrieron gracias a la amistad, el amor y la esperanza.

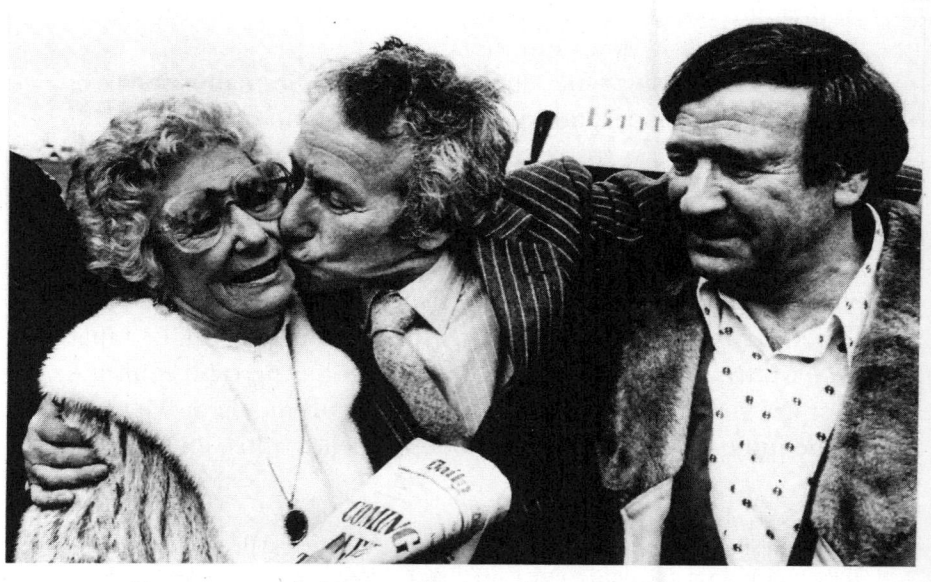

Reencuentro de Manya, Chaim y Meyer en el aeropuerto de Newcastle después de 30 años (30 de enero de 1982).

7

HOWARD Y NANCY KLEINBERG. UN AMOR ENTRE RUINAS

> No, no está muerto, está bien, aún tiene luz en los ojos...
> Si lo dejamos aquí, morirá. Lo salvaré.
>
> Nancy Kleinberg

Wierzbnik no era más que un pequeño pueblo en el centro de Polonia a ciento cincuenta kilómetros al sur de Varsovia, sin grandes edificios, ni agua corriente o un retrete interior. La electricidad fue instalada poco antes del estallido de la Segunda Guerra Mundial y las calles no estaban asfaltadas. Sus habitantes vivían en casas de madera tradicionales. Y su rutina se extendía en el valle del río Kamienna, rodeada de pastos, bosques, lagos y arroyos, que le aportaban un aspecto «maravillosamente limpio».[1]

Unos tres mil judíos habitaban en Wierzbnik en 1939, ocupando oficios tradicionales como: herreros, carpinteros, tapiceros, sastres, ganaderos, zapateros, sombrereros, carniceros, panaderos o pequeños comerciantes. Aquella «pequeña mancha en el mapa [...] era todo mi mundo».[2] El mismo mundo que el de Howard y Nancy, los protagonistas de esta historia, que antes de la Segunda Guerra Mundial disfrutaban de una «bonita vida judía».[3]

El 3 de mayo de 1925 nació Howard Kleinberg en la citada localidad, ahora conocida como Wierzbica. Era el más pequeño de diez hermanos. Aunque la muerte de su hermano mayor, cuando él era solo un bebé, fue una tragedia que marcó a todo el clan. Parece ser que sufrió un ataque al corazón mientras jugaba al fútbol.

Howard recuerda que, cuando él tenía tres años, un tío suyo, que vivía en Estados Unidos, insistió a sus padres para que emigraran a ese país. Pese a hacer todo lo posible por patrocinarlos y que consiguiesen la documentación necesaria para salir de Polonia, la inmigración era demasiado estricta en aquella época. Corría el año 1928, y este familiar les aconsejó finalmente que cambiaran el destino y viajaran hasta Toronto (Canadá).

Con los papeles en regla, los once miembros de la familia se presentaron en el departamento de inmigración polaco. La madre y los nueve hijos fueron aceptados, pero no así el padre. Le rechazaron al no superar la prueba del peso. Estaba demasiado delgado y temían que se hubiera contagiado del brote de tuberculosis que azotaba el país.

La opción que les dieron fue que su madre se llevara a todos los niños a Canadá hasta que el padre se recuperara. Pero la mujer no quiso dejarlo solo, así que mandó a sus cuatro hijos mayores, dos niños y dos niñas, y regresó a Wierzbnik con los otros cinco hermanos, incluido Howard, y su marido, para comenzar su vida de nuevo.

«De la familia, nadie sobrevivió excepto yo»,[4] me explica con tristeza Howard.

Una aparente normalidad

La región donde se levantaba Wierzbnik era rica en madera, depósitos de mineral y arcilla, y la población más cercana, Starachowice, a menos de dos kilómetros, era una pequeña ciudad industrial con una fábrica de municiones propiedad del gobierno. La comunidad judía organizaba su ritmo familiar en torno a su calendario religioso, hablaban *yiddish*, las madres trabajaban tanto en casa como en el negocio familiar y los niños asistían a la escuela pública por la mañana y por la tarde a clase de religión. Tenían una importante sinagoga, un teatro y desarrollaban toda clase de ayudas sociales. Wierzbnik «era una ciudad de artesanos, comerciantes y trabajadores de las empresas madereras judías, pero no un proletariado de fábrica judío, ya que los judíos no eran contratados en las fábricas de Starachowice».[5]

Sin embargo, aquella vida aparentemente idílica chocaba directamente con un factor clave que se acrecentó con el nombramiento de Adolf Hitler como canciller del Tercer Reich: el antisemitismo. De las 14.500 personas que conformaban la población total de Wierzbnik en 1939, 3.880 eran judíos.[6] Existía una aparente normalidad en la convivencia entre polacos católicos y polacos judíos. Mientras que algunos supervivientes aseguran que los primeros se mostraron leales a los segundos, personas como Howard dejan claro que su infancia estuvo marcada por un odio acérrimo hacia su religión. «Tuvimos una vida hermosa ... excepto por tener polacos alrededor, lo que fue muy desagradable»,[7] decía con amargura la superviviente Gloria Borenstein.Esta mujer describió a los polacos como «maleducados», «borrachos» y «repugnantes».

La familia Howard. Sus padres, Tzvi y Sima Kleinberg, con sus 10 hijos, antes de la guerra, hacia 1929–1930. Howard está sentado en el regazo de su padre.

Tradiciones judías

El primer día de escuela siempre se recuerda como uno de los más especiales de la niñez. Para Howard, el inicio de las clases era una forma de sentirse un poco mayor. Y con cinco años, esperaba entusiasta aquel momento. Llegó bien vestido, con «ropa especial» y «me veía muy lindo». En un momento del día, los profesores dividieron a la clase en dos: por un lado los niños judíos y por otro, los polacos. Era la hora de la instrucción religiosa. Así que el primer grupo se trasladó a otra aula donde una mujer les contaba historias de la Biblia, mientras que en otra un sacerdote adoctrinaba a los pequeños católicos en el odio a los judíos.

> Después de esta clase, los niños cristianos nos golpeaban con crueldad. Te puedes imaginar, con tan solo cinco años y con toda mi ropa nueva desgarrada y ensangrentada. Esta fue mi primera experiencia real de antisemitismo.

Desde entonces, Howard siempre supo encontrar un aspecto positivo a este tipo de situaciones. «El lado bueno de experimentar antisemitismo a una edad tan temprana es que me enseñó a ser astuto e ingenioso para sobrevivir.»

Su infancia transcurría entre la escuela, el *Cheder*,* el fútbol y el *Sabbat*. Durante la noche del viernes, Howard y sus amigos recorrían unos quinientos metros hasta llegar al bosque y cantaban canciones sobre Palestina. «Incluso entonces, soñábamos con escapar del antisemitismo.»

La «iglesia antisemita», como la denomina el protagonista, fue un elemento clave en esta pequeña ciudad de Polonia, porque si un judío quería abrir una tienda, necesitaba obtener su permiso. De hecho, cuando el Pesaj** coincidía con la Pascua cristiana, ese antisemitismo aumentaba exponencialmente. También du-

---

* Escuela tradicional de enseñanza de los fundamentos del Judaísmo y el idioma hebreo.
** También conocida como «Pascua hebrea», festividad judía que conmemora la liberación del pueblo hebreo de la esclavitud de Egipto y que se celebra en el día 15 del mes hebreo de Nisán. Dura siete días.

rante la época navideña, cuando los polacos ponían en marcha una serie de boicots a las tiendas y almacenes judíos para impedir que los clientes entraran.[8]

La comunidad judía también tenía miedo a las bandas errantes antisemitas durante el Sucot,* otra festividad judía, también denominada «Fiesta de las Cabañas», que se celebra del 15 al 22 de Tishrei, entre los meses de septiembre y octubre. Aquellas tradiciones judías eran vistas con recelo por los polacos católicos, que desde pequeños habían sido criados en el odio a los judíos. Y su aversión se disparó cuando la guerra comenzó y los alemanes invadieron Polonia.

La estrella de David

La ocupación provocó que los judíos huyeran víctimas del pánico a un bombardeo inminente y a los nazis. Muchos escaparon hasta territorio ocupado por los soviéticos, pero la mayoría se refugiaron en otras ciudades donde tenían familiares o amigos. Cuando Wierzbnik dejó de ser un objetivo militar y los alemanes ocuparon la urbe, la gran mayoría de los judíos regresaron a sus casas. En parte, también para comprobar que sus bienes seguían intactos.[9]

«La bondad se castigaba con la muerte —explicaba Howard a un grupo de alumnos judíos en 2013—. Y cuando los judíos se marcharon, los polacos se quedaron con todas las casas judías, además de sus pertenencias. Pero nadie puede juzgar a los polacos por lo que hicieron, con tanta muerte y amenazas en todas partes. Sería inexplicable e imposible de imaginar que se hubieran comportado de una manera distinta.»[10]

Con el estallido de la guerra, el mundo de Howard cambió por completo. «Se convirtió en una pesadilla, porque trajo consigo severas restricciones para los judíos, que nos hacían la vida imposible. Como los brazaletes amarillos...»

---

* Una de las festividades más importantes del judaísmo, por ser una de las tres fiestas de peregrinación basadas en la Biblia y que rememora las vicisitudes del pueblo judío en su deambular por el desierto durante cuarenta años.

Howard Kleinberg en 1946.

Con la invasión de Polonia y la llegada de los nazis a la región, la comunidad judía de Wierzbnik tuvo que seguir una serie de directrices que cambiaban casi cada día. Las consecuencias, si no las seguían estrictamente, eran trágicas. «Cada cinco minutos había una nueva ley»,[11] explicaba un superviviente, y cada nuevo decreto que promulgaban «conducía al completo caos».[12] Uno de ellos fue la prohibición a los niños judíos de ir a la escuela, algo básico para la cultura judía y que interrumpió su vida familiar. Además, los nazis impusieron el toque de queda a partir de las seis de la tarde. No podían tener radio, ni utilizar el transporte público, tampoco caminar por la acera sino por la calle. Tenían que quitarse el sombrero para saludar a los soldados alemanes y no podían impedir que saquearan sus hogares o negocios.[13]

Asimismo, encontraron la forma de crear más inquietud entre los propios judíos. Para que se cumplieran sus órdenes, los nazis utilizaron a quienes antes de la guerra tenían un rango superior en la jerarquía de su comunidad. Los nombraron *Kapos*, y estos eran los responsables de que tanto las ordenanzas nazis como el nuevo sistema laboral impuesto terminaran implementándose sin problema alguno. Había mucho por hacer en Wierzbnik y la mano de obra era esencial.

Se eligió a los judíos para limpiar con palas la nieve de las calles, dragar los ríos a mano y trabajar en las fábricas cercanas. A cambio les daban un cupón que podían canjear por algo de comida básica. El padre de Howard, por su edad, no pudo participar en estas tareas. Pero sí el pequeño, que con catorce años acudía feliz a desempeñar estas labores cada vez más forzosas.

En mayo de 1940 el trabajo físico se volvió mucho más duro. La Oficina de Trabajo llevó de trescientos a cuatrocientos judíos, de entre dieciséis y cuarenta y cinco años, a una mina de hierro situada a unos siete kilómetros de la ciudad. El esfuerzo físico era tan extremo que los dejaba en estado de *shock*.[14] También había vacantes en otras fábricas locales de carga y descarga confiscadas por los alemanes. Y la demanda de mano de obra judía creció exponencialmente. La industria del control del agua y la construcción de carreteras del distrito de Lublin empezaron a llenar sus campos de trabajo con judíos; las SS volvieron a hacer redadas para conseguir más mano de obra para la edificación de fortificaciones defensivas, como zanjas antitanque, a lo largo de la frontera con la zona soviética. Uno de los contingentes de judíos salió precisamente de Wierzbnik, del distrito de Radom, rumbo al campo de Belzec. Otros testimonios apuntan a que lo hicieron al de Lipowa, en la ciudad de Lublin, mientras que algunos aseguran que fueron puestos en libertad y regresaron a Wierzbnik. Aunque sin duda hubo quienes jamás volvieron.[15]

La marginación de una comunidad

Primero fue el gueto de Lodz, después el de Varsovia y, en 1941, Wierzbnik vivió la marginación de su comunidad judía, que pasó a concentrarse en un área determinada del centro de la ciudad. Aunque este gueto no era similar a otros, como el de Cracovia, que se encontraba cerrado y aislado por muros y vallas. En Wierzbnik se organizó un gueto denominado «abierto», aunque delimitado por determinadas señales que no tenían nada que ver con una pared o una cerca. Eso sí, los judíos no podían entrar o salir sin permiso de la zona acotada.

Pese a esta aparente apertura en el área restringida, el nuevo sistema de organización desencadenó otro importante problema: el del hacinamiento. Las familias que vivían en la periferia tuvieron que trasladarse al barrio antiguo, donde habían habilitado una zona de entre seis y ocho calles de perímetro para toda la comunidad.[16]

> Las condiciones eran muy malas porque, para empezar, las viviendas eran pequeñas. Normalmente, en una casa había de dos a cuatro niños, y tuvo que admitir de cuatro a seis familias más con la cantidad correspondiente de chiquillos. Un total de unos doce a dieciséis niños con sus padres y ancianos. Y eso creó un gran problema.

Además, los pequeños, sobre todo los que no tenían apariencia judía, se convirtieron en una especie de intermediarios para el contrabando a espaldas de los nazis. Salían y entraban a escondidas del gueto para vender toda clase de pertenencias y para comprar alimentos con los que comerciar de nuevo. El riesgo era muy grande, pero era la única forma de conseguir comida.[17] «La vida en el gueto fue una pesadilla, pero no nos dimos cuenta de lo bien que estábamos allí, hasta que vimos lo que sucedió más tarde.»

Cuando a finales de 1941 comenzaron a oír la palabra «liquidación», no podían imaginar que los nazis se referían al gueto y a sus habitantes. Eso significaba que los trasladarían a ciudades que estaban entre ciento cincuenta y trecientos cincuenta kilómetros de distancia de Wierzbnik. Destinos como Treblinka, Auschwitz o Majdanek. Pero nada tenía sentido. Durante todo ese tiempo, muchos judíos fueron llevados a las fábricas de armamento de Starachowice para hacer municiones para la guerra. Los necesitaban, ¿por qué querían eliminarlos? Para un adolescente de dieciséis años como Howard era impensable que la exterminación de su pueblo fuese posible. De hecho, soñaba con continuar con su rutina y no salir de allí.

Los padres de Nancy, Dov y Miriam Baum, antes de la guerra.

Pero se cumplió el peor de los presagios. El 27 de octubre de 1942, hacia las tres o cuatro de la madrugada, los nazis los despertaron con gritos. Llevaban perros y reinaba un clima de inquietud. Les dijeron que salieran de las casas, que dejaran todas sus posesiones y que se presentaran en el centro de la plaza.

«Salimos afuera, mis padres, mis dos hermanas y yo. Y cuando llegamos, vimos el caos: gente siendo fusilada por no moverse lo suficientemente rápido. ... Ancianos, niños. ... Todos cadáveres. —Mientras explica estos trágicos detalles, Howard no puede contener su enojo—. Y antes de que me diera cuenta, fui agarrado por el hombro y el cuello, y arrojado y separado de mis padres. Ellos [los nazis] terminaron con los ancianos, los enfermos, los niños. ... No tuve la oportunidad de despedirme de ellos [sus padres y hermanas]. Me metieron en un tren rumbo a quién sabía dónde.»

La zapatería Baum

Siendo la única niña de la casa, Nechama *Nachu* Baum creció comportándose como «una segunda mamá» para sus cinco hermanos. Tenía un hermano mayor, pero la pequeña actuaba casi como una adulta, pese a su apariencia angelical. De cabello rubio, espíritu decidido y muy cariñosa, Nachu nació el 25 de abril de 1929 en la misma ciudad que Howard, Wierzbnik-Starachowice. Su familia era una ferviente practicante del judaísmo y tanto ella como sus hermanos fueron educados en esta religión. Acudía a la misma escuela que Howard y aunque no se conocían personalmente, en cierto modo sabía quiénes eran sus padres.

Dov (también conocido como Beryl) y Miriam Baum eran propietarios de una zapatería que sufrió las embestidas del antisemitismo y sufrió múltiples saqueos. Los clientes polacos los boicotearon en numerosas ocasiones y eso los llevó a pasarla mal económicamente. Después los llevaron al gueto donde, hacinados, tuvieron que cumplir con todas las restricciones que les imponían.

Nachu es el único miembro de su familia que sobrevivió al Holocausto. El primero en morir fue su hermano pequeño, al que

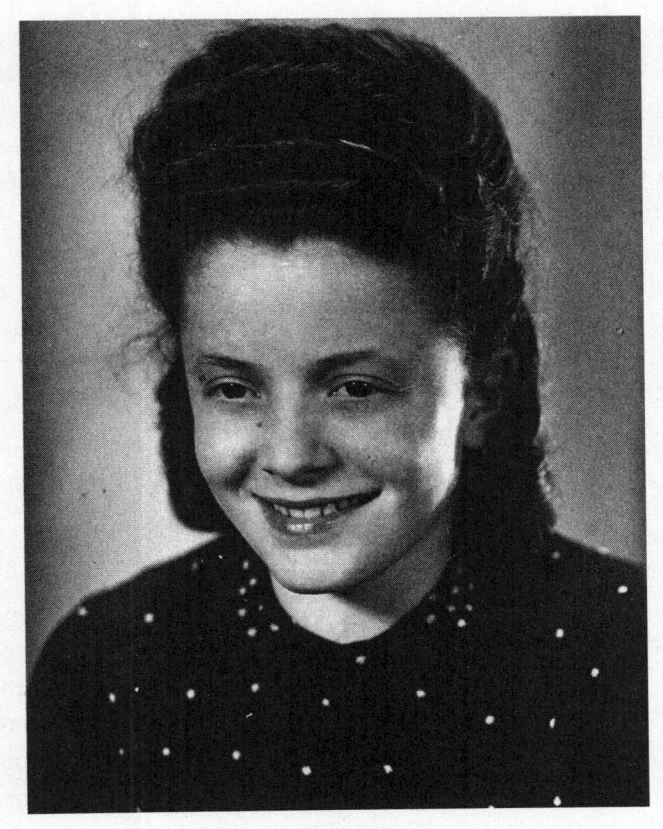

Nancy en 1946.

asesinaron los nazis. Tan solo tenía tres años. Así que ante este clima de amenazas, incertidumbre y muerte, sus padres decidieron que tenían que salvarla.

«Había una mujer joven, tal vez tenía treinta o treinta y cinco años, que siempre venía a nuestra tienda a comprar zapatos. Era una buena mujer.»[18] Como la zapatería no paraba de ser saqueada por los alemanes, los Baum decidieron que lo mejor era regalar sus posesiones. Se las entregaron a esta señora, llamada Genia, y esta trató de salvar a la pequeña, que por entonces tenía doce años. Iba a esconderla para evitar que la llevaran al campamento de Starachowice. Sin embargo, en el último momento, sus padres cambiaron de opinión y quisieron que los acompañara al gueto de Wierzbnik. Dov y Miriam tuvieron sus sospechas sobre cómo Genia se haría cargo de su hija Nachu y su intuición les dijo que no lo hicieran. Habían oído hablar de historias similares: en las que la gente pagaba a sus vecinos con sus posesiones para que cuidaran de sus hijos y les salvaran de los nazis, pero poco tiempo después acababan entregándoselos. Estaban aterrorizados de que esto pudiera pasarle a Nechama.

Pero cuando llegó octubre de 1942 y los Baum se presentaron en la plaza de la ciudad, Nachu fue apartada de sus padres y sus hermanos. La llevaron hacia el nuevo campamento, el mismo al que también trasladaron a su hermano mayor, sin ella saberlo. «Nunca volví a ver a mis padres.»[19]

La traición

En Starachowice, la niña no fue asignada para trabajar en la fábrica de municiones como los otros judíos, sino en las cocinas, donde permaneció cerca de seis meses. Durante ese tiempo, encontró a su hermano, a quien podía ver con asiduidad. El recinto que los nazis habían construido en dicha localidad era muy distinto a otros campos de trabajo forzado. Sus ocupantes no estaban separados por sexos, sino que podían estar juntos. Así que Nachu se encargó de cuidar a su hermano y de llevarle comida cuando salía de la cocina. Se convirtió en una especie de madre para él. Transcurrido un tiempo, le asignaron nuevas tareas mucho más duras que las de la cocina.

> Tuve que cargar piedras [...] llenar una carretilla de grava y luego subirla al tren. Yo era pequeña todavía y tuve que cargarlo a una altura superior a la mía. Como se puede imaginar, esto no era un trabajo para una persona como yo.

Otra de las anécdotas que recuerda de Starachowice tiene que ver con Genia, aquella mujer que intentó salvarle en una ocasión. Un día, cuando se encontraba trabajando en el campamento y como no le habían dado suficiente comida, Nachu se armó de coraje para ir a buscar algo más de alimento fuera de los límites del complejo. Llevaba un pequeño sombrero (una boina), un abrigo y su aspecto no la hacía parecer judía. Eso la ayudó a pasar desapercibida ante los vigilantes alemanes.

>«No sé cómo lo hice... Cuando lo recuerdo...» Se lleva las manos a la cabeza. Durante el camino se le ocurrió la idea de buscar a esa clienta y amiga de la zapatería a la que sus padres le habían regalado todas sus pertenencias, incluyendo la ropa.

Llegó a la calle de Wierzbnik, donde había crecido, y cuando encontró a Genia, le pidió que la ayudara con comida, pan o dinero.

>Cuando me vio, dijo: «Nachu, ¿qué haces aquí? Si no te vas llamaré a la *Gendarmerie*».* Vi algo de ropa y le dije: «Estoy sola con mi hermano y no tenemos comida y necesitamos ropa». Me gritó. No quería escucharme y me asusté. Hui porque tenía miedo de que llamara a la *Gendarmerie*. [...] Durante el camino, los alemanes corrían con perros y estos podían oler a un judío de lejos. Así que empecé a correr. Deseaba que nadie me atrapara. Cuando llegué, fui a ver a mi hermano, que se enfadó mucho conmigo por lo que había hecho. Podrían haberme matado.

EN FORMA DE V

Las vías del tren corrían paralelas al río Kamienna, rumbo al norte, y separaban las dos zonas del valle. En los apenas dos kilómetros que separaban Wierzbnik de Starachowice, se podían encontrar los altos hornos de las fábricas de acero, la de ladrillos de Rogalin, además de la armamentística, cerca del bosque de Bugaj, donde se fabricaban granadas y carcasas para esos explosivos.

---

* Organismo policial alemán que pertenecía a la llamada *Ordnungspolizei*, también conocida como «Policía del Orden», y cuyo cometido no era otro que aplicar la ley. Tuvo un papel relevante en los territorios ocupados. (Fuente USHMM, *German Police in the Nazi State*.)

Howard apenas estuvo varios minutos subido en aquel tren, cuando de repente les ordenaron bajar y esperar de pie. No sabía dónde estaba. Al momento, una voz les gritó que empezaran a correr.

No sabía hacia dónde corría, ninguno lo sabíamos. Ellos [los nazis] habían construido un campamento para mantenernos vivos, para trabajar en las fábricas. Llegamos a los terrenos de este campo, vimos los barracones, nos dieron el visto bueno y reunieron grupos de unas ciento cincuenta personas para ponerlas en cada bloque. Cuando entramos, vimos una tarima de madera, sin literas. Nada. [...] Esas eran las condiciones. Bajar la cabeza y llorar desconsoladamente por lo que te había sucedido. Así comencé la vida en este campamento.

La jornada comenzaba a las seis de la mañana, con un pase de revista en el que los soldados alemanes, al menos dos veces al día, realizaban el recuento de los prisioneros para saber si alguien se había escapado. Si descubrían que alguno había huido, fusilaban a veinte. Era la única forma que tenían de evitar más fugas: el terror psicológico a ser el próximo en morir asesinado.

Después les daban algo de comer, un pedazo pequeño de pan y una taza de agua tibia. Esa era la comida para todo el día. Trabajaban alrededor de doce horas y cuando regresaban al barracón les esperaba un tazón de sopa acuosa. A la hora de dormir, no podían taparse con nada. Aparte de vestir una fina camisa y un pantalón, no les proporcionaron mantas para las estaciones más frías. Tampoco tenían abrigos para el invierno, así que permanecían casi todo el tiempo ateridos de frío. «La parte buena de trabajar en la fábrica de acero es que estabas calentito. Pero la noche... era algo terrible.»

La epidemia de tifus

En noviembre de 1942 llegó lo que muchos supervivientes denominaron la «suciedad imposible», refiriéndose a la infestación de parásitos que estaban sufriendo los campamentos de Strelnica y

Majówka, pertenecientes a Starachowice. Los bichos «nos comían vivos», eran «piojos enormes», decían algunos de los prisioneros.[20] A esto contribuía el hacinamiento en los barracones, y que los reclusos no pudieran lavarse ni el cuerpo ni la ropa. Esto provocó una epidemia de tifus, que los alemanes denominaron *Fleckfieber*[21] y achacaron a un defecto genético y cultural de los judíos. Ya lo proclamó el doctor Jost Walbaum, jefe del Departamento de Salud Pública de la Polonia ocupada por los nazis, en un artículo publicado en 1940 y titulado «Spotted fever and ethnic identity» («La fiebre moteada y la identidad étnica»):

> Los judíos son los portadores y diseminadores de la infección. La fiebre moteada se da de una forma más persistente en las regiones densamente pobladas por los judíos, con su bajo nivel cultural, su impureza y la infestación de piojos que inevitablemente está relacionada con esto.

Uno de sus adjuntos, el doctor Erich Weizenegger, también concluyó que «la enfermedad se produce [...] especialmente entre la población judía. Esto está motivado por el hecho de que el judío carece totalmente de cualquier concepto de higiene».

A finales de diciembre, Howard cayó enfermo de tifus. Era casi el día de Año Nuevo de 1943, y el joven no podía mantenerse en pie por la infección. Aun así, se levantó de su camastro y acudió al pase de revista, donde los presos pasaban una inspección para comprobar quién estaba sano y quién no.

> Estaba en la cumbre de la enfermedad. Estaba delirando. No podía caminar, así que me arrastré. Me arrastré por la nieve. Esperaba que me ayudara alguien de entre todas las personas que estaban alineadas, que me diese una mano para ayudarme, pero nadie quería. Tenían miedo de tenerme cerca. Sabían que yo estaba enfermo. Me empujaron hacia atrás… atrás, atrás, en la nieve… Me arrastré hasta el final de la línea y me acosté allí. Me quedé dormido y cuando a las pocas horas desperté, sentí que mi enfermedad había desaparecido.

El recuerdo de aquel instante hace que Howard no pueda contener las lágrimas y que la respiración se le entrecorte. «Ese fue mi primer milagro —dice con voz temblorosa—. Porque me encontré levantándome... como si fuera la resurrección de los muertos.»

Willi, el sádico

No obstante, en el tiempo que Howard estuvo enfermo, las cosas se habían complicado bastante con la llegada de un nuevo jefe de seguridad y primer comandante a Starachowice, el alemán Ralf Alois *Willi* Althoff, que además, tenía bajo su mando a un grupo de guardias ucranianos. Sus prácticas asesinas sembraron de terror y muerte el campamento entre diciembre de 1942 y marzo de 1943.

> No era humano. Era un sádico. Su placer era dar vueltas en torno a la gente que se tambaleaba. Si estabas mareado, estabas enfermo. No hacía preguntas. Te disparaba inmediatamente. Había cadáveres por todas partes. Personas que morían de forma natural por el tifus, pero otras que habían sido fusiladas.

Por eso Howard acabó arrastrándose por la nieve. El comandante se había obsesionado con identificar y eliminar a todos los que estuviesen enfermos y que pudiesen propagar la enfermedad. Hacía visitas sorpresa en medio de la noche y ordenaba que se levantaran. Los que no lo lograban eran ejecutados.[22] Disparar indiscriminadamente a judíos se convirtió en su tónica habitual. Elegía a tres o cuatro presos, los colocaba contra un muro y apretaba el gatillo. También perseguía a los que se colaban en la cocina sin autorización para después matarlos a sangre fría. Incluso procedió a perpetrar una escena dantesca al elegir diez prisioneros, vendarles los ojos y ponerlos contra una pared iluminada por los faros de camiones. Su juego: el tiro al blanco. La «muerte y la humillación» también fue otro de sus divertimentos durante la Nochebuena de 1942, en la que forzó a todos los internos a correr en una «noche de luna llena».[23]

Howard en 1946.

Howard en 1946.

La recuperación de Howard coincidió con un cambio en la política del campamento. Era marzo de 1943 y el comandante Althoff fue trasladado de Starachowice. Había comenzado una nueva era para aquella comunidad de esclavos judíos. Los alemanes se suavizaron un poco.

Lo primero que hicieron fue cerrar el campamento y ponerlo en cuarentena para erradicar la enfermedad. Después, trajeron ropa y comida. Instalaron duchas, porque todo esto sucedió porque no teníamos unas buenas condiciones sanitarias. Esto me salvó la vida, porque en esa semana no trabajamos, la comida era mejor, y recuperé las fuerzas. La vida me parecía un poco más soportable.

La persecución rusa

A mediados de 1943, los judíos de Starachowice se enteraron de la gran derrota de los alemanes en Stalingrado y de que la guerra podía terminar a favor de los aliados. Nunca habían oído hablar de aquella ciudad, pero de repente se convirtió en una «esperanza». Pasaron las semanas y llegaron nuevas noticias: la contienda se estaba volviendo repentinamente contra los alemanes y los rusos los perseguían de cerca. A medida que llegaba cada vez más información al campo, Howard y el resto de los prisioneros, mantenían la fe en que pronto saldrían de allí.

El 13 de julio de 1944, las tropas de Stalin estaban próximas a la frontera de Polonia, y el 27 de julio procedieron a entrar en los suburbios de Varsovia, en la orilla oriental del río Vístula.[24] No fue hasta el 1 de agosto cuando el Ejército Territorial,* en la llamada «Operación Tempestad», hizo frente a los alemanes en lo que hoy conocemos como el Alzamiento de Varsovia. Durante diez días la

---

* El Ejército Territorial también denominado Ejército Nacional o Ejército del País. Se conoce como Armia Krajowa; estaba comandado por Tadeusz Bór-Komorowski y era el grupo polaco de resistencia que se encontraba por aquel entonces en la capital de Varsovia. Estaban en contra de los nazis. Pero también querían tomar Varsovia antes de que lo hicieran los rusos. Tampoco los querían allí.

ciudad estuvo en llamas. Su primer objetivo: liberar a Polonia de las garras nazis antes de que lo hiciera la Unión Soviética.

Mientras tanto, en Starachowice reinaba el desasosiego. Cuando los confinados acudieron a sus respectivos puestos de trabajo en las fábricas, las encontraron cerradas. Algunos alemanes huyeron y los polacos que quedaban evitaron más de un intento de fuga. Muchos judíos escaparon al bosque de Bugaj, otros murieron a causa de los disparos, y los que eran capturados finalmente morían de un tiro en la cabeza. «Nos preguntábamos, ¿qué nos van a hacer? ¿Nos van a dejar aquí? Lo siguiente que nos pasaba por la cabeza era que nos llevarían a Auschwitz o Treblinka.»

En vagones de ganado

El tren arribó a la vía que conducía directamente al área de la fábrica donde cientos de prisioneros esperaban su llegada. Los nazis les habían comunicado que los trasladarían, pero no adónde. Los vagones eran cerrados, normalmente utilizados para llevar ganado. Entre cien y ciento cincuenta personas ocupaban cada habitáculo. Iban apretujados y sin posibilidad de moverse. «Nos aplastaron para tratar de meter a cuantos más mejor. Tardamos tres días en llegar adonde íbamos, aunque no sabíamos el destino.»

El viaje no había hecho más que comenzar y todavía faltaban al rededor de doscientos cuarenta kilómetros para alcanzar el nuevo campo: Auschwitz-Birkenau. Viajaban sin agua ni comida, ni tampoco baño, a lo sumo varios cubos con agua para los desechos. El calor en el interior de estos trenes era asfixiante. De fondo, se escuchaban los jadeos de los prisioneros, se podía oler el hedor del sudor y la falta de higiene. Las personas mayores y algunos niños no soportaron la deportación y llegaron muertos hasta el complejo polaco. Tras setenta y dos horas aproximadamente, el tren completó todo el recorrido. Lo que a Nachu y a muchos judíos les «pareció una eternidad». Habían llegado al temido Auschwitz.

Varios soldados alemanes abrieron las puertas de los vagones y a gritos les ordenaron bajar rápidamente. «¡*Raus, raus!*», decían. Largas colas de recién llegados se extendían a la entrada del nuevo recinto que se veía inconmensurable. Mujeres, niños, adultos, ancianos... Lloraban cuando traspasaban la puerta de Auschwitz. Muchos habían sido separados de sus familiares y no sabían lo que les depararía dentro. El clima que se respiraba era muy distinto a Starachowice. Allí los nazis se mostraban aún más ásperos, brutos y crueles de lo que Nachu había conocido. Uniformados de las SS no dudaban en golpear con sus porras a aquellas madres que gritaban desesperadas por tener que desprenderse de sus hijos. ¿Adónde se los llevaban?

En aquella primera selección se separaba a los hombres de las mujeres, y se elegía quién viviría y quién no. Aquel «derecha, izquierda», se había convertido en un ruido más dentro del tumulto. Nachu logró pasar la criba y fue enviada a la sala de desinfección. Una ducha la esperaba.

> Estaba con una tía mía, Toby, la hermana de mi madre. Como no tenía a nadie más, me aferraba a ella porque era agradable tener a alguien que conocías. Cuando salimos de la ducha nos cortaron el pelo. Me cortaron el pelo, cortaron el de mi tía [...]. Tenía un hermoso cabello rubio y, después, había desaparecido. Parecía un niño pequeño. Cuando salimos, no reconocí a mi tía ni tampoco ella a mí. Era por el pelo.

Después los esperaba un joven médico, el doctor Josef Mengele que, junto a una auxiliar, seleccionaba a las reclusas para que les hicieran el tatuaje con su número correspondiente.

> Allí estaba sentado Mengele [...]. Cuando la chica me dio [grabó] mi número, fue tan doloroso que grité, entonces me dio una bofetada en la cara y me caí al suelo. Tengo el A14015. Supongo que tuve suerte porque después de levantar un betabel rojo y pasarlo por mis mejillas (no sé de dónde lo saqué), se pusieron rojas y me hizo parecer algo mayor. También el pelo corto y el pequeño vestido de marinero que llevaba. [...] Y Mengele me dijo que fuera a la derecha en lugar de a la izquierda. Todas las chicas estábamos en el Bloque 25.

Caía agua en Auschwitz

Llegamos a Auschwitz durante la noche. Vimos fuego y humo saliendo de las chimeneas, así que sabíamos que estaban funcionando. Llegamos a un andén y abrieron las puertas. Vimos perros salvajes saltando sobre nosotros para sacarnos del tren rápidamente. Cuando salimos había alemanes en la parte delantera, observando quién estaba mareado. Habíamos estado de pie en el vagón, como sardinas en lata, ... después de eso algunas personas no podían caminar bien. Sea como fuere, se los llevaron. A la gente que quedábamos nos dijeron que nos conducían a la ducha. Por las noticias, sabíamos lo que simbolizaba. Te vas a la ducha, el gas cae, te mata y ese es el final. Así que estábamos de pie en la regadera y podíamos oír los gritos... La gente gritaba y gritaba porque sabían que el gas les caería encima. Así que a causa del miedo la gente gritaba a todo pulmón. De pronto, me fijé en que caía agua, no gas. Entonces, las mismas personas que gritaban por miedo ahora lo hacían de alegría.

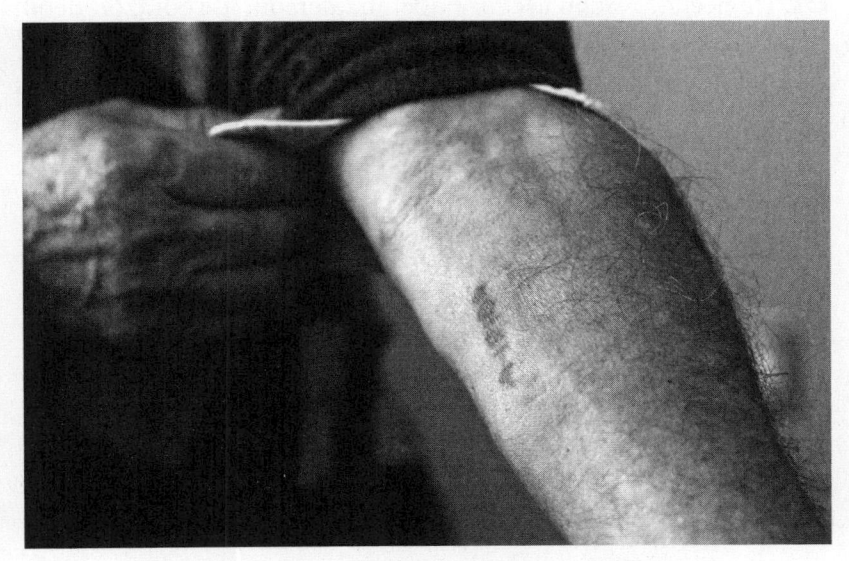

Tatuaje de Howard. Auschwitz A-19186.
Toronto, febrero de 2013. (© Michel Botman)

Aquel fue el segundo milagro que Howard experimentó durante sus años como prisionero de los nazis.

Al salir de las duchas, les proporcionaron un uniforme, les cortaron el pelo al rape y les tatuaron un número. «Vi a una muchacha sosteniendo una aguja, una aguja cualquiera, sumergiéndola en tinta y pinchando un número. Mi número fue el A19186. Esto fue lo que reemplazó a mi nombre durante años», explica mientras se acaricia con el dedo el interior del antebrazo.

Al igual que a Nachu, le asignaron un barracón y al día siguiente un comité de las SS se presentó en el campo. Estaban haciendo una lista de trabajadores calificados: mecánicos, zapateros, sastres, peluqueros, comerciantes... Howard consiguió trabajo como talabartero* desde agosto a diciembre. Pero no cumplía los requisitos, así que lo trasladaron a otro *Kommando* de trabajo.

Los recuentos

Con el crepúsculo, los SS realizaban lo que se conoce como *Zählappell* (pasar lista) que, en ocasiones, podía durar varias horas. De hecho, Nachu asegura que una persona de corazón débil podría haber tenido un ataque cardíaco con esto.

> Una noche, las chicas entraron y dijeron: «Chica (no hablaban en inglés, solo polaco y un poco checoslovaco), vístete, te llevan al crematorio».
>
> Todos los días guardaba un trozo de pan. Lo escondía porque pasábamos hambre. [...] Tomábamos un poco de sopa acuosa y pensé: «Si voy al crematorio no necesito pasar hambre, así que podría comerme el pan». Entonces, me comí el pan que había guardado, nos pusimos de pie y esperamos casi toda la noche. Por la mañana, alguien vino con el comandante y dijo que no se estaban llevando a los polacos sino a otro grupo distinto. Y nos retornaron de nuevo al barracón. Pero todos los días pensábamos que iríamos... Solíamos oír los gritos.

---

* Según la RAE, persona que trabaja artesanalmente objetos de cuero.

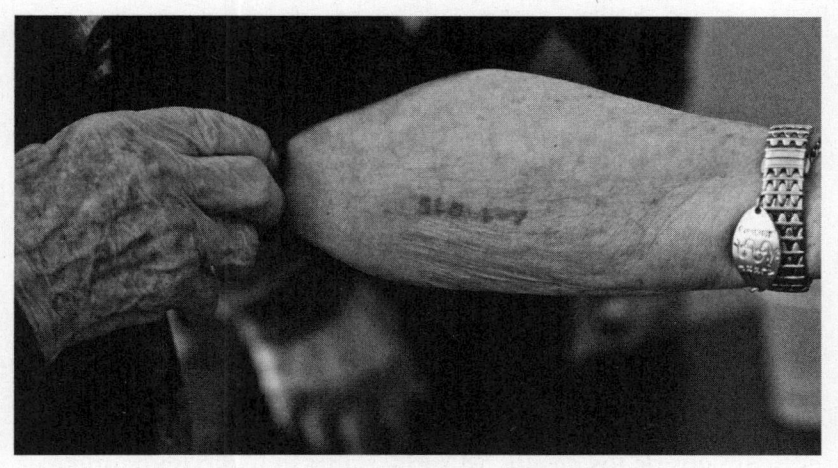

Tatuaje de Nancy. Auschwitz A-14015.
Toronto, febrero de 2013. (© Michel Botman.)

El ingenio de la supervivencia se agudizaba a medida que transcurría el tiempo. El contrabando se convirtió en la práctica habitual dentro de los campos de concentración. Intercambiar utensilios básicos por comida supuso el modo más preciado de mantenerse en pie y no perecer víctima de la depauperación. Nachu arriesgó su vida vendiendo cigarros en el mercado negro para conseguir un poco más de sopa o de pan. No solo para ella, sino también para su tía Toby o amigos enfermos que necesitaban reponerse.

Una de las anécdotas que recuerda como si fuese hoy, la regresa al momento en que no podía calzarse los zuecos de madera que los nazis les proporcionaban como parte de su uniforme de confinadas. Apenas podía caminar y terminó haciéndolo con harapos en los pies. Hasta que un día, reconoció en el campo a una antigua amiga de su ciudad natal. Portaba unos zapatos colgados de uno de los botones de su vestido. Su primo trabajaba en el «Canadá», donde se encontraban las pertenencias (ropa, joyas, calzado) de los judíos y demás reclusos y se los había dado.

«Le rogué que me dejara probar los zapatos, pero me dijo que no podía tenerlos. Le pedí que me dejara probarlos porque ella no los estaba usando… Al final, me dejó y me quedaban perfectos. Eran marrones, de cordones.» Sin embargo, la joven le insistió que no podía dárselos, porque su primo, que trabajaba al otro lado de la cerca eléctrica, los iba a cambiar por pan. Pero Nachu no podía pasar un día más con aquellos jirones en los pies.

> «Dile que si te doy un pan completo no necesitaré los zapatos, porque me moriré de hambre», le decía a mi amiga. Y le di el pan. Cuando la chica fue a contárselo a su primo que estaba en la valla, él le contestó que me diera los zapatos y que me acercara a verle.

La casualidad quiso que el joven en cuestión fuera amigo de su hermano mayor. Habían ido juntos a la escuela y sus padres eran amigos de los de ella. Al verla, también le dio un paquete de cigarros, porque con ellos podía comprar sopa o pan, o intercambiarlo por lo que necesitara. Con ese primer paquete que Nachu vendió, se compró un peine y un espejo pequeños. Quería verse. «Lo hice bajo las mantas porque no tenía pelo. Fue un milagro que este muchacho me regalara esos zapatos —explica emocionada mientras se limpia las lágrimas de los ojos—, y que me diera cigarros.»

El peligro era una constante cuando se trataba con contrabando. Tanto Nachu como el resto de los confinados tenían que ser cautelosos para que los nazis no los descubrieran. Aun así, Nachu siempre se arriesgó por su gente, hasta el punto de casi perecer electrocutada. Ocurrió mientras pasaba una lata con sopa a una amiga que se encontraba al otro lado de la alambrada. Sus manos rozaron apenas la cerca y sintió una fuerte descarga que la tiró al suelo. Esa leve caricia hubiera podido costarle la vida de no ser porque las mujeres que la acompañaban la reanimaron rápidamente. De todos modos, este incidente no disuadió a Nachu en su tarea de ayudar a su grupo. Siguió exponiéndose. Era la única forma que había de salvarse a ella misma y también a los demás.

La joven polaca siempre vio la luz al final del túnel, siempre confió en que todo mejoraría. Su optimismo chocaba irremediablemente con el pesimismo de su tía, que no creía que aquella situación fuese a mejorar. Pese a que Nachu lograba intercambiar a menudo cigarros por alimento, Toby Steiman creía que nada de aquello las ayudaría a evitar la muerte. Parecían madre e hija, pero con los papeles intercambiados. La joven se mostraba fuerte y esperanzada, mientras que la mayor solo apuntaba hacia el crematorio, que no paraba de funcionar, en señal de angustia.

«Nunca vamos a sobrevivir», me decía. Así era mi tía.

De campo en campo

El nuevo traslado de Howard se hizo en camión a un lugar llamado Katowice, una ciudad a cuarenta kilómetros de Auschwitz, que en enero de 1944 se había convertido en uno de sus subcampos. Allí, una decena de prisioneros trabajaba en la construcción de un refugio antiaéreo y de barracones para la Gestapo.[25] Pero Katowice, además de erigirse como campamento, también tenía una gran fábrica de municiones con unas quinientas personas trabajando. A Howard le colocaron como ayudante de un técnico alemán que laboraba en la fábrica. Ese era su trabajo.

> Recuerdo que llegué a Katowice en agosto de 1944 y trabajé hasta diciembre. A mediados de diciembre, el trabajo se detuvo, porque los rusos se acercaban. No había manera de ir a Alemania, porque las carreteras estaban cortadas. Así que en vez de abandonarnos, dejando a todos los judíos como pensé que harían, nos metieron en los trenes de ganado y viajamos a Checoslovaquia.

De allí llegaron hasta Austria y terminaron en Viena, donde, por un día, Howard pudo sentirse como un turista libre. Después de aquellas veinticuatro horas, el tren los trasladó a los Alpes. En un punto determinado, los nazis les ordenaron que bajaran de los vagones y que subieran una montaña. «Era invierno. Fue terrible. Cuando llegamos a la cima, estaba llano. Habíamos llegado a un nuevo campamento llamado Mauthausen.»

Mauthausen y el régimen más duro

El invierno azotaba con toda su virulencia aquel mes de enero de 1945, mientras Howard y otros cientos de prisioneros judíos esperaban a que les designaran sus nuevas tareas después de haberlos evacuado de sus respectivos campamentos. Los transportes de prisioneros no solo llegaron de campos como Auschwitz, sino también de otros como Sachsenhausen y Gross-Rosen. Sin embargo, las terribles condiciones de vida, dada la sobrepoblación del recinto, hacían imposible la supervivencia. Los presos morían de hambre, pero también de enfermedades como el tifus, que provocaron la muerte de la mitad de los internos. Desde la inauguración de este campo de concentración, en 1938, hasta su liberación el 5 de mayo de 1945, se estima que 199.400 prisioneros permanecieron allí. De estos, unos 119.000 murieron en Mauthausen y sus subcampos. Un tercio de ellos eran judíos.[26]

Construido próximo a una cantera abandonada junto al río Danubio, a unos cinco kilómetros de la ciudad de Mauthausen, este campamento de trabajos forzados albergó en sus inicios a criminales, «asociales», opositores políticos y objetores religiosos, incluyendo los testigos de Jehová, y pasando por los opositores antinazis de los países ocupados, militares británicos y americanos, pero a partir de mediados de 1944, comenzaron a llegar judíos transferidos de otros campos de Hungría y de Auschwitz. Se trataba de uno de los campos con el régimen más duro. La categoría III que los nazis le habían atribuido hizo de Mauthausen la peor pesadilla de sus reclusos. Aquello era un correccional con «gente en custodia preventiva, con pocas probabilidades de poder ser reeducada».[27] Los castigos a los que sometían a los cautivos eran extremos, como por ejemplo, forzarlos a subir pesados bloques de piedra por los 186 escalones de la mina del campo que se conocía como la «escalera de la muerte». También se realizaron toda clase de experimentos médicos relacionados con la testosterona, las infestaciones de piojos, la tuberculosis y los procedimientos quirúrgicos. Por no mencionar la aplicación de la eutanasia con los prisioneros más débiles, inyectándoles fenol para acabar con su vida.

En esa cuestión, tuvo gran importancia el Castillo de Hartheim (Alkoven, Austria), que en esa época albergó un hospital donde se perpetró un exterminio sistemático de enfermos y discapacitados. En este centro de eutanasia se cometieron toda clase de asesinatos.

Al igual que otros campos homólogos, Mauthausen también contaba con prisión, cámara de gas, crematorio y un área para los fusilamientos. Y el complejo estaba delimitado por torres de vigilancia, muros y alambradas electrificadas. En su interior, los miles de prisioneros fueron utilizados intensivamente para trabajos forzados. Desde la propia construcción del campo, en sus inicios, hasta picar piedra en la cantera. Muchos de los prisioneros trabajaron hasta la muerte.[28] Sin embargo, los del transporte en el que Howard viajaba y que arribó a Mauthausen a principios de 1945, no sufrieron este tipo de exigencias.

> En Mauthausen no hicimos nada, no trabajamos, porque nos mantenían como reservas para llevarnos a lugares donde necesitaban trabajadores esenciales. Así que no trabajábamos, tampoco había comida, pero querían mantenernos limpios. Querían limpieza. Eran inteligentes. ¿Y en qué consistía la limpieza? Te desnudabas, dejabas la ropa en el suelo, y ellos [los nazis] nos sacaban a la nieve donde había una vieja ducha, afuera. Cuando volvíamos al barracón, habían sumergido nuestra ropa en agua fría y tenías que encontrarla lo más rápido que podías. Cuando pienso en esto hoy —relata furioso y sacudiendo la cabeza—, no puedo entender cómo un ser humano puede sobrevivir. Es imposible. En invierno te pones un abrigo, un abrigo de piel, pero nosotros no.

Morir en paz

Tras pasar todo el mes de enero en Mauthausen, Howard fue trasladado hasta Hannover, que albergaba una fábrica de municiones. Allí trabajó hasta finales de marzo, fecha en la que de nuevo fue enviado a otro campo. La guerra llegaba poco a poco a su fin, y el ejército británico comenzó a hacerse presente con sus paracaidistas en Hannover. Ante la imposibilidad de trasladar a los prisioneros por carretera, estos tuvieron que llegar hasta el siguiente campo caminando. La «marcha de la muerte» iba con destino a Bergen Belsen. Cincuenta kilómetros y más de diez horas de caminata después Howard llegó a lo que él mismo denominó «el campo de la muerte».

Pese a que tan solo permaneció allí dos semanas, todavía recuerda cómo tuvo que amontonar cuerpos de prisioneros fallecidos.

> En Bergen Belsen no había nada. Ni trabajo, ni comida, ni crematorio. Solo había miles y miles de cadáveres en el campo. Y mientras seguía en pie, me ordenaron que cogiera una manta, la atara a un cuerpo y lo tirara a una enorme fosa común.

La pesadilla terminó el 15 de abril de 1945, cuando los británicos liberaron el campo dirigido por el *SS-Hauptsturmführer* (capitán) Josef Kramer, uno de los condenados a muerte durante el juicio de Bergen Belsen, junto con la guardiana Irma Grese. La prensa los denominó «Las Fieras de Belsen».[29] Aquel instante fue el «final de la guerra para mí».

> Cuando llegaron los británicos, nos dieron comida, pero a aquellos que comieron demasiado se les desgarró el estómago y murieron al instante. Yo estaba enfermo y no tenía fuerza alguna, pero sabía que había sobrevivido a los nazis. Entonces, sentí que finalmente podía morir en paz. Me acosté, dispuesto a encontrarme con mi creador —señala al cielo en ese momento—, pero no pude encontrar espacio para echarme, porque había demasiados cadáveres.

La pesadilla

A los seis meses de llegar a Auschwitz, Nachu fue incluida, junto con Toby y otros cientos de mujeres en una «caminata de la muerte». Los rusos se aproximaban y los nazis tuvieron que evacuar el campo de concentración. Aunque previamente la polaca había tenido una idea: sobornar al *Kapo* con un paquete de cigarros para que no la separaran de su tía. Funcionó y durante los siguientes tres días permanecieron juntas.

Su grupo anduvo cerca de ochocientos kilómetros en un recorrido agotador. Las prisioneras iban pereciendo por el camino, víctimas de la extenuación y la falta de alimento y agua. Llegó un momento en que Toby no podía caminar más.

«No puedo hacerlo», me dijo, y yo le contesté: «Tía, si no vas a hacerlo, si no vas a caminar más, me sentaré contigo y nos matarán a las dos». «Entonces, moriré», me respondió resignada. Yo no quería dejar que eso sucediera, así que cogí a mi tía y caminamos hasta el final.

Pese a lo débil que estaba la joven, se sentía con fuerzas para continuar y sobrevivir. Aquella resistencia hizo que llegaran hasta Bergen Belsen, un campamento que según sus propias palabras, parecía más una «pesadilla». No había comida, la gente se moría a cada momento, dormían en el suelo...

Cuando fuimos liberados, fue una sensación agridulce, porque cuando empezamos a mirar alrededor, allí no había nadie. Ni padres, ni hermanos, nadie. Yo estaba con mi tía y dos amigas. No queríamos dormir más en los tablones, en el suelo, así que les dije: «Vamos a buscar una habitación que los alemanes hayan dejado cuando huían». Y lo hicimos. Encontramos una pequeña habitación y nos sentimos como si fuéramos ricas. Había dos literas, una pequeña estufa y un baño dentro. Antes había retretes fuera, que eran una especie de agujeros en el suelo.

Unos días después, Nachu, su tía Toby y sus dos amigas, decidieron salir de la habitación y presentarse en el barracón de los hombres. Hasta ese momento, tanto hombres como mujeres habían permanecido separados. Pensaban que quizá podrían encontrar a algún familiar que, como ellas, también hubiera sobrevivido. «Estábamos asustadas, pero éramos libres. Aunque cuando llegamos todo lo que podíamos ver eran cadáveres. No sé por qué, pero todavía sentía que había una razón por la que teníamos que ir allí y entrar.»

Luz en sus ojos

Nachu comenzó a buscar a su hermano entre la pila de cadáveres. En ese instante, vio que uno de ellos se movía.

> Cuando llegamos, vimos a un muchacho esquelético, tumbado con los ojos un poco abiertos. Aún tenía luz en los ojos. Lo reconocí porque estaba en el mismo barracón que mi hermano, aunque nunca había hablado con él. Quise salvarlo. Les dije a las chicas que lo lleváramos a la pequeña habitación, que le daría mi litera inferior. Pero no querían, me lo pusieron difícil. Me decían: «¿Qué vas a hacer con él? ¿No ves que está muerto?». Yo contesté: «No, no está muerto, está bien [...]. Si lo dejamos aquí, morirá. Pero tal vez si hacemos esta buena acción, entonces alguien en algún lugar podría encontrar a mi familia o a su familia y ayudarlos también».

Finalmente, Nachu consiguió persuadir a su tía y a sus amigas para llevar a ese joven hasta su habitación. Hasta el día de hoy no consigue recordar cómo lograron trasladarlo hasta el cuarto.

Durante las siguientes semanas, lo cuidó dándole poco a poco de comer. Muchos otros prisioneros habían muerto por indigestión y la polaca logró alimentarle con guisos hechos de papas, arroz, cebollas y zanahorias, pese a que terminaba por vomitarlo todo. Pero «algo quedaba en él».

> Su mente seguía funcionando bien y después de dos semanas, me dijo que necesitaba un médico. Pensé: «¿Dónde voy a conseguir un médico?». Una mañana, la puerta estaba un poco abierta y decidió bajarse de la cama. Se tumbó en la carretera que estaba muy cerca de la habitación, y un vehículo militar lo recogió y lo llevó a un hospital militar. Cuando volvimos ya no estaba. Me sentí muy mal porque no sabía lo que le había sucedido. No pudo dejar una nota porque no tenía papel. No nos dijo dónde iba. Así que, ¿qué podíamos hacer?

Al poco tiempo, los aliados trasladaron a Nachu y a su grupo a otro edificio y no volvió a saber de él.

«Te salvaré»

Entonces, sucedió otro milagro. Tres chicas me encontraron tendido en la nieve. Una de ellas, la más joven, pidió a las más mayores que me ayudaran. Era un esqueleto humano. Decían: «¿Qué vas a hacer con él? ¿No ves que está muerto?». Y ella respondía: «No, no está muerto, está bien, aún tiene luz en sus ojos. ... Si lo dejamos aquí, morirá. Lo salvaré». Finalmente, me rescataron y me cuidaron. La niña de dieciséis años intentaba desesperadamente mantenerme vivo, limpiándome y alimentándome. La primera semana, dormí. Apenas podía abrir los ojos. Después, saqué fuerzas de flaqueza y le pedí que viniera un médico o moriría. Evidentemente, no había ninguno. Un buen día, me desperté y al no ver a nadie alrededor decidí salir de la cama. Me arrastré por la carretera, lentamente, me acosté allí hasta que un vehículo militar paró, me subió al camión y me llevó a un hospital.

Nancy en 1946.

Nancy en 1947.

La joven a la que Howard se refiere era Nachu. Aquella fue la primera vez que sus miradas se cruzaron. El final de la guerra los había unido por unos instantes. Aquel «te salvaré» que le dijo mientras yacía prácticamente inconsciente, llegó a lo más profundo de su corazón. Una desconocida pretendía traerlo de vuelta a la vida. Sin embargo, cuando aquella mañana se despertó y no vio a nadie en el barracón, pensó que lo habían abandonado. «¿Dónde estaban las mujeres, especialmente la muchacha que lo había salvado? ¿Se habían visto obligadas a marcharse? ¿Se habían ido solas? No podía creer que después de todo lo que había hecho por él, simplemente lo abandonara y desapareciera.»[30]

Tras pasar seis meses en el hospital, un Howard ya recuperado regresó al campo de Bergen Belsen en busca de la joven que le había salvado la vida. Pero allí ya no había nadie. El campamento había permanecido desierto desde que fue liberado meses atrás por los británicos. Devastado, el polaco comenzó una búsqueda desesperada por encontrar a Nachu. Necesitaba darle las gracias por tanta bondad y solidaridad. Pero no era una tarea fácil. Eran tiempos en los que si perdías a alguien de vista, corrías el peligro de no localizarlo jamás. Solo tenía un nombre: Nechama Baum.

Rumbo a Toronto

Después de que Howard desapareciera, Nachu estaba muy enfadada con él. «¿Qué le había pasado para irse de aquella manera sin ni siquiera decir adiós?»

Días después, Toby decidió llevarse a su sobrina de Bergen Belsen a un lugar más seguro. La vida continuaba y había familiares a los que encontrar. Nachu recuerda caminar por las calles de varias ciudades llorando, tratando de hallar a sus seres queridos sin éxito alguno. Ahora tocaba sobrevivir y buscar un sitio donde quedarse.

Envió varias cartas a un tío suyo que vivía en Israel, que nunca le respondió, y a su prima Yetta de Toronto, de la que recibió una escueta carta que decía: «Querida niña... una habitación te está esperando».

Aquello llenó de felicidad a Nachu que, en junio de 1947, tomó un transporte para niños huérfanos rumbo a Estados Unidos. Durante varias semanas estuvo en Búfalo y Nueva York, viviendo en casa de otros familiares a la espera de que le concediesen la visa para Toronto. Un mes después, la polaca arribó a la casa de sus primos Yetta e Izzy Horenfeld, que la acogieron como si fuese su propia hija.

Una vez instalada en Toronto, la comunidad judía la recibió con los brazos abiertos. Eran una especie de gran familia donde todos se conocían, pese a que con el tiempo pasaría a ser una gran metrópoli. Pero por aquel entonces, la llegada de un nuevo miembro procedente de Europa, supuso las murmuraciones del barrio. De hecho, Nachu pasó a ser una de las adolescentes más populares.

Howard y Nancy el día de su boda (14 de marzo de 1950).

Con un ramo de flores

Habían pasado dos años desde el final de la Segunda Guerra Mundial, y Howard continuaba sin tener noticias de Nachu. Hasta que un buen día, en mayo de 1947, le seleccionaron para viajar hasta Canadá bajo custodia del gobierno.

> Zarpé hasta Halifax y de allí a Toronto. La estación de Montreal se llenó de judíos. Nos estaban esperando. Tanto a mí como a otros huérfanos comenzaron a abrazarnos y a besarnos. Y una vez en Toronto, pude reencontrarme con dos hermanas y dos hermanos que no había logrado conocer por el paso del tiempo.

En el mes de junio, llegó a sus oídos que un nuevo transporte de huérfanos judíos procedentes de Europa había llegado a la ciudad. Una de ellos era Nachu, la joven que le había salvado la vida y a la que nunca había olvidado.

Con el corazón latiendo al galope, se decidió a buscarla. Aquella muchacha, a la que ahora todos conocían por el nombre de Nancy, no podía imaginar que días más tarde él llamaría a su puerta.

Acompañado de su hermana mayor, compró un ramo de flores, tocó el timbre de la casa y nervioso esperó a que le abrieran. Howard solo quería mirar de nuevo a su «ángel» y agradecerle que le hubiera salvado la vida.

«Cuando ella abrió la puerta, le dije: "¿Me reconoces?". Y respondió: "¡Oh, eres tú!".»

«Me compró flores porque quería corresponderme por lo que hice por él.»

Howard recuerda aquel instante como si fuera hoy. No podía dejar de admirar su belleza, la misma que dos años antes se le había grabado a fuego en la memoria. A partir de ahí, comenzó un cortejo que duró cerca de tres años.

> Salí con otros chicos, pero ninguno me trató como él. Era un caballero. Incluso Yetta me dijo: «Si te casas con este muchacho, tendrás

una buena vida». Tenía una buena personalidad y un buen carácter. Me sentí *bashert*.*

Sabía que ella era mi «alma gemela» por su fondo. En estos días que corren, cuántas chicas ven por la calle a una persona tirada allí y la resucitan. Eso para mí fue suficiente para saber que ella era la persona adecuada para mí. Y no me equivoqué.[31]

A los tres años, Howard le pidió matrimonio y Nancy le dijo que «sí». Según Howard: «Había algo que me dijo que ella sería mi esposa. Ella no lo sabía. Pero la vida es así. Tienes que seguir tu instinto».[32]

El 14 de marzo de 1950 contrajeron matrimonio y hasta el día de hoy van camino de los sesenta y ocho años de casados. Tienen cuatro hijos, once nietos y un biznieto.

El destino quiso que la pareja se reencontrara tras la guerra. Aunque como dice Howard mirando con ternura a su esposa:

Algo me pasó, porque sentí que ya había tenido suficiente. Hubo tantos años de dolor y odio, que sentí que quería pasar página. Quería comenzar una nueva vida. No quería vivir toda mi vida con odio, porque el odio no tiene límites. Así que sobreviví, vine a Canadá, encontré a mi amada... Y empezamos una vida juntos.

Anteponiendo la bondad

No es ningún secreto. Nada es un secreto —explica Howard lanzando un mensaje a las generaciones posteriores acerca del amor y de cómo deben sobreponerse a las adversidades—. Los jóvenes de hoy en día hablan de amor, pero no lo conocen en realidad. Tal vez algunos lo hacen, yo no voy a decir lo contrario. Pero el amor significa respeto, querer estar cerca de esa persona. Si respetas a alguien, también te respetarán. Funciona en ambos sentidos. Si no tienes en cuenta esto y no tienes respeto por la persona con la que

---

* Palabra yiddish que significa «destino», «estar destinado», «predestinado», «conocer a un alma gemela».

Luna de miel en Montreal en 1950.

vives, entonces el matrimonio se romperá. Siempre sentí a mi esposa como parte de mí. Alguien a quien tratar bien. Y lo más importante, no tener celos. Son una enfermedad. La vida es algo maravilloso y hay que tratar de eliminar todos esos obstáculos que impiden que puedas vivir una vida feliz en compañía del otro. No te involucres en los celos y tampoco en el odio. Es primordial anteponer la bondad sobre los celos y otras cosas.

La mirada de Nancy escuchando las palabras de su marido evidencia el grado de admiración y amor que siente por él. Sus manos se entrelazan mientras se interrumpen cariñosamente, como solo puede hacerlo una pareja de enamorados.

¡Quién le iba a decir a aquella adolescente de dieciséis años que aquel esqueleto humano acabaría convirtiéndose en el amor de su vida!

Howard y Nancy con sus hijos, nietos
y bisnietos en diciembre de 2015.

Aquellos tres años en un campo de concentración no solo significaron que lo conocí. Había vivido una horrible guerra, no tenía a nadie cerca, y no estaba lista para una relación, ni para el amor o el matrimonio. No ayudé a Howard para eso. Lo hice porque quería ser feliz y ayudarlo, hacer algo bueno después de las cosas malas que habían pasado. Por eso escogí a mi marido. Traté de ayudarlo, mejorarlo, nutrirlo para que tuviera salud. Pero cuando nos dejó, no sabía si alguna vez nos encontraríamos de nuevo —relata colocándose las manos en la cara, sin dar crédito a lo que pasó después—. Me casé con un hombre maravilloso —señala a Howard—, y tenemos cuatro hijos y nietos estupendos. Me siento muy agradecida por ello.

En septiembre de 2016, Howard y Nancy dejaron la casa familiar, donde habían vivido sus últimos sesenta y cinco años, para trasladarse a un apartamento ubicado en una casa de reposo en Toronto. Las nuevas tecnologías les permiten seguir comunicándose con amigos y familiares, y transmitir a todo aquel que quiera escucharlos su insólita historia de lucha y supervivencia, donde el amor y la compasión se dan la mano a partes iguales. Ellos son, sin lugar a dudas, almas gemelas.

Howard y Nancy en la actualidad.

EPÍLOGO

Cuando, en el año 2012, terminé de escribir *Guardianas nazis. El lado femenino del mal*, estaba exhausta, rota por dentro, vacía. Pese a conocer lo ocurrido durante la Segunda Guerra Mundial, profundizar en los hechos concretos que acontecieron en los campos de concentración nazis, me dejó devastada. Cuanto más leía, cuanto más oía y veía en vídeos y fotografías, menos podía creer que aquello hubiera ocurrido realmente. Pero sucedió. Y lo hizo de la forma más terrible e inhumana que pueda imaginarse.

Si los hombres de Hitler fueron perversos, ellas, las «guardianas» de los campos de concentración, supusieron la mano ejecutora e implacable de la justicia aria. Mediante torturas y vejaciones, contribuyeron a limpiar Europa de judíos. Fueron las asesinas más despiadadas del nazismo.

Pero hay una frase que recopilé para ese libro que me afectó especialmente: «Hubo que vencer el miedo de volver a la vida normal; aprender de nuevo, como una criatura pequeña, los gestos sencillos: pagar el alquiler, ir al horno a comprar el pan, saludar a un vecino; salir del gueto moral, del "yo ya no soy como los demás"». La escribió la superviviente española Mercedes Núñez, más conocida como «Paquita Colomer», después de salir de Ravensbrück.

A medida que releía los testimonios de las víctimas, me fui dando cuenta de que ese «aprender de nuevo» era común a todas ellas. Tras tanta tragedia, la mayoría de los liberados volvieron personas más optimistas, más humanas e incluso filosóficas ante la vida. Lograron salir del infierno y se habían enamorado, casado y tenido hijos. Pese al sufrimiento extremo padecido en los campos de concentración, no habían perdido la capacidad ni de vivir; ni de sentir; ni, por supuesto, de amar. Entre tanto horror, maltrato y perversión, habían encontrado un hueco para el amor. Algo que, irremediablemente, me hizo pensar en el concepto taoísta del *ying* y el *yang*. Aquí vendría a referirse a que en toda barbarie encontramos un rayo de esperanza, y viceversa: donde predomina la luz también se vislumbra un hilo de oscuridad. Pero ¿amar? ¿Realmente era posible amar en aquellas circunstancias?

Gracias a una charla con mi gran amiga Paloma comenzaron a brotarme las ideas.

—¿Para cuándo escribirás un libro algo menos... terrible? —me preguntó, aludiendo a las duras historias que componen *Guardianas nazis*—. Quizá cambiar la perspectiva y hablar de amor por una vez, ¿no? —Me sonrió.

La miré en silencio, pensativa y algo descolocada.

—Amor...—musité. Y mi respuesta la dejó, si es posible, aún más desconcertada—. ¿Quieres decir historias de amor en los campos de concentración?

Por su cara supe que no se refería a eso. Pero yo, una vez más quería sumergirme en una de las épocas más cruentas de nuestra historia. ¿Por qué no? Entonces, me vinieron a la cabeza títulos de películas como *V de Vendetta*, *Aimée & Jaguar*, *La vida es bella*... En estas cintas ya se hablaba de amor.

Pasaron casi tres años hasta que maduré la idea y comencé un esbozo que pude presentar a la editorial. En ese tiempo incluso publiqué dos libros más.

Profundizar sobre las historias de amor en los campos nazis no era tarea fácil y requería tiempo, mucho tiempo. Durante dos años cabalgué por la red en busca de información, visité multitud de bibliotecas, leí cientos de libros, hablé con decenas de expertos de todo el mundo (Israel, Estados Unidos, Canadá, Alemania, Reino Unido, Polonia...), contacté con organismos y museos sobre el Holocausto, hasta que, por fin, entre todas las experiencias que hallé, me topé con siete que me dejaron sin aliento.

Durante meses indagué sobre la vida de estos supervivientes: si aún seguían vivos, en qué país residían, si habían tenido descendencia y, sobre todo, si querían hablar conmigo y contarme su particular historia de amor.

No fue fácil dar con cada uno de ellos. En el caso de las mujeres, lo fue aún menos, porque, excepto en España, al casarse suelen toman el apellido del marido. Esto hizo más compleja la investigación, pero también me forzó a ser constante. No iba a cejar en mi empeño.

El primero en contestarme fue Marvin Stern, hijo de Paula. «Ella todavía vive», me informó Dee Simon, directora ejecutiva del Holocaust Center for Humanity de Seattle, en respuesta a mi correo electrónico.

«Está abierta a comunicarse contigo y a responder tus preguntas», me escribió después Marvin.

Aquel fue el primer e-mail de los muchos que nos intercambiamos hasta que, una tarde de septiembre, pude entrevistar a su madre por Skype. Cuando por fin nos vimos a través de la pantalla de la computadora, tuve que contener las lágrimas y tragar saliva. No era para menos. Aquella mujer al otro lado del océano Atlántico, quería contarme su vida, a mí, una completa desconocida; había decidido abrir la caja de Pandora y recordar su angustioso paso por los campos de concentración, con todo lo que ello suponía, y explicarme su terrible vivencia. Mientras conversábamos, la voz se le quebraba y la emoción la embargaba. Aun así, logró terminar el relato con gran entereza. Si eso no era gratitud...

Después llegaron más conversaciones con otros familiares de los protagonistas. Hijas e hijos que, orgullosos, me contaban quiénes habían sido sus padres, cómo habían sido sus vidas antes y después de la guerra, por qué los nazis los apresaron y los enviaron a los campos de concentración, y en qué momento el amor había llamado a sus puertas.

Cada entrevista dejaba de serlo para convertirse en una charla sin reloj, donde apenas había ya preguntas, solo una narración conexa de la que yo me limitaba a ser una mera espectadora. Ahí aprendí que cuando las historias están tan vivas, no se necesitan acotaciones ni interrupciones. Solo dejarlas fluir.

A lo largo de mi investigación, me topé con muchas otras historias de amor, igual de relevantes que las que aquí plasmé.

La de Horace, que llegó a escabullirse hasta en doscientas ocasiones de Auschwitz para visitar a su amada Rosa, hija del cantero del campo de Lamsdorf; o la de Joseph y Rebecca, que consiguieron casarse en Plaszow y reencontrarse años después; incluso la del nazi Metelmann, que se enamoró de una muchacha rusa durante la guerra de Crimea; o la de la española Margarita y el austríaco Rudolf, que contrajeron matrimonio en Auschwitz, por lo que él fue ejecutado al día siguiente. Pero la apoteosis estaba por llegar.

El mayor regalo que *Amor y horror nazi* me hizo durante su creación, fue conocer a Howard y Nancy. Conversar con estos dos octogenarios fue uno de los mejores momentos de mi carrera como escritora, por el que me siento muy agradecida. Ellos, al igual que Paula, no dudaron ni un segundo en abrirme su corazón, llorar conmigo y hacerme partícipe de algo tan íntimo como sus sentimientos. Ver cómo estas dos personas se desnudaban ante mí, sin tapujos ni vergüenza, con su verdad por delante y transmitiendo un amor y una paz inagotables, me confirmó, una vez más, que el ser humano es bueno por naturaleza.

Sus palabras no partían del rencor ni del odio a los nazis, no buscaban venganza. Hablaban de esperanza, de fe, de comprensión, de agradecimiento por lo que han conseguido y por lo que dejaron atrás. Hablaban de ese «no olvidar» la historia para no estar condenados a repetirla; para que las nuevas generaciones no nieguen lo que se gestó en aquellos campos de exterminio; para que no ignoren por qué asesinaron a más de seis millones de personas, ni por qué los ideólogos y los ejecutores de ese exterminio jamás se arrepintieron. Pero sobre todo, para que vivan respetando al prójimo, sin ningún rencor y siendo conscientes de que el amor también puede nacer entre las ruinas.

Su legado y su coraje, como el del resto de los supervivientes que aquí aparecen, permanecerán por siempre en mi recuerdo.

NOTAS

**1. Helena Citrónová y Franz Wunsch.
Amor prohibido en Auschwitz**

1. Robert S. Wistrich, *Hitler y el Holocausto*, p. 234.
2. Michael Burleigh, *El Tercer Reich. Una nueva historia*.
3. USHMM, *Las leyes raciales de Núremberg*.
4. Steven T. Katz, «The Holocaust and Comparative History», en *Leo Baeck Memorial Lectures*, p. 22.
5. Jürgen Matthäus, *Approaching an Auschwitz Survivor. Holocaust testimony and its transformations*.
6. Yeshayahu Jelinek, «The Final Solution», en *East European Quarterly*, pp. 431-447.
7. *Ibíd.*
8. *Ibíd.*
9. Jürgen Matthäus, *op. cit.*
10. *Ibíd.*
11. *Ibíd.*
12. Laurence Rees, *Auschwitz. Los nazis y la solución final*, p. 197.
13. *Ibíd.*, pp. 197-198.
14. *Ibíd.*, p. 264.
15. *Ibíd.*, pp. 264-265.
16. BBC, *Auschwitz: Inside the Nazi State*.
17. Hermann Langbein, *People in Auschwitz*, pp. 139-140.
18. *Ibíd.*
19. Laurence Rees, op. cit., p. 249.
20. *Ibíd.*, p. 265.
21. *Ibíd.*
22. BBC, *Auschwitz: Inside the Nazi State*.

23. BBC, *Auschwitz: Inside the Nazi State*.
24. Aleksander Lasik, «Historical-Sociological Profile of the SS», en Yisrael Gutman, Michael Berenbaum, y The United States Holocaust Memorial Museum, *Anatomy of the Auschwitz Death Camp*.
25. BBC, *Auschwitz, los nazis y la solución final*.
26. Benjamin Jacobs, *The Dentist of Auschwitz: A Memoir*.
27. Laurence Rees, *op. cit.*, p. 248.
28. *Ibíd.*, p. 249.
29. *Ibíd.*, pp. 249-250.
30. Declaración de Irma Grese en el juicio de Bergen-Belsen celebrado en Lüneburg, Alemania, en septiembre de 1945. Rudolf Höss, *Yo, comandante de Auschwitz*, p. 455.
31. Hermann Langbein, *op. cit.*, pp. 139-140.
32. *ABC*, 13 de agosto de 2015.
33. BBC, *Auschwitz, los nazis y la solución final*.
34. Eugen Kogon, *The Theory and Practice of Hell: The German Concentration Camps and the System behind Them*, pp. 312-313.
35. Jürgen Matthäus, *op. cit.*, p. 20.
36. Laurence Rees, *op. cit.*, p. 266.
37. Hermann Langbein, *op. cit.*, p. 410.
38. Laurence Rees, *op. cit.*, pp. 262-263.
39. *Ibíd.*, p. 263.
40. *Ibíd.*, p. 267.
41. BBC, *Auschwitz, los nazis y la solución final*.
42. *ABC*, 13 de agosto de 2015.
43. Laurence Rees, *op. cit.*, p. 268.
44. Hermann Langbein, *op. cit.*, pp.139-140.
45. Michael Burleigh, *op. cit.*
46. José María del Olmo Gutiérrez, *III Reich: El experimento nacional-socialista alemán*, p. 38.
47. Laurence Rees, *op. cit.*, p. 269.
48. *Ibíd.*, p. 269.
49. BBC, *Auschwitz, los nazis y la solución final*.
50. *Ibíd.*
51. *Ibíd.*
52. *Ibíd.*
53. Yvonne Kozlovsky Golan, Documental: *Cinematic love and the Shoah: Abnormal Love During Abnormal Times*.
54. Laurence Rees, *op. cit.*, p. 272.
55. *Ibíd.*

56. USHMM, *Las marchas de la muerte*.
57. Laurence Rees, *op. cit.*, p. 364.
58. *Ibíd.*, p. 376.
59. Mónica G. Álvarez, *Guardianas nazis. El lado femenino del mal*, p. 148.
60. *New York Times*, «Auschwitz Gas Chambers Designer on Trial in Vienna», 19 de enero de 1972.
61. «Austria on Trial», en *The Vienna Review*, 1 de mayo de 2007.
62. Documentales: *Cinematic love and the Shoah: abnormal love during abnormal times* y *Love in Auschwitz: A different love*.
63. Hermann Langbein, *op. cit.*, p. 411.
64. *ABC*, 13 de agosto de 2015.
65. Maya Sarfaty (dir.), documental: *The most beautiful woman*.
66. Tor Ben-Mayor (dir.), documental: *Love in Auschwitz: A different love*.
67. Maya Sarfaty (dir.), documental: *The most beautiful woman*.
68. Yvonne Kozlovsky Golan, *op. cit.*

2. David y Perla Szumiraj.
Al otro lado de la alambrada

1. Jewish Virtual Library.
2. *Ibíd.*
3. *Ibíd.*
4. Entrevista a Enrique Szumiraj, 15 de diciembre de 2016.
5. Transcripción para *Deme sus niños*: «Voces del gueto de Lodz», www.ushmm.org.
6. *Ibíd.*
7. Entrevista a David Szumiraj el 22 de abril de 1999, en *El Día* (La Plata).
8. Jewish Virtual Library.
9. *Ibíd.*
10. Transcripción para *Deme sus niños*: «Voces del gueto de Lodz», www.ushmm.org.
11. Jewish Virtual Library.
12. Programa *Vidas contadas*: «Mordechai Chaim Rumkowski», Radio 5, 16 de enero de 2012.
13. Laurence Rees, *Los verdugos y las víctimas: las páginas negras de la historia de la Segunda Guerra Mundial*, p. 143.

14. Jewish Virtual Library.
15. *Ibíd.*
16. Entrevista a David Szumiraj el 22 de abril de 1999, art. cit.
17. *Ibíd.*
18. Jewish Virtual Library.
19. Entrevista a David Szumiraj el 22 de abril de 1999, art. cit.
20. Laurence Rees, *op. cit.*, p. 112.
21. *Ibíd.*
22. *Ibíd.*
23. *Ibíd.*, p. 113.
24. *Ibíd.*, p. 114.
25. Entrevista a David Szumiraj, art. cit.
26. Entrevista a David Szumiraj en BBC.com el 27 de enero de 2005.
27. Entrevista a David Szumiraj el 22 de abril de 1999, art. cit.
28. Jürgen Matthäus, *Approaching an Auschwitz Survivor. Holocaust Testimony and its Transformations.*
29. Mónica G. Álvarez, *Guardianas nazis. El lado femenino del mal*, p. 77.
30. «Law Reports of Trials of War Criminals. Selected and prepared by The United Nations War Crimes Commission», The United Nations War Crimes Commission by His Majesty's Stationery Office, vol. II.
31. Entrevista a David Szumiraj en BBC.com el 27 de enero de 2005.
32. Entrevista a David Szumiraj el 22 de abril de 1999, art. cit.
33. *Ibíd.*
34. Mónica G. Álvarez, *op. cit.*, p. 123.
35. Entrevista a David Szumiraj el 22 de abril de 1999, art. cit.
36. Mónica G. Álvarez, *op. cit.*, pp. 123-124.
37. *Ibíd.*, p. 123.
38. Entrevista a David Szumiraj el 22 de abril de 1999, art. cit.
39. Richard Rhodes, *Amos de la muerte. Los SS Einsatzgruppen y el origen del Holocausto*, p. 174.
40. Entrevista a David Szumiraj el 22 de abril de 1999, art. cit.
41. Entrevista a David Szumiraj el 22 de abril de 1999, art. cit.
42. Mónica G. Álvarez, *op. cit.*, p.145.
43. Entrevista a David Szumiraj el 22 de abril de 1999, art. cit.
44. *Ibíd.*
45. Entrevista a David Szumiraj en BBC.com el 27 de enero de 2005.
46. Mónica G. Álvarez, *op. cit.*, p. 310.
47. Entrevista a David Szumiraj el 22 de abril de 1999, art. cit.

48. Entrevista a David Szumiraj el 22 de abril de 1999, art. cit.
49. Entrevista a David Szumiraj en BBC.com el 27 de enero de 2005.
50. «La liberación de Auschwitz. La puerta del infierno», en *El Mundo*, 27 de enero de 2015.
51. Entrevista a David Szumiraj en BBC.com el 27 de enero de 2005.
52. Entrevista a Enrique Szumiraj, 15 de diciembre de 2016.
53. Entrevista a David Szumiraj en BBC.com el 27 de enero de 2005.
54. Entrevista a David Szumiraj el 22 de abril de 1999, art. cit.
55. Según datos del hijo Enrique Szumiraj.
56. Entrevista a David Szumiraj en BBC.com el 27 de enero de 2005.
57. Entrevista a David Szumiraj el 22 de abril de 1999, art. cit.

3. *Felice Schragenheim y Elisabeth Wust. El amor lésbico que desafió al nazismo*

1. USHMM, *Lesbians and the Third Reich*.
2. Mónica G. Álvarez, *Guardianas nazis. El lado femenino del mal*, p. 20.
3. USHMM, *op. cit.*
4. Jack Gaylord Morrison, *Ravensbrück: Everyday Life in a Women's Concentration Camp, 1939-1945*, pp. 131-132.
5. Paul Roland, *Nazi Women. The Attraction of Evil*.
6. «La extraordinaria historia del amor entre una judía y una "aria" en Berlín, 1943», en la revista *OZ*, 15 de mayo de 2008.
7. Museo Judío de Berlín.
8. *Ibíd.*
9. «Felice Schragenheim: judía, espía y lesbiana en la Alemania nazi», en *El Español*, 10 de diciembre de 2016.
10. «Ejemplos de ilegalización en Francia y Alemania», en *El País*, 23 de marzo de 2002.
11. Erica Fisher, *Aimée & Jaguar: A Love Story, Berlin 1943*.
12. Michael Burleigh, *El Tercer Reich. Una nueva historia*.
13. Erica Fisher, *op. cit.*
14. *Ibíd.*
15. *Ibíd.*
16. *Ibíd.*
17. Museo Judío de Berlín.
18. «What Happened to Gay Women During the Holocaust?», en *Gay Starnews*, 5 de febrero de 2015.

19. *El Español,* art. cit.
20. Las fotografías de este capítulo corresponden a ese momento.
21. Erica Fisher, *op. cit.*
22. USHMM, Theresienstadt.
23. *Ibíd.*
24. *Ibíd.*
25. Erica Fisher, *op. cit.*

4. Paula y Klaus Stern.
Bendiciones, amor y coraje

1. Pierre Vidal-Naquet, *Los asesinos de la memoria,* p. 106.
2. Klaus Stern, *My Legacy: Blessings, Love and Courage.* (Las referencias en primera persona de Klaus están extraídas de este libro.)
3. Entrevista con Paula Stern, superviviente del Holocausto, 18 de septiembre de 2016.
4. Washington State Holocaust Education Resource Center.
5. *Ibíd.*
6. *Ibíd.*
7. «*Kristallnacht,* un pogromo nacional», USHMM.
8. *Ibíd.*
9. *Ibíd.*
10. Klaus Stern, *op. cit.*
11. Mónica G. Álvarez, *Guardianas nazis. El lado femenino del mal,* p. 206.
12. Mercedes Núñez Targa, *El carretó dels gossos: una catalana a Ravensbrück.*
13. Citado en el capítulo de Helena Citrónová y Franz Wunsch.
14. BBC, *Auschwitz: Inside the Nazi State.*
15. Laurence Rees, *Auschwitz: los nazis y la solución final,* p. 280.
16. Mónica G. Álvarez, *op. cit.,* p. 137.
17. Laurence Rees, *op. cit.,* p. 281.
18. BBC, *Auschwitz: Inside the Nazi State.*
19. *Ibíd.*
20. Mónica G. Álvarez, *op. cit.,* p. 106.
21. StA b. LG Osnabrück, 4Ks2/52, (Rakers Trial), Hauptakten, vol. V, p. 21.
22. «Obituary: Holocaust survivor Klaus Stern shared hisstory», en *Seattle Times,* 16 de mayo de 2013.

5. Jerzy Bielecki y Cyla Cybulska. Treinta y nueve rosas

1. Hanna Levy-Hass, *Diary of Bergen-Belsen: 1944-1945*, p. 85.
2. *Ibíd.*
3. *Ibíd.*, p. 54.
4. Marek Edelman, *También hubo amor en el gueto (Biografías y Memorias).*
5. La mayor parte de los datos biográficos están extraídos de la web de Jerzy, con el permiso de su familia (www.jerzybielecki.com).
6. «An Auschwitz Love Story», en *San Diego Jewish World*, 15 de mayo de 2015.
7. Entrevista a Alicja Januchowski, hija de Jerzy Bielecki, el 4 de octubre de 2016.
8. Museo Nacional de Auschwitz-Birkenau.
9. Shoah Resource Center, The International School for Holocaust Studies.
10. Institute of National Remembrance, *The Destruction of the Polish Elite. Operation AB*, p. 69.
11. «Auschwitz: El tren de la muerte», en Sur.es, 21 de junio de 2010.
12. Informe de Bogumił Antonowicz, que llegó al campo de Auschwitz en el primer transporte de Tarnów, Archival Collections of the Auschwitz-Birkenau State Museum, p. 69.
13. Según The Register Book of Block 4 at Auschwitz I, del Museo de Auschwitz.
14. Hakehilot Pinkas, *Encyclopedia of Jewish Communities in Poland*, vol. 1.
15. Yad Vashem, *The Communities of Lodz and its Region: List of the Communities.*
16. Hakehilot Pinkas, *op. cit.*
17. POLIN, Museum of the History of Polish Jews.
18. En la página web de Jerzy.
19. Entrevista a Fay Roseman, hija de Cyla Cybulska, el 12 de agosto de 2017.
20. BBC, *Auschwitz: Inside The Nazi State.*
21. *Ibíd.*
22. *Ibíd.*
23. USHMM, Auschwitz.
24. «An Auschwitz Love Story», art. cit.
25. USHMM, Auschwitz.

26. Mónica G. Álvarez, *Guardianas nazis. El lado femenino del mal*, p. 110.
27. *Ibíd.*
28. *Ibíd.*, pp. 110-111.
29. USHMM, Auschwitz.
30. Laurence Rees, *Auschwitz: los nazis y la solución final*, pp. 61-62.
31. BBC, *Auschwitz: Inside the Nazi State*.
32. Mónica G. Álvarez, *op. cit.*, p. 112. (Palabras de María Hanel-Halska, una prisionera dentista y exempleada del doctor Mengele.)
33. Laurence Rees, *op. cit.*, p. 61. (Testimonio de Jerzy.)
34. *Ibíd.*
35. *Ibíd.*
36. En la página web de Jerzy.
37. BBC, *Auschwitz, los nazis y la solución final*.
38. Laurence Rees, *op. cit.*, pp. 65-68.
39. *Ibíd.* p. 66. (Testimonio de Jerzy.)
40. *Ibíd.*, y también en el documental.
41. *Ibíd.*
42. *Ibíd.* p. 67
43. BBC, *Inside The Nazi State*.
44. *Ibíd.*
45. Laurence Rees, *op. cit.*, pp. 136-137.
46. BBC, *Auschwitz, los nazis y la solución final*.
47. *Ibíd.*
48. *Ibíd.*
49. Laurence Rees, *op. cit.*, p. 63.
50. USHMM, Auschwitz.
51. Deutsches Reich - Das Institut fuer Zeitgeschichte *Befehle Im KZ Auschwitz 1940-1945*.
52. Piotr M. A. Cywiński, *Auschwitz from A to Z: an illustrated history of the camp*, Oświęcim.
53. «Former Inmate Recalls Daring, Romantic Escape From Auschwitz», en The Associated Press, 20 de julio de 2010.
54. «Jerzy Bielecki Dies at 90; Fell in Love in a Nazi Camp», en *The New York Times*, 23 de octubre de 2011; y entrevista a Alicja.
55. *An Auschwitz Love Story*, art. cit.
56. The Associated Press, art. cit.
57. *Ibíd.*
58. Yisrael Gutman, Michel Berembaum y The United States Holocaust Memorial Museum, *Anatomy of the Auschwitz Death Camp*, p. 509.

59. Jerzy Bielecki, *Kto ratuje jedno życie, op. cit.*
60. *Ibíd.*
61. Yisrael Gutman *et al.*, *op. cit.*, p. 509.
62. The Associated Press, art. cit.
63. *The New York Times,* art. cit.
64. Palabras de Stanlee J. Stahl, vicepresidente ejecutiva de The Jewish Foundation for the Righteous de Nueva York y amiga de Jerzy.
65. The Associated Press, art. cit.
66. *Ibíd.*
67. *The New York Times*, art. cit.
68. Palabras de Stanlee J. Stahl, vicepresidente ejecutiva de The Jewish Foundation for the Righteous de Nueva York y amiga de Jerzy, en su necrológica.
69. Paul Bartrop, *Resisting the Holocaust: Upstanders, Partisans, and Survivors*, pp. 27-29.
70. «Daughter Finds The Hero Who Saved Her Mom's Life», en *Sun Sentinel*, 20 de junio de 2006 y «The Holocaust Remembered», en *Miami Herald*, 16 de junio de 2006.
71. Testimonio de Susan Mintzer, amiga de toda la vida de Fay.
72. Paul Bartrop, *op. cit.*, pp. 27-29.
73. Palabras de Fay Roseman, hija de Cyla Cybulska, entrevista del 12 de agosto de 2017.

6. *Manya y Meyer Korenblit.*
Hasta que nos encontremos de nuevo

1. Michael Korenblit y Kathleen Janger, *Until We Meet Again*. Los relatos en primera persona de Manya y Meyer están extraídos del libro y de la entrevista al hijo del matrimonio, Michael Korenblit, el 17 de enero de 2017.
2. Entrevista a Michael Korenblit, el 17 de enero de 2017.
3. «Hrubieszów», en *The Yad Vashem Encyclopedia of the Ghettos During the Holocaust*, de Guy Miron (Jerusalem: Yad Vashem, 2009) y Eliyana R. Adler, Holocaust and Genocide Studies, vol. 28, pp. 1-30 (artículo).
4. Michael Korenblit y Kathleen Janger, *op. cit.*
5. Testimonio del superviviente, el doctor David Wdowinski, durante el juicio a Adolf Eichmann, sesión 67, fuente, State of Israel, *The Trial of Adolf Eichmann*, vol. I-V, Jerusalén, Ministerio de Justicia, 1994.

6. *Holocaust Encyclopedia*, «Lublin/Majdanek Concentration Camp», United States Holocaust Memorial Museum, 19 de abril de 2013.
7. Etty Hillesum, *An Interrupted Life: The Diaries Of Etty Hillesum, 1941-1943*.
8. Entrevista a Fay Roseman, hija de Cyla Cybulska, 12 de agosto de 2017.
9. «La nieta negra del sádico criminal nazi de *La lista de Schindler*», en *El Mundo*, 9 de febrero de 2015.
10. Mónica G. Álvarez, *Guardianas nazis. El lado femenino del mal*, p. 347.
11. Publicado por la editorial The Experiment en 2015.
12. Michael Korenblit y Kathleen Janger, *op. cit.*
13. *Ibíd.*
14. USHMM.
15. Entrevista a Michael Korenblit el 17 de enero de 2017.
16. Primo Levi, *Trilogía de Auschwtiz*, pp. 327-328.
17. USHMM. Dachau.
18. *Ibíd.*
19. «For Nazi Survivors, Late Reunion», en *The New York Times*, 30 de enero de 1982.
20. «After 39 years, "Dear Sister"», en *Washington Post*, 24 de mayo de 1982.
21. *The New York Times*, art. cit.

7. Howard y Nancy Kleinberg. Un amor entre ruinas

1. Mark Schutzman (ed.), *Wierzbnik-Starachowitz; A memorial book*. Testimonio de Yaakov Katz.
2. *Ibíd.*
3. Visual History Archive, USC Shoah Foundation Institute for Visual History and Education, University of Southern California (en lo sucesivo VHA). Entrevista 5410, Charles Kleinman, 1995.
4. Entrevista a Howard Kleinberg, 5 de octubre de 2016.
5. Christopher R. Browning, *Remembering Survival: Inside a Nazi Slave-Labor Camp*.
6. Datos extraídos del Centro de Educación y Museo Świętokrzyski Sztetl.
7. Entrevistas, VHA 33807, Gloria Borenstein, 1997.
8. Christopher R. Browning, *op. cit.*

9. Christopher R. Browning, *op. cit.*
10. Blog de Michel Botman, www.michelbotman.com.
11. Entrevistas, VHA 1833, Isidore Guterman, 1995.
12. Rivka Greenberg, *My Journey Through the Valley of the Shadow of Death*, p. 299.
13. Christopher R. Browning, *op. cit.*
14. Archivum Pánstwowe w Kielcach, oddzial w Starachowicach, zespol akt. miaste Starachowic (en lo sucesivo APK), sygn. arch. 46, nr. 116: Bürgermeister Starachowice to Jewish council Wierzbnik, May 6, 1940. Singer «Dark Days», Wierzbnik-Starachowitz, p. 28.
15. Christopher R. Browning, *op. cit.*
16. *Ibíd.*
17. *Ibíd.*
18. Entrevista a Nancy Kleinberg, el 5 de octubre de 2016.
19. Entrevista a Nancy Kleinberg, el 5 de octubre de 2016.
20. Entrevistas, VHA 1883, Isidore Guterman, 1995; 4334, Miriam Miklin, 1995; 9113, Hyman Flancbaum, 1995; 16230, Sol Lottman, 1996; 16680, Emil Najman, 1996, y 40881, Salek Benedikt, 1998.
21. Naomi Baumslag, *Murderous Science: Nazi Doctors, Human Experimentation, and Typhus*, pp. 2-5 y 11-15.
22. Christopher R. Browning, *op. cit.*
23. *Ibíd.*
24. «El día en que Varsovia se levantó contra el terror nazi», en *ABC*, 3 de agosto de 2013.
25. Auschwitz-Birkenau State Museum, *Auschwitz from A to Z. An Illustrated History*.
26. USHMM.
27. *Ibíd.*
28. *Ibíd.*
29. Mónica G. Álvarez, *Guardianas nazis. El lado famenino del mal*, p. 84.
30. Yitta Halberstam y Judith Leventhal, *Small Miracles of the Holocaust. Extraordinary coincidences of faith, hope, and survival*, p. 2.
31. «A war story that ends with a love story», en *Toronto Sun*, 13 de febrero de 2016.
32. *Ibíd.*

AGRADECIMIENTOS

En primer lugar, me gustaría dar las gracias a Lydia Díaz. Gracias por la confianza que me transmitiste al iniciar el reto más difícil de mi vida; por tus consejos, por el intercambio de ideas y por la tranquilidad que me brindaste durante el proceso. Sin tu apoyo y comprensión, el libro no hubiera sido posible. Gracias de corazón. En segundo lugar, quiero agradecer a mi editora, María Fresquet, y al resto del equipo de Luciérnaga, la indulgencia con la que trataron no solo el libro sino a mí. Gracias por su paciencia; sé que no ha sido nada fácil.

Gracias también a Paula, Howard y Nancy, por ser el regalo más bonito y preciado de mi carrera. Mi vida cambió cuando los conocí. Me enseñaron a verla con otros ojos. Gracias por sus palabras y su cariño. Me siento muy afortunada de haberles encontrado en mi camino. Los llevaré siempre en el corazón.

A las familias Bielecki, Cybulska, Kleinberg, Korenblit, Stern y Szumiraj, gracias por dejar que me colara en sus vidas y en sus recuerdos; por permitirme ahondar en su memoria y por facilitarme toda la información y las fotografías que necesitaba para escribir estas siete magníficas historias de amor. En especial a Alicja, Fay, Grzegorz, Brian, Marla, Talya, Michael, Joan, Marvin, Marion, Amy, Enrique y Regina. A todos, gracias.

Mi agradecimiento al Museo Nacional de Auschwitz-Birkenau, al United States Holocaust Memorial Museum y al U.S. National Archives, a la Das Bundesarchiv y al Shoah Resource Center por permitirme utilizar sus hemerotecas y por la documentación y el material fotográfico que me enviaron para completar esta obra.

A los traductores y transcriptores de inglés, polaco y alemán que formaron parte de este proceso literario. A Alejandro Otero, Sandra Goldberg, Claire Beddoe, Miriam Puelles y mi hermano José Antonio, por incorporarse a esta aventura y hacerme tan fácil comunicarme con los protagonistas del libro. Un millón de gracias.

Al director de cine Tor Ben-Mayor, por facilitarme información sobre su película *A different love*. A la estudiante norteamericana Maya Sarfaty por enviarme, antes de que saliera a la luz, su documental *The most beautiful woman,* que tanto me sirvió para documentarme. Ambos trabajos se basan en la historia de amor de Helena Citrónová y Franz Wunsch.

A Dee Simon, directora ejecutiva del Holocaust Center for Humanity de Seattle, por ponerme en contacto con la familia Stern. A Michel Botman, Lindy Amato y su hijo Noah, por ayudarme a encontrar al matrimonio Kleinberg y compartir conmigo la información de su blog y algunas fotografías.

A Stefanie Haupt, de Documentación Fotográfica del Museo Judío de Berlín, por permitirme el acceso a importantes documentos e imágenes exclusivas de la colección Elisabeth Wust y Felice Schragenheim.

A Carlos García Romeral, director de Bibliotecas de la Comunidad de Madrid, y a todo su equipo, por ponerme todas las facilidades del mundo para encontrar los libros que necesitaba para documentarme.

A mis queridos Pedro González e Isa Arjona, por aquella inolvidable sesión de fotos en la que durante tres horas intentamos que mi sonrisa llegara natural e intensa a los lectores. Su objetivo y su pincel me hicieron sentir la mujer más feliz del mundo a golpe de instantánea.

A mis buenos amigos del mundo del misterio, Laura Falcó, Fran Contreras Gil, Lorenzo Fernández Bueno, Miguel Pedrero y Josep Guijarro, por su amistad, apoyo, consejos y sugerencias durante los más de diez años que hace que nos conocemos. Una parte de este libro también es suya.

A Paloma Ramón, mi hermana de vida, no solo por aquella conversación en la que se me encendió el foco que precedió a la creación de este libro; sino también por las miles de ellas que tuvimos y tendremos, y en las que ponemos patas arriba al mundo con el mayor de los optimismos y con la mejor banda sonora posible: la risa.

A Javier Silvestre, mi «mañico» del alma. Solo tú sabes cómo hacerme olvidar los malos momentos, hacerme reír mil veces y sacarle partido a las penas para convertirlas en nuestras mejores aliadas. Porque Aragón y Castilla siempre estarán unidas en mi corazón.

A mis «fantásticas» Leti, Omaira y Manuela. ¡Por fin tienen el libro en sus manos! Parecía que este día no llegaría nunca, pero ¡lo logré! Gracias por estar a mi lado, por soportar el «monotema» con tanta paciencia y por no dejar nunca que perdiese las ganas de seguir escribiendo.

A Chus, porque sé que está viendo todo desde arriba; pienso en ti todos los días.

A mis amados padres, Rosa y Toño, por tantas y tantas cosas... Por darme la vida, por enseñarme los valores humanos indispensables que me convirtieron en toda una mujer, por abrazarme en mis momentos tristes y hacerme reír a carcajadas, por respetar mis silencios y mis angustias, porque sin ellos la vida no tendría ningún sentido.

Al hombre de mi vida, José Antonio, porque desde que nació no he podido dejar de quererle con locura, con esa necesidad inexplicable de cuidarle y ayudarle en todo momento. Gracias, mi querido hermano, por brindarme tu amistad y por hacerme sentir la hermana más especial sobre la faz de la tierra.

A ti, Lor; qué decirte que no sepas ya... Gracias por ser mi TODO. Siempre. Contigo. #MT

Y al resto de mis «incondicionales», que no olvido, por formar parte irremediablemente de mí. A todos ellos, la más sincera de las gratitudes. Una parte de este libro es de todos ellos.

BIBLIOGRAFÍA

ADLER, Eliyana R., *Holocaust and Genocide Studies*, vol. 28, 1, 2014.
ARAD, Yitzhak, *Belzec, Sobibor, Treblinka: The Operation Reinhard Death Camps*, Bloomington, Indiana University Press, 1999.
ÁLVAREZ, Mónica G., *Guardianas nazis. El lado femenino del mal*, Barcelona, Edaf, 2012.
AUSCHWITZ-BIRKENAU STATE MUSEUM, Archival Collections.
—, *The Register Book of Block 4 at Auschwitz I*.
ARENDT, Ana, *Eichmann en Jerusalén*, Barcelona, Editorial DeBolsillo, 2006.
ARMENGOU, Montse y BELIS, Ricard, *Ravensbrück, l'infern de les dones*, Barcelona, Angle Editorial, 2007.
ARONEANU, Eugène, *Inside the Concentration Camps. Eyewitness Accounts of Life in Hitler's Death Camps*, Westport, Greenwood Publishing Group, 1996.
BAHN BEER, Edith, *The Nazi's Officer Wife. How one Jewish Woman survived the Holocaust*, Pritchards Trustees Ltd., 2015.
BARTROP, Paul, *Resisting the Holocaust: Upstanders, Partisans, and Survivors*, Santa Bárbara, ABC-CLIO, 2016.
BAU, Joseph, *Dear God, Have you Ever Gone Hungry?*, Nueva York, Arcade Publishing, 1998.
BAUMSLAG, Naomi, *Murderous Science: Nazi Doctors, Human Experimentation, and Typhus*, Westport, CT Praeger, 2005.
—, *El pintor de Cracovia. Una de las memorias más increíbles que nos ha deparado el Holocausto*, Barcelona, Ediciones B, 2016.
BELENGUER MERCADÉ, Elisenda, *Neus Catalá. Memoria i lluita*, Barcelona, Fundació Pere Ardiaca, 2007.
BELTON, Neil: *The Good Listener: Helen Bamber, a Life Against Cruelty*, Nueva York, Pantheon Books, 1998.

BENSALOM, Isaac, *Auschwitz: los campos de exterminio nazis*, Barcelona, Ultramar, 1993.
BERKLEY, George E., *Hitler's Gift: The Story of Theresienstadt*, Boston, Branden Books, 2002.
BERNADAC, Christian, *Comando de mujeres*, Madrid, Círculo de Amigos de la Historia, 1976.
BERND GISEVIUS, Hans: *Adolfo Hitler*, Barcelona, Plaza & Janés, 1966.
BIELECKI, Jerzy, *Kto ratuje jedno życie*, Chrześcijańskie Stowarzyszenie Rodzin Oświęcimskich, 2011.
BLATMAN, Daniel, *The Death Marches: The Final Phase of Nazi Genocide*, Cambridge, Harvard University Press, 2011.
BLOOMBERG, Marty y BARRETT, Buckley Barry, *The Jewish Holocaust: An Annotated Guide to Books in English*, Maryland, Wildside Press LLC, 1995.
BLUM, Howard, *Wanted!: The Search for Nazis in America*, Nueva York, Simon & Schuster, 1989.
BROWNING, Christopher R., *Remembering Survival: Inside a Nazi Slave-Labor Camp*, W. W. Norton & Company, Edición Kindle.
BOCK, Gisela: *Genozid und Geschlecht: Jüdische Frauen im nationalsozialistischen Lagersystem*, Fráncfort, Campus Verlag, 2005.
BUBER-NEUMANN, Margarete, *Prisionera de Stalin y Hitler. Un mundo en la oscuridad*, Barcelona, Círculo de Lectores, 2005.
BURLEIGH, Michael, *El Tercer Reich. Una nueva historia*, Madrid, Taurus historia, 2008.
BUSSGANG, Fay, *The Last Eyewitnesses: Children of the Holocaust Speak*, vol. 2, Illinois, Northwestern University Press, 2005.
CASTRO, Fermín, *Los poderes ocultos de Hitler*, Málaga, Corona Borealis, 2009.
CATALÁ, Neus, *De la resistencia y la deportación*, Barcelona, Ediciones Península, 2000.
Connecticut Journal of International Law, Volumen 11, Connecticut, 1995.
COOK, Bernard A., *Women and War: A Historical Encyclopedia from Antiquity to the Present*, Santa Bárbara, ABC-CLIO, 2006.
COOKE, Paul, y SILBERMAN, Marc, *Screening War: Perspectives on German Suffering*, Rochester, Camden House, 2010.
CROWE, David, *Oskar Schindler: The Untold Account of His Life, Wartime Activites, and the True Story Behind the List*, Cambridge, Basic Books, 2007.
CYWIŃSKI, Piotr M. A., *Auschwitz from A to Z: An Illustrated History of the Camp*, Oświęcim, Auschwitz-Birkenau State Museum, 2013.

CZECH, Danuta, *Auschwitz Chronicle, 1939-1945*, Nueva York, Henry Holt & Co. (P), 1997.

—, *Auschwitz: Nazi Death Camp*, Auschwitz, Auschwitz-Birkenau State Museum, 1996.

CZIBORRA, Pascal, *Frauen im KZ: Möglichkeiten und Grenzen der historischen Forschung am Beispiel des KZ Flossenbürg und seiner Außenlager*, Bielefeld, Lorbeer -Verlag, 2010.

D'ALMEIDA, Fabrice, *Recursos inhumanos. Guardianas de campos de concentración 1933-1945*, Madrid, Alianza Editorial, 2013.

DE GAULLE-ANTHONIOZ, Geneviève, *The Dawn of Hope: A Memoir of Ravensbrück*, Nueva York, Arcade Publishing, 1999.

DEAGLIO, Enrico, *La banalidad del bien. Historia de Giorgio Perlasca*, Barcelona, Editorial Herder, 1997.

DEANE LAGERWEY, Mary, *Reading Auschwitz*, Walnut Creek, Rowman Altamira, 1998.

DEL OLMO GUTIÉRREZ, José María, *III Reich: El experimento nacional-socialista alemán*, Madrid, Eride Ediciones, 2010.

DUNIN-WĄSOWICZ, Krzysztof, *Stutthof*, Książka i Wiedza, Varsovia, 1970.

EDELMAN, Marek, *También hubo amor en el gueto*, Barcelona, Galaxia Gutenberg, 2014.

EPSTEIN, Catherine, *Model Nazi: Arthur Greiser and the Occupation of Western Poland*, Oxford, Oxford University Press, 2010.

ERPEL, Simone, *Im Gefolge der SS: Aufseherinnen des Frauen-KZ Ravensbrück. Begleitband zur Ausstellung*, Berlín, Metropol-Verlag, 2007.

ESCHEBACH, Insa, *Gedächtnis und Geschlecht*, Frankfurt, Campus Verlag, 2002.

FEIG, Konnilyn G., *Hitler's death camps: The Sanity of Madness*, Nueva York, Holmes & Meier Publishers, 1981.

FERENCZ, Benjamin B., *Less Than Slaves: Jewish Forced Labor and the Quest for Compensation*, Indiana, Indiana University Press, 2002.

FIELDING, Steven, *Pierrepoint: A Family of Executioners*, John Blake. Edición Kindle, 2008.

FISHER, Erica, *Aimée & Jaguar: A Love Story, Berlin 1943*, Edición Kindle, 2016.

FRANK, Anna, *El diario de Ana Frank*, Barcelona, De Bolsillo, 2012.

FRIEDLANDER, Henry, *The Origins of Nazi Genocide: From Euthanasia to the Final Solution*, Carolina del Norte, University of North Carolina Press, 1997.

FRIEDLÄNDER, Saul, ¿Por qué el holocausto? Historia de una psicosis colectiva, Barcelona, Editorial Gedisa, 2004.

—, El Tercer Reich y los judíos (1939-1945). Los años del exterminio, Barcelona, Galaxia Gutenberg/Círculo de Lectores, 2009.

FRIEDMAN, Jonathan C., Routledge History of the Holocaust, Londres y Nueva York, Taylor & Francis, 2011.

FRIEDMAN, Leon, The Law of War: A Documentary History, vol. 2, Nueva York, Random House, 1972.

FRIEDMAN, Saul S. y KUTLER, Laurence: The Terezín Diary of Gonda Redlich, Kentucky, University Press of Kentucky, 1999.

FRIESOVÁ, Jana Renée, Fortress of My Youth: Memoir of a Terezín Survivor, Wisconsin, University of Wisconsin Press, 2002.

FROMMER, Benjamin, National Cleansing: Retribution Against Nazi Collaborators in PostWar Czechoslovakia, Nueva York, Cambridge University Press, 2005.

FÜLLBERG-STOLBERG, Claus, Frauen in Konzentrationslagern: Bergen-Belsen, Ravensbrück, Bremen, Edition Temmen, 1994.

GARCÍA, Roberto, El nazismo oculto, Barcelona, Styria, 2008.

GAYLORD MORRISON, Jack, Ravensbrück: Everyday Life in a Women's Concentration Camp, 1939-1945, Nueva York, Markus Wiener Publishers, 2000.

GOLDENSOHN, Leon, Las entrevistas de Núremberg, Madrid, Taurus Historia, 2008.

GOODRICK-CLARKE, Nicholas, Hitler's Priestess: Savitri Devi, the Hindu-Aryan Myth, and Neo-Nazism, Nueva York, New York University Press, 2000.

GRAF, Jürgen y MATTOGNO, Carlo, Concentration Camp Majdanek: A Historical and Technical Study, Nueva York, Theses & Dissertations Press, 2003.

GREENBERG, Rivka, My Journey Through the Valley of the Shadow of Death, Wierzbnik-Starachowice Memorial Book, versión CD.

GROBMAN, Alex, LANDES, Daniel y MILTON, Sybil, Genocide, Critical Issues of the Holocaust: A Companion to the Film, Nueva Jersey, Behrman House, Inc., 1983.

GUTMAN, Yisrael, BERENBAUM, Michael y THE UNITED STATES HOLOCAUST MEMORIAL MUSEUM, Anatomy of the Auschwitz Death Camp, Indiana, Indiana University Press, 1998.

HANDRO, Saskia y SCHÖNEMANN, Bernd, Visualität und Geschichte, Münster, LIT Verlag Münster, 2011.

HACKL, Erich, Boda en Auschwitz, Barcelona, Editorial Destino, 2004.

HAHN BEER, Edith, *The Nazi's Officer Wife. How one Jewish Woman Survived the Holocaust*, Pritchards Trustees Ltd., 2015.

HALBERSTAM, Yitta y LEVENTHAL, Judith, *Small miracles of the Holocaust. Extraordinary Coincidences of Faith, Hope, and Survival*, Guilford, The Lyons Press, 2008.

HANDRO, Saskia y SCHÖNEMANN, Bernd, *Visualität und Geschichte*, Münster, LIT Verlag Münster, 2011.

HARRIS, Whitney R., *Tyranny on Trial: the Evidence at Nuremberg*, Texas, Southern Methodist University Press, 1954.

HARVEY, Elizabeth, *Women and the Nazi East: Agents and Witnesses of Germanization*, Nueva York, Yale University Press, 2003.

HAUSSMANN, Jean, *In Search of the Origins of Nazi Monstrosity: From Persecution to Annihilation*, Pittsburgh, Dorrance Publishing, 2011.

HAYES, Peter y DIEFENDORF, Jeffry M., *Lessons And Legacies VI: New Currents In Holocaust Research*, Illinois, Northwestern University Press, 2004.

HEBERER, Patricia y MATTHÄUS, Jürgen, *Atrocities on Trial: Historical Perspectives on the Politics of Prosecuting War Crimes*, Nebraska, University of Nebraska Press, 2008.

HELM, Sarah, *If this is a Woman. Inside Ravensbrück: Hitler's concentration camp for Women*, Londres, Little Brown, 2015.

HERBERMANN, Nanda, *The Blessed Abyss: Inmate #6582 in Ravensbrück Concentration Camp for Women*, Detroit, Wayne State University Press, 2000.

HERNÁNDEZ, Jesús, *Pequeñas grandes historias de la Segunda Guerra Mundial*, Barcelona, Temas de Hoy, 2015.

HIGONNET, Margaret R., *Behind the Lines: Gender and the Two World Wars*, Nueva York, Yale University Press, 1989.

HILBERG, Raul, *La destrucción de los judíos europeos*, Madrid, Ediciones AKAL, 2005.

HILLESUM, Etty, *An Interrupted Life: the Diaries of Etty Hillesum, 1941-1943*, Bussum, Haan/Uniboek b.v., 1981.

HITLER, Adolf, *Conversaciones privadas de Hitler*, Barcelona, Editorial Crítica, 2004.

—, *Mein Kampf*.

HOLDEN, Wendy, *Nacidos en Mauthausen. La lucha por la vida de tres madres y sus bebés en el horror de los campos nazis*, Barcelona, RBA Libros, 2015.

HÖSS, Rudolf, *Yo, comandante de Auschwitz*, Barcelona, Ediciones B, 2009.

INSTITUT FUER ZEITGESCHICHTE, *Befehle Im KZ Auschwitz 1940-1945*, Berlín, 2000.
INSTITUTE OF NATIONAL REMEMBRANCE, *The Destruction of the Polish Elite. Operation AB – Katyn*, 2009.
JACOBS ALTMAN, Linda, *Crimes and Criminals of the Holocaust*, Nueva York, Enslow Publishers, 2004.
—, *The Importance of Simon Wiesenthal*, Michigan, Lucent Books, 2000.
JACOBS, Benjamin, *The Dentist of Auschwitz: A Memoir*, Kentucky, University Press of Kentucky, 2001.
JAY LIFTON, Robert, *The Nazi Doctors: Medical Killing and the Psychology of Genocide*, Cambridge, Basic Books, 2000.
JELINEK, Yeshayahu, «The Final Solution», en *East European Quarterly*, The Slovak Version, 1971.
JENKINS, Ryan, *Irma Grese & The SS Girls From Hell: The Secret Stories of Their Holocaust & Auschwitz Atrocities Revealed*, Edición Kindle, 2015.
JENKINS, Marilyn, *The Legacy of Alice Waters*, Marilyn Jenkins, 2009.
JEWISH BLACK BOOK COMMITTEE, *The Black Book: Tthe Nazi Crime Against the Jewish People*, The Jewish Black Book Committee, 1946.
JIMÉNEZ CORES, Pablo, *Las estrategias de Hitler: las raíces ocultas del Nacionalsocialismo*, Madrid, Ediciones Nowtilus, 2004.
JONES, Phillip E., *Quickly to Her Fate*, P J Publishing, Edición Kindle, 2011.
JUDSON RICHARDS, Peter, *Extraordinary Justice: Military Tribunals in Historical and International Context*, Nueva York, New York University Press, 2007.
KACER, Kathy, *The Underground Reporters*, Londres, Evans Brothers, 2006.
KALECHOFSKV, Roberta, *Four Women from Ravensbrück: 5 Stories from the Shoa*, Micah Publications, 2011.
KATZ, Steven T., «The Holocaust and Comparative History», en *Leo Baeck Memorial Lectures*, 37, Nueva York, 1993.
KENEALLY, Thomas, *Schindler's Ark*, Londres, The Folio Society, 2009.
KERSHAW, Ian, *Hitler, los alemanes y la solución final*, Madrid, La Esfera de los Libros, 2009.
KOGON, Eugen, *El estado de las SS: el sistema de los campos de concentración alemanes*, Barcelona, Alba Editorial, 2005.

—, *The Theory and Practice of Hell: The German Concentration Camps and the System behind Them*, Nueva York, Farrar, Straus and Giroux, 2006.

KOMPISCH, Kathrin, *Täterinnen: Frauen im Nationalsozialismus*, Köln, Böhlau Verlag Köln Weimar, 2008.

KORENBLIT, Michael, y JANGER, Kathleen, *Until We Meet Again*, Miracle Press, Edición Kindle, 1995.

KRAFT, Helga, y C. G. LORENZ, Dagmar, *From Fin-de-Siècle to Theresienstadt: The Works and Life of the Writer Elsa Porges-Bernstein*, Peter Lang, Nueva York, 2007.

LACE, William W., *The death camps*, Michigan, Lucent Books, 1998.

LANGBEIN, Hermann, *People in Auschwitz*, Carolina del Norte, University of North Carolina Press, 2004.

LANGLEY, Eva M., *Prison on Wheels: From Ravensbrück to Burgau*, Bavaria, Daimon Verlag, 1945.

LASIK, Aleksander, *Auschwitz 1940-1945: Central Issues in the History of the Camp. The Establishment and Organization of the Camp*, vol. 1, Auschwitz, Auschwitz-Birkenau State Museum, 2000.

LASKA, Vera, *Women in the Resistance and in the Holocaust: The Voices of Eyewitnesses*, Greenwood Press, Connecticut, 1983.

LEBENSTEIN, Alexander, *The Gazebo*, AuthorHouse, 2008.

LEE SMITH, Arthur, *Die Hexe von Buchenwald: Der Fall Ilse Koch*, Viena, Böhlau Verlag Köln Weimar, 1994.

LELYVELD, Joseph, *Omaha Blues: A Memory Loop*, Picador, Edición Kindle, 2006.

LEMONS, Everette, *The Third Reich, a Revolution of Ideological Inhumann. Death Mask of Humanity*, vol. II, Rancho Cucamonga, Lulu.com, 2006.

LENGYEL, Olga, *Los hornos de Hitler*, México D. F., Editorial Diana, 1991.

LESLIE GOLD, Alison, *The Devil's Mistress: The Diary of Eva Braun, the Woman Who Lived and Died with Hitler*, Londres, Faber & Faber, 1997.

LEVI, Primo, *Así fue Auschwitz. Testimonios 1945-1986*, Barcelona, Ediciones Península, 2015.

—, *Trilogía de Auschwitz*, Barcelona, Ediciones Península, 2015.

LÉVY-HASS, Hanna, y HASS, Amira, *Diary of Bergen-Belsen*, Chicago, Haymarket Books, 2009.

LEVY, Alan, *Nazi hunter: The Wiesenthal File*, Nueva York, Barnes & Noble Books, 2002.

LLOR, Montserrat, *Vivos en el averno nazi*, Barcelona, Editorial Crítica, 2014.

LONG, Jeffrey E., *Remembered Childhoods: A Guide to Autobiography and Memoirs of Childhood and Youth*, Charlotte, Libraries Unlimited, 2007.

LORIDAN-IVENS, Marceline, *Y tú no regresaste*, Barcelona, Salamandra, 2015.

LOWER, Wendy, *Las arpías de Hitler*, Barcelona, Editorial Crítica, 2013.

LOZANO AGUILAR, Arturo, *La memoria de los campos: el cine y los campos de concentración nazis*, Valencia, Ediciones de la Mirada, 1999.

LOZANO, Álvaro, *El Holocausto y la cultura de masas*, Santa Cruz de Tenerife, Editorial Melusina, 2010.

MANN, Michael, *The Dark Side of Democracy: Explaining Ethnic Cleansing*, Nueva York, Cambridge University Press, 2005.

MANVELL, Roger y FRAENKEL, Heinrich, *The Incomparable Crime: Mass Extermination in the Twentieth Century; the Legacy of Guilt*, Nueva York, Putnam, 1967.

MARSZAŁEK, Józef, *Majdanek, the Concentration Camp in Lublin*, Varsovia, Interpress, 1986.

MATTHÄUS, Jürgen, *Approaching an Auschwitz Survivor. Holocaust Testimony and its Transformations*, Nueva York, Oxford University Press, 2009.

MCKALE, Donald M., *Nazis After Hitler: How Perpetrators of the Holocaust Cheated Justice and Truth*, Plymouth, Rowman & Littlefield, 2011.

MELVIN SPECTOR, Robert, *World Without Civilization: Mass Murder and the Holocaust, History and Analysis*, vol. 1, Maryland, University Press of America, 2005.

MERBACK, Tema N., *In the Face of Evil: Based on the Life of Dina Frydman Balbien*, FriesenPress, 2010.

MILLER, Arthur, *Arthur Miller's Playing for Time*, Illinois, Dramatic Publishing, 1985.

MIRON, Guy, y SHULHANI, Shlomit, *Hrubieszów. The Yad Vashem Encyclopedia of the Ghettos During the Holocaust*, Yad Vashem, Jerusalén, 2009.

MOCZARSKI, Kazimierz, *Conversaciones con un verdugo. En la celda del teniente general de la SS Jürgen Stroop*, Barcelona, Alba Editorial, 2008.

MOROS PEÑA, Manuel, *Los médicos de Hitler*, Madrid, Ediciones Nowtilus, 2014.

MOUTIER, Marie, *Cartas de la Wehrmacht. La Segunda Guerra Mundial contada por los soldados*, Barcelona, Editorial Crítica, 2015.

MÓZES, Teréz, *Staying Human Through the Holocaust*, Alberta, University of Calgary Press, 2005.

MÜLLER, Charlotte, *Die Klempnerkolonne in Ravensbrück: Erinnerungen des Haftlings*, número 10787, Berlín, Dietz Verlag, 1985.

NEAU-DUFOUR, Frédérique, *Geneviève de Gaulle-Anthonioz: l'autre De Gaulle*, París, Éditions du CERF, 2004.

NELKEN, Halina, *And Yet, I Am Here!*, Massachussets, University of Massachusetts Press, 1999.

NEWMAN, Richard, y KIRTLEY, Karen, *Alma Rosé: Vienna to Auschwitz*, Huddersfield, Amadeus Press, 2000.

NIEWYK, Donald L., *Fresh Wounds: Early Narratives of Holocaust Survival*, Carolina del Norte, University of North Carolina Press, 2011.

NÚÑEZ TARGA, Mercedes, *Destinada al crematorio. De Argelès a Ravensbrück: las vivencias de una resistente republicana española*, Sevilla, Editorial Renacimiento, 2011.

—, *El carretó dels gossos: una catalana a Ravensbrück*, Barcelona, Ediciones 62, 2005.

NYISZLI, Miklós, *Auschwitz: A Doctor's Eyewitness Account*, Nueva York, Arcade Publishing, 1960.

O'DONNELL, Patrick K., *The Brenner Assignment: The Untold Story of the Most Daring Spy Mission of World War II*, Filadelfia, Da Capo Press, 2009.

OFER, Dalia y WEITZMAN, Lenore J., *Women in the Holocaust*, Nueva York, Yale University Press, 1999.

OTTE STENSAGER, Anders, *Kvinderne i Ravensbrück*, Kovenhavn, People's Press, 2011.

OVERY, Richard, *Interrogations: The Nazi Elite in Allied Hands, 1945*, Nueva York, Viking, 2001.

—, *Interrogatorios. El Tercer Reich en el banquillo*, Barcelona, Tusquets Editores, 2003.

OWEN PENDAS, Devin, *The Frankfurt Auschwitz Trial, 1963-1965: Genocide, History, and the Limits of the Law*, Nueva York, Cambridge University Press, 2006.

OWINGS, Alison, *Frauen: German Women Recall the Third Reich*, Carolina del Norte, Rutgers University Press, 1995.

PALM, Hakan O., *Surviving Hitler: The Unlikely True Story of an SS Soldier and a Jewish Woman*, Friesens, 2014.

PATRICK BROWN, Daniel, *The Beautiful Beast: The Life & Crimes of SS-Aufseherin Irma Grese*, Idaho, Golden West Historical Publications, 1996.

—, *The camp women: The Female Auxiliaries who Assisted the SS in Running the Nazi Concentration Camp System*, Pennsylvania, Schiffer Pub., 2002.

PAUER-STUDER, Herlinde y VELLEMAN, J. David, *Konrad Morgen: The Conscience of a Nazi Judge*, Nueva York, Pallgrave Macmillan, 2015.

PICK, Hella, *Simon Wiesenthal: A Life in Search of Justice*, Nueva Inglaterra, Northeastern University Press, 1996.

PIERREPOINT, Albert, *Executioner Pierrepoint: An Autobiography*, Tonbridge, Eric Dobby Publishing Ltd., 2005.

PINKAS, Hakehilot, *Encyclopedia of Jewish Communities in Poland*, vol. 1, Jerusalén, Yad Vashem, 1976.

PHILLIPS, Raymond, *The Trial of Josef Kramer and Forty-Four Others*, Londres, William Hodge And Company, 1949.

PRESSER, Jacob, *Ashes in the Wind: The Destruction of Dutch Jewry*, Detroit, Wayne State University Press, 1968.

RÁMILA, Iván, *España y los enigmas nazis*, Madrid, Espejo de Tinta, 2006.

REES, Laurence, *Auschwitz. Los nazis y la solución final*, Barcelona, Editorial Crítica, 2005.

—, *Los verdugos y las víctimas. Las páginas negras de la historia de la Segunda Guerra Mundial*, Barcelona, Editorial Crítica, 2008.

RHODES, Richard, *Amos de la muerte. Los SS Einsatzgruppen y el origen del Holocausto*, Barcelona, Seix Barral, 2003.

RITTNER, Carol, y ROTH, John K., *Different voices: Women and the Holocaust*, Minneapolis, Paragon House, 1993.

ROBERTS BAER, Elizabeth y GOLDENBERG, Myrna, *Experience and Expression: Women, the Nazis, and the Holocaust*, Detroit, Wayne State University Press, 2003.

ROLAND, Paul, *Nazi Women. The Attraction of Evil*, Londres, Arcturus Publishing Limited, 2014.

ROSENSAFT, Hadassah, *Yesterday: My Story*, Jerusalén, Yad Vashem and the Holocaust Survivors' Memoirs Project, 2005.

ROTH, Rachel, *La historia del número 48915. Memorias de supervivencia de una adolescente en el Holocausto*, Nueva York, Kindle, 2013.

ROTHER, Bernd y ÁLVAREZ CHILLIDA, Gonzalo, *Franco y el Holocausto*, Madrid, Marcial Pons Historia, 2005.

RUBIO, Ana, *La banalidad del Mal*, tesis doctoral, Barcelona, 2006.

—, *Los nazis y el Mal. La destrucción del ser humano*, Barcelona, Niberta, 2009.
RYAN, Allan A., *Quiet Neighbors: Prosecuting Nazi War Criminals in America*, San Diego, Harcourt Brace Jovanovich, 1984.
SAIDEL, Rochelle G., *The Jewish Women of Ravensbrück Concentration Camp*, Wisconsin, Terrace Books, 2006.
—, *The Outraged Conscience: Seekers of Justice for Nazi War Criminals in America*, Nueva York, State University of New York, 1984.
SANSAL, Boualem, *La aldea del alemán o el diario de los hermanos Schiller*, Barcelona, Aleph Editores, 2009.
SARTI, Wendy Adele-Marie, *Women and Nazis: Perpetrators of Genocide and Other Crimes During Hitler's Regime, 1933-1945*, Palo Alto, Academica Press, 2011.
SCHIESSL, Christoph, *The Search for Nazi Collaborators in the United Status*, Michigan, ETD Collection for Wayne State University, 2009.
SCHIFF, Vera, *Theresienstadt*, Tennessee, Lightning Source Incorporated, 1996.
SCHLOSS, Eva, *Después de Auschwitz*, Barcelona, Planeta, 2015.
SCHNEIDER, Gertrude, *Exile and Destruction: The Fate of Austrian Jews, 1938-1945*, Westport, Greenwood Publishing Group, 1995.
—, *Journey Into Terror: Story of the Riga Ghetto*, Nueva York, Ark House Ltd., 1979.
SCHUTZMAN, Mark, *Wierzbnik-Starachowitz; A Memorial Book*, Tel Aviv, Wierzbnik-Starachowitz Societies in Israel and the Diaspora, 1973.
SCHWERTFEGER, Ruth, *The Women of Theresienstadt: Voices from a Concentration Camp*, Londres, Berg, 1989.
SERRANO I BLANQUER, David, *Españoles en los campos nazis. Hablan los supervivientes*, Barcelona, Littera Books, 2003.
—, *Les dones als camps nazis*, Barcelona, Editorial Portic, 2003.
SHELLEY, Lore: *Secretaries of death: Accounts by Former Prisoners who Worked in the Gestapo of Auschwitz*, Nueva York, Shengold Publishers, 1986.
SIGMUND, Anna María, *Las mujeres de Hitler*, Barcelona, Plaza & Janés Editores, 2003.
—, *Las mujeres de los nazis*, Barcelona, Plaza & Janés Editores, 2000.
SJOBERG, Laura, y GENTRY, Caron E., *Mothers, Monsters, Whores: Women's Violence in Global Politics*, Nueva York, Zed Books, 2007.
SMITH, Bradley F., *Reaching Judgment at Nuremberg*, Nueva York, Basic Books, 1977.

SPIES, Gerty, y TRAGNITZ, Jutta R., *My Years in Theresienstadt: How one Woman Survived the Holocaust*, Nueva York, Prometheus Books, 1997.
STACKELBERG, Roderick, *The Routledge Companion to Nazi Germany*, Nueva York, Routledge, 2007.
STEPHENSON, Hill, *The Nazi Organisation of Women*, Nueva York, Taylor & Francis, 1981.
STEPHENSON, Jill, *Women in Nazi Germany*, Essex, Pearson Education, 2001.
STERN, Klaus, *My Legacy: Blessings, Love and Courage*, Seattle, Washington State Holocaust Education Resource Center, 2007.
STIBBE, Matthew, *Women in the Third Reich*, Nueva York, Bloomsbury USA, 2003.
SUTIN, Lawrence, *Jack and Rochelle. A Holocaust Story of Love and Resistance*, Londres, Daunt Books, 2016.
TATELBAUM, Itzhak, *Through our Eyes: Children Witness the Holocaust*, Israel, Yad Vasehm International School for Holocaust Studies, 2004.
TAYLOR, Telford, *The anatomy of the Nuremberg trials: A Personal Memoir*, Londres, Little Brown Co (P), 1993.
THE UNITED NATIONS WAR CRIMES COMMISSION by his Majesty's Stationery Office, *Law Reports of Trials of War Criminals. Selected and Prepared by The United Nations War Crimes Commission*, vol. II, The Belsen Trial, 1947.
STATE OF ISRAEL: *The Trial of Adolf Eichmann*, vol. I-V, Jerusalén, Ministerio de Justicia, 1994.
THOMSON, Ruth, *Terezín: Voices from the Holocaust*, Somerville, Candlewick Press, 2011.
TILLION, Germaine, *Ravensbrück*, Massachussets, Anchor Press, 1975.
—, *Trial of Alfons Klein, Adolf Wahlmann, Heinrich Ruoff [and others]: The Hadamar Trial*, W. Hodge, 1949.
TROLLER, Norbert, *Theresienstadt: Hitler's Gift to the Jews*, Carolina del Norte, UNC Press Books, 2004.
TUSA, Ann, y John, *The Nuremberg Trial*, Nueva York, Skyhorse Publishing, 2010.
TZANI, Fotini, *Zwischen Karrierismus und Widerspenstigkeit: SS-Aufseherinnen im KZ-Alltag*, Bielefeld, Lorbeer Verlag, 2011.
UNITED NATIONS WAR CRIMES COMMISSION, *Law Reports of Trials of War Criminals*, vol. 1, Wm. S. Hein Publishing, 1997.

UNITED STATES HOLOCAUST MEMORIAL MUSEUM (USHMM), *Holocaust Encyclopedia: Lublin/Majdanek Concentration Camp*, 20..

VELMANS, Edith, *El diario de Edith*, Barcelona, Mondadori, 1998.

VERMEHREN, Isa, *Reise durch den letzten Akt: Ravensbrück, Buchenwald, Dachau: eine Frau berichtet*, Reinbek, Rowohlt Taschenbuch Verlag, 2005.

VEROLME, Hetty, *The Childrens House Of Belsen*, Sydney, ReadHowYouWant, 2012.

VIDAL-NAQUET, Pierre, *Los asesinos de la memoria*, Madrid, Siglo XXI, 1994

VRONSKY, Peter, *Female Serial Killers: How and Why Women Become Monsters*, Berkeley, Berkley Books, 2007.

WACHSMANN, Nikolaus, *KL: Historia de los campos de concentración nazis*, Barcelona, Editorial Crítica, 2015.

WAGMAN-GELLER, Marlene, *Behind every great man. The Forgotten Women Behind the 'World's Famous and Infamous*, Illinois, Sourcebooks, 2015.

WANG, Diana, BRUNET, Constanza y RUANO, Virginia, *Los niños escondidos*, Buenos Aires, Marea Editorial, 2004.

WATKINS, Olga, *El amor más grande*, Madrid, Editorial Aguilar, 2013.

WHITLOCK, Flint, *The Beasts of Buchenwald: Karl & Ilse Koch, Human-Skin Lampshades, and the War-Crimes Trial of the Century*, Wisconsin, Cable Publishing, 2011.

WIESEL, Elie, *Dimensions of the Holocaust*, Illinois, Northwestern University Press, 1990.

—, *Telling the Tale: A Tribute to Elie Wiesel on the Occasion of His 65th Birthday: Essays, Reflections, and Poems*, Saint Louis, Time Being Books, 1993.

—, *Trilogía de la noche. La noche, el alba, el día*, Barcelona, El Aleph Editores, 2007.

WIESENTHAL, Simon, *Max y Helen. El Holocausto y una historia de amor*, Barcelona, Editorial Gesida, 2009.

WILSON, James Mikel, *Churchill and Roosevelt: The Big Sleepover at the White House: Christmas 1941-New Year 1942*, Columbus, Gatekeeper Press, 2015.

WINGEATE PIKE, David, *Spaniards in the Holocaust: Mauthausen, Horror on the Danube*, Nueva York, Routledge, 2014.

WISTRICH, Robert S., *Hitler y el Holocausto*, Barcelona, Penguin Random House, 2015.

—, *Who's Who in Nazi Germany*, Londres, Routledge, 2001.

WITTMANN, Rebecca, *Beyond Justice: The Auschwitz Trial*, Cambridge, Harvard University Press, 2005.
YAD VASHEM, *The Communities of Lodz and its Region: List of the Communities*, Jerusalén, 1976.
YAHIL, Leni, *The Holocaust: The Fate of European Jewry, 1932-1945*, Oxford, Oxford University Press, 1991.
YEATTS, Tabatha, *The Holocaust Survivors*, Nueva York, Enslow Publishers, 1998.
ZÖRNER, Guste, *Frauen-KZ Ravensbrück*, Berlín, Deutscher Verlag der Wissenschaften, 1982.

Entrevistas

Alicja Januchowski, hija de Jerzy Bielecki, 4 de octubre de 2016.
Enrique Szumiraj, hijo de David y Perla Szumiraj, 15 de diciembre de 2016.
Fay Roseman, hija de Cyla Cybulska, 12 de agosto de 2017.
Howard y Nancy Kleinberg, supervivientes del Holocausto, 5 de octubre de 2016.
Michael Korenblit, hijo de Manya y Meyer Korenblit, 17 de enero de 2017.
Paula Stern, superviviente del Holocausto, 18 de septiembre de 2016.

Medios de comunicación

ABC, 3 de agosto de 2013; 13 de agosto de 2015.
BBC.com, 27 de enero de 2005.
El Día (La Plata), 22 de mayo de 1999.
El Español, 10 de diciembre de 2016.
El Mundo 27 de enero de 2015 y 9 de febrero de 2015.
El País, 23 de marzo de 2002.
Gay Starnews, 5 de febrero de 2015.
Miami Herald, 16 de mayo de 2006.
Revista OZ, 15 de mayo de 2008.
San Diego Jewish World 15 de mayo de 2015.
Seattle Times, 16 de mayo de 2013.
Sun Sentinel, 20 de junio de 2006.
Sur.es, 21 de junio de 2010.
The Associated Press, 20 de julio de 2010.

The New York Times, 19 de enero de 1972, 30 de enero de 1982 y 23 de octubre de 2011.
The Vienna Review, 1 de mayo de 2007.
The Washington Post, 24 de mayo de 1982.
Toronto Sun, 13 de febrero de 2016.

Instituciones

Centro de Educación y Museo Świętokrzyski Sztetl.
Das Bundesarchiv.
Museo Judío de Berlín.
Museo Nacional de Auschwitz-Birkenau.
POLIN, Museum of the History of Polish Jews.
Shoah Resource Center, The International School for Holocaust Studies.
United States Holocaust Memorial Museum (USHMM).
U.S. National Archives.
Washington State Holocaust Education Resource Center.

Páginas web

http://www.bergenbelsen.co.uk
www.jerzybielecki.com
http://www.jewishvirtuallibrary.org/
https://www.ushmm.org
https://www.yadvashem.org

Documentales

Archivum Pánstwowe w Kielcach (APK), oddzial w Starachowicach, zespol akt. miaste Starachowic.
BBC, *Auschwitz: Inside the Nazi State*, miniserie, 2005.
BBC, *Auschwitz, los nazis y la solución final*, miniserie, 2005.
Tor Ben-Mayor (dir.), *Love in Auschwitz: A Different Love*, Israel, 2003.
Radio 5, *Vidas contadas*: «Mordechai Chaim Rumkowski», 16 de enero de 2012.
Maya Sarfaty (dir.), *The most beautiful woman*, Los Ángeles, 2016.
Visual History Archive (VHA), USC Shoah Foundation Institute for Visual History and Education, University of Southern California.